JN115834

Frontier of Organization Studies

経営組織論の
フロンティア

Masayasu Takahashi

高橋 正泰
［編著］

文眞堂

はしがき

　本書は，経営組織論を学ぶ大学院生および学部生を主な対象としている。また，『経営組織論のフロンティア』の名の通り，組織現象に関する最新の知見を学ぼうとする研究者にとっても十分価値がある内容となっていると考えている。

　経営組織論は，組織現象をよりよく説明できるモデルを探索してきた歴史であるといえよう。それは単に企業ケースを分析することではなく，組織をどのように捉え，そしていかに記述するかといったメソドロジーも含めて研究が進展してきた。このことについては高橋正泰・木全晃編著（2022）『組織のメタファー』でも述べているが，組織の実態はすべてを目にすることができないゆえに，どのような視点から切り取り，そして記述するのかは研究者の数だけ存在しているといえよう。そのため，様々な視点から研究がなされてきたが，一方でこのことは経営組織論を学ぼうと思う学生にとっては，「とっつきにくい」ものとなっていることも事実である。

　このことから本書では，今日の経営組織論ではどのようなトピックで研究がなされてきているのか，最新の理論はどのようなものなのかを理解できるような構成となっている。まず第1章では，経営組織論の歴史について，価値や意味の観点からそのメソドロジーも含めて述べられている。特に，組織研究で議論がなされてきた論理実証主義と社会構成主義との対比や，モダンとポストモダンについて論じられている。続く第一部は「近年の組織研究の動向」として設定し，ここ30年くらい盛んに議論されているトピックスが掲載されている。例えば第2章では，変革が実践の中でどのように立ち現れるのかについて述べられており，また第3章では実際の社会問題から組織アイデンティティに関する物語を紡ぎだしている。第4章では近年，多くの研究者が取り組んでいる物質性の観点からワーク・アイデンティティについて検討を行っている。そして第5章では，主に欧州で精力的に研究がなされてきたクリティカル・マネジメント研究（CMS）の観点からジェンダーについて分析を行っている。

　第二部では，「組織におけるヒトの問題」を対象とした研究を紹介している。

　第6章では，リアリティ・ショックに代表されるような理想と現実とのギャップを新入社員は感じることがよくあるが，それを軽減させ組織にスムースに入り込むためには職場がどのようなサポートをすることが必要なのかについて検討をしており，続く第7章では近年のキャリアに対する労働者の意識変化に関して，「プロディアン・キャリア」の点から調査研究を行っている。そして，第8章ではトップ・マネジメント・チームといわれる経営幹部層におけるダイバーシティ研究を類型化し，それらの特徴と，そして今後どのような研究が進展するのかについて検討を行っている。

　そして第三部では，今後さらに研究が進展していくと考えられるトピックスについて示されている。第9章では社会的文脈において組織や個々人ははいかに学ぶのかについて述べられており，また第10章では，一見すると業務と関係のないこと（「遊び」）が組織の学びにとって重要となっていることを事例のみではなく理論的に語っている。第11章では，学びについて，今日の大学教育で関心を持たれているプロジェクト・ベースド・ラーニング（PBL）と拡張的学習の観点から検討を行っている。第12章では，実践コミュニティとコミュニティ間の越境的対話からいかに戦略が生まれてくるのかについて論じている。そして，第13章では表象をキー概念とし，組織で現実がいかに構成され，そしてそれがどのように正統性を獲得していくのかについて述べられている。

　このように本書は経営組織論の昨今の新たな研究分野と視座にもとづく内容となっている。読者におかれては，第1章から読み進めてもよいし，また興味関心のある章からスタートしてもよいと考えている。本書が読者にとって経営組織論の新しい知見を提供するものとなれば幸甚である。

　最後に，本書の企画をお願いして快くお引き受けいただいた文眞堂前野隆氏および山崎勝徳氏に心より御礼を申し上げたい。両氏には企画から実現まで長い時間がかかってしまったが辛抱強く原稿を待っていただいた。また様々な課題を克服できるようあたたかく見守っていただいた。深く感謝申し上げる。

2022年7月

高橋正泰

目　次

第二部　組織におけるヒトの問題

第 1 章
意味と価値の世界としての組織

高橋　正泰

はじめに

　組織研究が始まり 100 年以上が経過し，その間様々な理論が展開されてきた。テイラー（F. W. Taylor）らによる科学的管理法，ウェーバー（M. Weber）の官僚制理論，伝統的組織論に始まり 1970 年代のコンティンジェンシー理論として展開した機能主義的組織論は，経営組織研究の主流であった。この機能主義的組織論は，実証主義の立場から客観的で，法則定立的なモダニズムのパラダイムに依拠しており，20 世紀の近代科学の特徴を持っている。それに対し，1980 年代を契機として主観的で，個別術的で相対主義に立つ解釈パラダイムが特に組織文化論を中心として展開されるようになった。ワイク（K. Weick）の組織化の理論や組織シンボリズム論，実践共同体論，組織の新制度学派，実践としての戦略論などの諸理論が展開している。

　組織現象を解明するメソドロジーとしてどのような研究方法やパラダイムが必要となるかは，それぞれの研究者のメソドロジーに依存する。本章では，機能主義的組織論について論じながら合理的組織観から解釈的組織観について意味と価値のシステムとしての組織について論じている。

第 1 節　Simon（1947）によって残された課題

　Simon（1947）は組織研究に際して Barnard（1938）の意思決定の概念を引き継ぎ，意思決定の対象を価値前提と事実前提として論じた。価値前提は経験的に検証不可能な対象であり，事実前提とは経験的に検証可能な対象であって，前者は組織の目的，後者は組織の目的を達成する手段である。Simon にあっては，

組織は目的と手段の連鎖として組織構造を想定し，論理実証主義に基づき組織研究の対象は検証可能な事実前提と位置づけ，価値前提は科学研究の対象から除外した。Simon 以降の組織論研究はこの意思決定の考え方から情報処理パラダイムとして展開することになる。

　Simon は人間の行動を意思決定の結果であるとして，組織行動ならびに組織に関する議論をこの意思決定の概念により展開し，March & Simon (1967) の *Organizations* により組織の研究愛称と組織モデルが論じられることになる。その後，オープン・システムとして組織研究が，組織と環境の適合をテーマにコンティンジェンシー理論へと展開することになる。そこでは，Thompson (1967) で論じられたように組織の合理性と不確実性の削減として組織の合理性が議論されることとなった。このような議論は，もちろん客観的な立場に立つ機能主義的組織論の歴史であり，多くの研究成果を生むことになる。

第2節　機能主義的パラダイムから解釈的的パラダイムへ

　1970 年代のコンティンジェンシー理論の長い議論を経て環境決定論的議論から戦略的選択論への注目が起こり，1980 年代の経営戦略論との関係から組織と環境の在り方についての議論が戦略論の視点を取り入れながら一方的な組織の環境適応と組織環境のイナクトメント，さらに組織変革論として機能的組織論が展開することになった。

　他方，サイモン (H. Simon) により残された価値的問題については，1980 年代に入り組織文化論や組織シンボリズム論として議論されることになる。組織文化論や企業文化論は組織のもつ価値や信念に注目し，ピーター＆ウオターマンの『エクセレント・カンパニー』やデール＆ケネディの『シンボリック・マネジャー』という組織内部の文化の議論だけでなく，日本的経営論といったその社会に特有な企業経営についての議論がなされた。『ジャパンナンバー1』『セオリーZ』は有名である。

　この 1980 年代は，近代科学を特徴づけるモダニズムに対する疑問が高まり，ポストモダニズムやニュー・サイエンス，複雑系などの新たな概念や科学パラダイムが議論されるようになった。社会科学の分野でもポストモダニズムの展開と伴って構造主義からポスト構造主義，社会構成主義など解釈的パラダイムといえ

る議論が盛んとなり，組織論の分野では組織シンボリズムと組織文化論の議論とともに認知科学の発展に伴って組織学習といった知識の問題が議論されるようになった。

第3節　Weick の組織化とイナクトメント

　Weick（1969: 27，訳54）によれば，「組織化とは，行為によってつくり上げられ，創造環境，すなわち相互に依存的な行為者によって構成されている環境へ適応することから成り立っている」としている。Weick は 1979 年に *The Social Psychology of Organizing*, 2nd ed.（『組織化の社会心理学』第2版）を著している。そこでの組織については，組織をジャズ・メタファーと表して理解することが組織化の概念を理解する上で有用である。従来の組織観では，組織は構造をもち機能的に行動するものでありオーケストラ・メタファーとして捉えられているといえる。オーケストラによる演奏は，そもそも楽譜がありそれを基本としながら指揮者のもと素晴らしい音楽を作り出すというメタファーで，指揮者は管理者・経営者であると例えられる。それに対して，ジャズ・メタファーは，特にジャズセッションにおいてはそれぞれの演奏者が奏でる音に反応しながら楽譜のない音楽を作り出すというところに特徴を見出すことが出来る。組織化はまさにコンフィギュレーションであって，そこでの組織化の概念は，多義性の削減であり環境イナクトメントとして論じられている。

　主体性の議論からすると，組織が既成の環境に適応する代わりに行為者自身が自分たちの適応すべき環境を作り出すことも全く可能なのである（Asch 1952: 256）。組織は自ら反応する環境を生み出し，作り上げてゆく。つまり，環境が作られるのは組織内の行為者によってである。その意味からすれば，組織の「創造環境」課題となる。このような「創造環境」の概念は，「人間は環境に起きた偶発的な出来事には本来反応的である」というモデルを前提としているわけではない。ここでの前提は，「人間という行為者は環境に反応するのではなく，環境を創造する（enact）」ということである。環境イナクトメントにあっては，人間はシステムが適応できるような環境を創造するのであって，外部環境に反応的に適応するのではないのである。

　その後，Weick（1995）に刊行された『センスメーキング イン オーガニゼー

ション』では，センスメイキングを「何者かをフレームワークの中に置くこと，納得，驚きの物語，意味の構築，共通理解のために相互作用すると，あるいはパターン化といったようなものだ」（訳8）と述べている。このような理解は，知識と学習，および認知に関わるもので，センスメイキングとは，一塊の知識としてよりも，むしろ説明力のある一連のアイディアの展開として述べることがもっともふさわしいと序文で述べている（訳ii）。

このように，Weick の理論においては，語りや物語，会話などとの関わりからセンスメイキングを論じている。多くの研究者がセンスメイキングに関心を寄せているが，文字通り意味（sense）と形成（making）を表している言葉で，能動的な主体が，有意味で知覚可能な，事象を構築し，どのように構築するか，なぜ構築するか，それがどのように作用するかといった問題が，重要であるとも述べている。このようにセンスメイキングにおいては，ただ解釈するということだけではなく，テクストをどのように読むかというよりテクストがどのように構築されるかという点で，解釈が異なっている。これらの論点はまさに社会構成主義に通じる議論であり，明らかにこれまでの組織の理論とは異なった，ある意味ではポストモダニズムともいえる議論として Weick の理論を理解することが出来る。

第4節　組織シンボリズムによる意味のシステム

組織シンボリズムは，従来の機能主義的組織論に対し組織研究の新しいアプローチとして位置づけられる。組織シンボリズムは，組織の隠された特質，イデオロギー，価値のシステムを表しており，組織行動の表層構造から深層構造への研究の展開である（Dandridge et al. 1980）。つまり組織シンボリズムは組織に固有な無意識にある感情，イメージ，価値を組織成員にわかりやすく表現することに関わっている。組織シンボリズムへという新しいメタファーは，新しい組織研究の契機といえる。Berger & Luckmann（1966）にあるように，我々は，まさに記号とシンボルの世界のなかで毎日を生きているのである。

組織シンボリズムは，組織の意味の創造と維持を行うシンボリック行為のパターンにその理解の焦点をおいており，共有されたシンボルと意味のシステムとして組織を理解する。シンボルは意味のある関係のなかで連結され，それは

ある状況下で人々の活動がどんな関係にあるかを示している。したがって，この
パースペクティブによる組織分析は，個人が自分の体験をいかに理解し，解釈す
るか，そしてこれらが行動にいかに関連するかについて集中する。それ故に，シ
ンボリックな行為を通しての組織創造と維持が，組織シンボリズムでは主張され
る。組織シンボリズムにおいて，組織は有機体，機械というメタファーという
よりむしろシアターであり，儀式，儀礼，セレモニー，シンボルによって表現
される社会的構成体であることが強調される。これはオープン・システム・メ
タファーから文化メタファーへという組織の新しいメタファーを考えることに
より，組織の現実の解釈的相互作用的視点を強調するのである（髙橋 2006: 82-
83）。

　理論モデルにおけるメタファーは，混沌を理解可能なものとし，複雑な問題を
分かりやすいイメージに要約する。そしてそれらは，人間の態度，評価，行動に
影響をあたえるのである。組織にとっての文化，シアター，言語ゲーム，意味形
成のメタファーは，人間が組織の現実を意味のあるものとして創造するためにシ
ンボルを活用する方法と，我々がそれを理解する理論的，実践的洞察力を生み出
す。シンボルは人間行動に影響を及ぼす変数であり社会システムの機能であると
いう概念を超えて，そのような行動やシステムの特徴はただ単に創造されたシン
ボリック形態を表しているにすぎないという概念を提供した。

　「社会科学における真理とはなんであろうか」「人間の生み出した現象に，自然
科学的な真理，法則性が存在するのであろうか」についての疑問は依然として完
全には払拭されてはいない命題である。現時点では，科学に対する様々な見方
あるいはパラダイムがあり，そこに現在の科学論や科学方法論の混在と混乱があ
る。社会科学において，現段階では唯一絶対の基準を見出すことが不可能である
とすれば，多くの考え方が共生できるという解釈主義のところでみてきたような
相対主義の考え方にしたがった方が，組織論を考えていく上では実りある結果が
得られそうである。その意味から，解釈的機能主義の組織論が考えられる余地が
あるようである（髙橋 2006: 137）。

　組織シンボリズムの議論は，この解釈的組織論への扉を開くものであったし，
これ以降の研究ではモダーニズムとポストモダニズム，構造主義とポスト構造主
義，そして社会構成主義へと組織研究の解釈的パラダイムへのシフトの契機に
なったといえよう。

第5節　ポストモダニズムと社会構成主義

　ポストモダニズムは，近代社会を特徴づける基本的なパラダイムであり，その特徴は標準化，規格化，極大化，同時化であり，客観的合理性にみることができる。テクノロジーと自然科学の融合により，20世紀，特に1960年代以降ではこれまでにない物的に豊かな世界をもたらした。飛躍的な工業生産と大量消費により，人々はこれまでにない豊かな世界を実現することが出来た。

　しかしながら，ガルブレイス（G. K. Galbraith）が描いた『豊かな社会』や『新しい産業国家』そして『不確実性の時代』で指摘されたように20世紀においてもまた大きな転換期を迎えたことも確かである。他方では物的に豊かな自由な世界を享受する一方で経済格差が広がり貧困の問題を克服することはできず，現在では経済的格差のみならず教育や知識の格差がますます進んでいる。

　物的に豊かになることは必ずしも精神的に豊かになることを意味してはいない。イデオロギーや宗教の問題はさておいても，過度な競争，変化の激しさ，ジェンダーや人種などの差別，環境破壊問題や社会的な絆の希薄化など現在社会がもたらすストレスフルな状況はそれを物語っている。社会はますます複雑になり，豊かさを手に入れると同時に「人生とは何か」「真の豊かさとは何か」「自己の存在意義は何か」「自由とは何か」を問いかけるようになっている。そこには，まさに「意味と価値」が問われているのであり，そのことから組織の理論においてもパラダイム・シフトの必要性が問われるようになった。

　この20世紀において世界に多大な貢献を果たしたモダニズムに対する疑問や批判としてポストモダニズムが20世紀後半に登場する。ポストモダニズムは，これまで当然と思われていたモダニズムの考え方やモダン社会の在り方についての挑戦というべき姿勢をもっている。

　近代科学の特徴は，世界を人間の意識と物理的世界に切り離し，世界を唯一絶対の原理によって説明できるという命題に見出される。自然はある一定の普遍的法則に従っているという考え方から，あらゆるものは条件さえ分かれば予測可能であると見なされてきた。このような近代の科学的神話から，組織論もまた組織を客観的で，法則的に説明しようとしてきた。しかし，カオスの理論に代表されるように，「世界はある種の機械のように，決定論的に説明される」ということ

への疑問が湧いてきているように思える。ポストモダニズムは，一言でいうと，このような科学的方法を万能な方法と見なすことへの懐疑的態度であり，「近代の合理主義を見直し，人間と科学技術の在り方を問い直す」ことである。

　この懐疑的態度すなわち懐疑主義は，まさに近代科学を誕生させた基本的態度でもあった。この態度からすれば，「我々の世界は本当に人間の意識と切り離して考えることができるのであろうか」という疑問を改めて持つことが必要であるように思える。つまり，これまでの組織論を問い直すことが必要なのである。従来の組織論の特徴は，近代社会科学を支配してきた機能主義的立場であった。機能主義的組織論は，「組織を目的合理性もしくは技術的合理性達成の手段的道具であり，組織現象は客観的にかつ法則的に説明される」（Burrell & Morgan 1979；高橋 1992）と見なしている。

　ポストモダニズムという言葉は，科学研究に携わるものにとっては，魅力的ではあるが捕らえどころがなく，特に従来の組織研究の方法を踏襲する研究者にとっては曖昧で，意味がなく，時には嫌悪感を抱く言葉であるかもしれない（e.g., Alvesson 1995；Kilduff & Mehra 1997）。その理由は，ポストモダニズムを定義することが非常に難しいからであろう。その内容は多岐にわたり，一貫性を欠き，標準的な意味を持っていないように感じられる。しかしながら，このことこそがモダニズムとポストモダニズムを峻別する重要な鍵である。20世紀の科学は，モダニズムの結晶であり，絶対的真理を追究する科学の姿であった。そこには，客観的で，規則的な法則性に貫かれた世界が描かれ，合理的で，標準化された社会が措定されていた。このような社会の在り方が，今，問われている。我々の世界は，機械仕掛けの規則的な，かつ客観的合理性に支配された世界として理解できるのであろうか。この問題を今一度，問い直さなければならない。その疑問こそが，ポストモダニズムを特徴づけていると見ることができる。ポストモダニズムは，既成の確立された知識に対する20世紀の最も偉大な挑戦の1つである（Wisdom 1987: 5）といえよう。

　社会科学におけるポストモダニズムは，合理性や真理，進歩の概念に疑問を抱くということを共通の基盤としている。理論や歴史を統一するという概念や正当化が困難な対象を見出すことによって，ポストモダニストは歴史の可逆性，偶発性の重要さ，そして世界の浅薄さや相対性が，社会理論にとって重要な特徴であることを示唆している（Burrell 1989）。ポストモダン的志向の核心は，社会現象

のすべてを説明するというグランド理論を求めるものではない。すべての「説明」は不確かなそして部分的なものなのである（Alvesson & Berg 1992: 218）。また，ポストモダンなパースペクティブは，組織の秩序を前提とはしていないし，無秩序を重要な要素と見ているわけではない。むしろ，例えば文化を秩序化の道具として考える概念そのものに抵抗するのである。

　方法論的にも，ポストモダニズムの考え方は，研究を行う際の近代的もしくは合理的方法の実在的で洞察に満ちた批判に基づく現実の知覚に対する存在論的・認識論的態度として見ることができる。この意味からすれば，組織シンボリズムの理論は，科学的方法論，組織観，および人間観に従来の機能主義的組織論とは異なったパラダイムを投げかけた組織論分野におけるポストモダニズムの研究であるといえよう（e.g., Morgan et al. 1983；高橋 1992）。

　組織論におけるポストモダンの問題点は，次の5つに要約される（Kilduff & Mehra 1997: 462-466）。

1．通常科学についての問題：革命的立場
　　ポストモダニストはメタ理論を否定し，すべてのグランド・セオリーに疑いをもっている。ポストモダン主義者は多くの異なる理論的立場が同時に有効であること，そして基本的な仮説に関するこれまでの，そして現在の批判的議論の重要性を擁護するのである。
2．真理についての問題：フィクションの重要性
　　真理とは，人がそれを幻であることを忘れた幻であるかもしれない（Nietzsche 1873/1995）。真理は，自然に固有なものではなく，人間によって織りなされる伝統に基づいている。
　　ポストモダンは，共有された社会的世界の創造に持つ個人の知覚の重要性を強調し，「個人がいかに経験を意味づけし，社会的世界を構築し，維持するか」，そして「いかに社会的構築が確実なものとして現れるのか」に研究の注意を払ってきている。
3．表象の問題：客体は主体である
　　世界を的確に表すという問題は，ポストモダン主義者にとって，事実についての自然発生的で客観的な描写を行うことのできる方法論はないのである。科学は自然を映す鏡ではないが故に，科学テキストで見られる客観性は人を惑わ

せるものとなる。科学の仕事は，修辞的な伝統や当然と見なされている仮説に関する解釈のコンクキストの中で行われているのである。

4．記述の問題：スタイルの問題

　いかに客観性が見られようと，またいかに事実がテキストに見られようと，テキストの修辞的検討を免除することをポストモダン主義者は拒否している。すべてのテキストは，どのように議論が表現されるべきであるかに関わる一連の選択を表しており，これらの選択はテキストの中に織り込まれている。

5．普遍可能性の問題：無知の前進

　ポストモダンなパースペクティブからすれば，社会科学の目指すものは普遍可能性ではない。社会科学は実務者と読者の間に興味と興奮を引き起こす限りにおいて，価値があるものであるかもしれない。科学における前進の概念は，「我々は知れば知るほど，知らないことを悟る」という神話である。

　以上のように，少なくとも我々が認識する現実世界は，人間が理性を持って，普遍的で絶対的な法則によって動く物理的世界を理解するというより，人間がその意識の中で世界を共有するのであり，伝統と表現されるように，人間は世界を受け継ぎ，後世に引き継ぐものであると理解される。これらの議論からすれば，Berger & Luckmann（1966）に遡るとされる社会構成主義への議論へと組織研究の解釈的転回が議論されることになる。

　社会構成主義（social constructionism）は，「ディスコース分析」，「脱構築」，「ポスト構造主義」と表現されてもいるが（Burr 1995；高橋 2002）。現実が社会的に構成されるとすれば，社会システムとしての組織もまた社会的に構成されるといえる。このような「組織が社会的に構成される」という主張は，組織シンボリズムや組織文化論においてすでに主張されているところである。20世紀を特徴づけるモダニズムに対して，その挑戦であるポストモダニズムに社会構成主義は位置づけることが出来よう。その基本的視点は，社会を規定する客観性や社会の深層にある法則性，そして究極的な真理の探究というパラダイムへの挑戦であり，現実が社会的に構成されるとすれば，社会システムとしての組織もまた社会的に構成されるといえる。このような「組織が社会的に構成される」という主張は，組織シンボリズムにおいてすでに主張されているところである。

　世界の隠れた構造や法則性が現実として表れてきている特徴の裏に潜んでお

り，その深層の実在を探究し，その構造の分析を行うことによって世界の真理を見出そうとする構造主義のパースペクティブは，モダニズムの立場を代表するものであるが，社会構成主義は「実在世界の諸形態の裏に潜む法則や構造」を否定する「ポスト構造主義」ということができる。

社会構成主義とはどのような考え方をするのであろうか。Burr（1995）によると，社会構成主義の立場を特定化する唯一の特徴は存在しないとされる。つまり，いくつかの重要な諸仮定を持つものが社会構成主義に分類されるのである（Gergen 1985）。その諸仮定とは，(1)自明の知識への批判的スタンス，(2)歴史的及び文化的な特殊性，(3)知識は社会過程によって支えられる，(4)知識と社会的行為は相伴う，である（Burr 1995: 3-5, 訳4-7）。

これらの特徴を要約すると，① 世界は社会過程の所産であるのでその世界の在り方は一定ではなく，それらの内部にある「本質」は存在しないという反本質主義，② 知識は実在の直接の知覚であること，つまり客観的事実を否定する反実在論，③ あらゆる知識が歴史的および文化的に影響されるのであれば，社会科学によって生み出された知識も当然含まれるとする知識の歴史的文化的特殊性，④ 我々が生まれ出る世界には人々が使っている概念枠やカテゴリーがすでに存在しており，人々の考え方は言語媒介として獲得されるとする思考前提としての言語の重要性，そして ⑤ 世界は人々の話し合いにより構築されるとする社会的行為の一形態としての言語，社会構造というより相互作用と社会的慣行への注目と知識や形態がどのように人々の相互作用の中で生まれるかというプロセスの重視，等をあげることができる（Burr 1995: 5-8, 訳8-12）。社会構成主義では，個人よりも人間関係のネットワークが強調され，解釈学をはじめとしてシステム論などの諸領域においても伝統的な科学方法論の絶対的優位性を主張してきた立場に対して異議を唱える（McNamee & Gergen 1992: 5, 訳22）。それ故に，社会的構成主義は社会科学の研究に対して根底から異なるモデルを提示し，主張することになるのである。

第6節　組織ディスコース研究

ディスコースは本質的に難しい問題を含んでいるが，ディスコースはポストモダンの研究では重要な役割を果たしており，研究領域の分析タイプやスタイル，

そして理論や概念によって大きく影響される（e.g., 高橋 2002）。しかし，ディスコースが含む言語，会話，物語は，社会を理解するために不可欠であるといえる。Parker は，ディスコースを「対象を構築する記述の体系」（1992: 5）とし，また Burr は「ディスコースとは，何らかの仕方でまとまって，出来事の特定のヴァージョンを生み出す一群の意味，メタファー，表象，イメージ，ストーリー，陳述，等々を指している」（1995: 48, 訳 74）と定義づけている。つまり，ディスコースが意味していることは，1 つの出来事を描写する特定の方法，つまりある観点から表現する特定の仕方なのである。すべての対象，出来事，人について異なるディスコースが存在するのであり，それぞれの対象には，それを語る異なるストーリーやそれを世界（社会）に反映する異なる仕方が存在するということである。

　つまり，それぞれのディスコースは，異なる側面に注目し，異なる問題を提起し，我々が行うべきことについての異なる意味を含んでいるのであり，異なる仕方で表現し構築しようとするのである。それ故に，ディスコースは言われたり書かれたり，また他の方法で表現されるものを通して世界の現象を構成することになる。そして，それはまた異なるディスコースでは，対象を他とは極めて異なる「特質」を描くことになるのである。

　したがってディスコース分析は，さまざまな目標や理論的背景を持つ，きわめて多様な研究方慣行を包含していることになる。また，この分析方法は社会構成主義の研究に大きな影響を与えているが（Potter et al. 1990），社会構成主義の理論的立場として，必ずしもディスコース分析のアプローチをとらなければならないということを意味しているわけではないし，その逆も意味してはいない。理論的パースペクティブとしての社会的構成主義と社会調査を行うアプローチとしてのディスコース分析は，一対一では対応していない。しかし，ディスコース分析は，社会科学研究における伝統的な大半の方法とは似ていないのである。というのは，ディスコース分析自体の特質が，主観的で解釈的だからである。

　言語論的転回といわれる言語への注目は，社会構成主義の特徴でもあり，これまでの組織論で埋没してきた概念でもある。言語は，社会的構成主義を理解するためには必須の概念である。人々が社会的に構成されていくという過程は，言語に根ざしているという見方であり，社会的構成主義である。しかし，この言語観は固定的で恒常的ではなく，言語の意味は絶えず変化するというポスト構造主義

が，社会的構成主義の本質である。

　伝統的な言語観では，言語は人間を表現する手段であると見なされてきた。しかし，社会構成主義では「人を生み出すものが言語にほかならない」（Burr 1995: 33, 訳52）と見なされる。つまり，言語自体が，自分自身と世界の経験を構造化する仕方をもたらすのであり，言語が人の思考を決めるのである。我々が使う概念は，言語によって作られ，言語に先立つことはないとすれば，特定の概念を表現する言語がなければ，その言語を話す人々はその概念を用いることは出来ないのである。そのことは，我々は自己と世界について，さまざまな理解の仕方が存在することを示唆している。言語は我々の思考や感情を他者に伝達する単なる媒介ではなく，人や世界のアイデンティティを構成するそのものなのである。

　言語，話し，物語，会話としてのディスコースは，一般的日常生活における不可欠な特徴であり，組織の相互作用の本質でもある。日常の態度や行動は，現実であると信じていることを認識し，それにしたがって形づけられている。ディスコースはまた，単なる記号や表象ではなく，思考様式として認知されなければならない。ディスコースが行われるということは，ある物事を記述するというだけでなく，あることを行っており，それは社会的意味合いを持っているのである。ディスコースはテキストの一部であり，社会的実践でもあり，社会的コンテクストの中に位置づけられる（Fairclough 1992, 1995；van Dijk 1997a, 1997b）。

　ディスコースとは，実際の社会を抽象的な概念で絵空事として表現する仕方ではない。ディスコースは我々のアイデンティティを形成するのであり，また社会のあり方や運営の仕方と密接に関連しているとするならば，組織の理論も同様の論理を受け入れことが可能である。つまり，組織もまたディスコースによって構成され，語られるのである。もし表象として科学的説明が科学的活動の中に埋め込まれていると考えることが出来るならば，科学という物語の意義は二つの方向性を持つことになる（Gergen & Kaye 1992: 173-174, 訳196-197）。

　モダニズムにおける物語的説明は，事実を表すものであり，もしも説明が正しければ，適応行動をとるためのガイドラインとなる。他方，社会的構成主義の立場をとれば，物語で使用する言葉が意味を持つのは社会的交流における使用を通してである（Gergen & Kaye 1992: 177, 訳203）が故に，物語の構成は流動的で

あり続け，状況の変化に開かれている。ストーリーを持つ物語，つまりディスコースによる組織分析が意味を持ってくるのである。

むすびにかえて──意味と価値としての組織の世界へ──

　従来の組織の理論はあまりにも成長と発展のメタファーにこだわり続けてきているように思われる。会的構成主義から組織を眺めると，組織は状況の中に埋め込まれているのであり，社会コンテクストの中で組織がどのようなコンフィギュレーションをとるかは予め設計されているわけではない。組織は社会的に構成されるのであって，常にその存在は相対的であるはずである。また，組織の科学的説明は，科学的活動の中に埋め込まれているのであって，フィクションとは異なってはいるけれども，両者は共に歴史的背景を持つ文化的習慣に依存している。そして，このような習慣が，描き出そうとしている組織の現実の特性を決めるのである。したがって，組織に関する客観的で体系的な知識，つまり科学によって世界の因果関係を正確に予測することが可能になり，将来を支配する可能性を見出すというモダニストの考えは，もはや説得力を失っているともいえる。

　社会構成主義では，その科学的方法論とその研究対象それ自体の在り方について，従来の科学観とは異なっており，社会もしくは状況に埋め込まれた組織，そして組織に埋め込まれた個人というパースペクティブからは，多くの示唆を得ることが出来よう。ディスコース分析で検討したように，言語，物語，そしてストーリーなど組織分析への有用性を受け入れるならば，ナラティブ・アプローチも有益な組織研究の方法の１つである（e.g., Boje 2001；Clandinin ＆ Connelly 2000）。

　組織は単なる目的を達成するための手段ではなく，我々が生活し活動する社会的相互作用からなる意味と価値のシステムとして捉えられなければならない。ここで論じた研究の他にも実践共同体論，組織の新制度学派の研究，そしてアクター・ネットワーク理論，そしてクリティカル・マネジメント研究など新たな研究がグローバルな展開を見せている。組織社会である現代で，我々は組織の中で生きた経験をしているのであり，言語を通してのコミュニケーションや意味の共有は，社会生活や組織生活にとっても重要な側面である。21世紀に入り，組織の理論に限らず様々な研究分野で新たな理論や考え方，メソドロジーが生まれて

きている。組織の理論も留まることなく新しい理論モデルやメソドロジーが生ま
れてくることを期待するものである。

【注】
　本章は，高橋（1998, 2002, 2003, 2006）からそれぞれ抜粋し，加筆修正してまとめ掲載している。

【参考文献】

Alvesson, M., and P. O. Berg（1992）, *Corporate Culture and Organizational Symbolism*, New York: Walter de Gruyter.

Alvesson, M.（1995）, "The Meaning and Meaninglessness of Postmodernism: Some Ironic Remarks," *Organization Studies*, 16-6, pp. 1047-1075.

Asch, S. E.（1952）, *Social Psycholgy*, Englewood Cliff, N.J.: Prentice Hall.

Barnard, C. I.（1938）, *The Functions of the Executive*, Cambridge, MA: Harvard University Press.（山本安次郎・田杉競・飯野春樹訳『新訳 経営者の役割』ダイヤモンド社，1986年。）

Berger, P., and T. Luckmann（1966）, *The Social Construction of Reality: A Treatise in the Sociology of Knowledge*, New York: Doubleday and Co.（山口節郎訳『日常世界の構成—アイデンティティと社会の弁証法—』新曜社，1977年。）

Boje, D. M.（2001）, *Narrative Methods for Organizational and Communication Research, London: Sage*.

Clandinin, D. J., and F. M. Connelly（2000）, *Narrative Inquiry: Experience and Story in Qualitative Research*, San Francisco: Jossey-Bass Publishers.

Burr, V.（1995）, *An Introduction to Social Constructionism*, London: Routledge.（田中一彦訳『社会的構成主義への招待—言説分析とは何か—』川島書店，1997年。）

Burrell, G.（1989）, "Post Modernism: Threat or Opportunity?" M. C. Jackson et al.（eds.）, *Operational Research and the Social Sciences*, New York: Plenum.

Burrell, G., and G. Morgan（1979）, *Sociological Paradigms and Organizational Analysis: Elements of the Sociology of Corporate Life*, London: Heinemann.（鎌田伸一・金井一頼・野中郁次郎訳『組織理論のパラダイム—機能主義の分析枠組—』千倉書房，1986年。）

Dandridge, T. C., L. Mitroff, and W. F. Joyce（1980）, "Organizational Symbolism: A Topic to Expand Organizational Analysis," *Academy of Management Review*, 5-1, pp. 77-82.

Fairclough, N.（1992）, *Discourse and Social Change, Cambridge: Polity*.

Fairclough, N.（1995）, *Critical Discourse Analysis: Papers in the Critical Study of Language*, London: Longman.

Gergen, K. J.（1985）, "The Social Constructionist Movement in Modern Psychology," *American Psychologist*, 40, pp. 266-275.

Gergen, K. J., and J. Kaye（1992）, "Beyond Narrative in the Negotiation of Therapeutic Meaning," in S. McNamee, and K. J. Gergen（eds.）, *Therapy as Social Construction, London: Sage*.（野口祐二・野村直樹訳『ナラティヴ・セラピー—社会構成主義の実践—』金剛出版，1997年。）

Kilduff, M., and A. Mehra（1997）, "Postmodernism and Organizational Research," *Academy of Management Review*, 22-1, pp. 453-481.

March, J. G., and H. A. Simon（1958）, *Organization*, New York: John Wiley & Sons.（土屋守章訳『オーガニゼーションズ』ダイヤモンド社，1977年。）

McNamee, S., and K. J. Gergen（1992）, "Introduction," in S. McNamee, and K. J. Gergen（eds.）, *Therapy as Social Construction*, London: Sage.（野口祐二・野村直樹訳『ナラティヴ・セラピー—社会構成主義の実践—』金剛出版，1997年。）

Morgan, G., P. J. Frost, and L. R. Pondy (1983), "Organizational Symbolism," in L. R. Pondy, P. J. Frost, G. Morgan, and T. C. Dandridge (eds.), *Organizational Symbolism (Monographs in Organizational Behavior and Industrial Relations)*, 1, Greenwich, CT: JAI Press, pp. 3-35.

Nietzsche, F. (1873/1995), "On Truth and Falsity in their Extramoral Sense (M. A. Mugge, Trans.)," in R. Grimm, and C. M. Vedia (eds.), *Philosophical Writings*, New York: The Continuum Publishing Company, pp. 87-99.

Parker, I. (1992), *Discourse Dynamics: Critical Analysis for Social and Individual Psychology*, London: Routledge.

Potter, J., M. Wetherell, R. Gill, and D. Edwards (1990), "Discourse: Noun, Verb or Social Practice?" *Philosophical Psychology*, 3-2, pp. 205-217.

Simon, H. A. (1957 [1947]), *Administrative Behavior*, 2nd ed., New York: Macmillan.(松田武彦・高柳暁・二村敏子訳『経営行動』ダイヤモンド社, 1965年。)

Thompson, J. D. (1967), *Organizations in Action*, New York: McGraw-Hill.(大月博司・廣田俊郎訳『行為する組織—組織と管理の理論についての社会科学的基盤—』同文舘, 2012年。)

van Dijk, T. A. (ed.) (1997a), *Discourse as Structure and Process*, Vols 1 and 2, London: Sage.

van Dijk, T. A. (1997b), "The Study of Discourse," in T. A. van Dijk (ed.), *Discourse as Structure and Process*, Vol. 1, London: Sage.

Weick, K. E. (1969), *The Social Psychology of Organizing*, Reading, MA: Addison-Wesley.(金児暁嗣訳『組織化の心理学』誠信書房, 1980年。)

Weick, K. E. (1979), *The Social Psychology of Organizing*, 2nd ed., Reading, MA: Addison-Wesley.(遠田雄志訳『組織化の心理学（第2版）』文眞堂, 1997年。)

Weick, K. E. (1995), *Sensemakig in Organizations*, Thousand Oaks: Sage Publications.(遠田雄志・西本直人訳『センスメーキング イン オーガニゼーション』文眞堂, 2001年。)

Wisdom, J. O. (1987), *Challengeablility in Modern Science*, Dorset, England: Blackmore Press.

高橋正泰 (1992),「組織シンボリズム—組織論の新しい視角—」池田光則・國島弘行・高橋正泰・斐富吉『経営学の組織論的研究』白桃書房。

高橋正泰 (1998),「組織シンボリズムとポストモダニズム」『日本経営学会誌』第3号, 千倉書房。

高橋正泰 (2002),「組織論とディスコース」『経営論集』第49巻第1・2合併号, 明治大学経営学研究所。

高橋正泰 (2003),「社会的構成主義と組織論」『経営論集』第5巻第2号, 明治大学経営学研究所。

高橋正泰 (2006),『組織シンボリズム（増補版）』同文舘。

第一部

近年の組織研究の潮流

第2章

保守的で適応的な企業変革の思想についての
初期的な考察

宇田川 元一

はじめに——目的と問題意識——

　本章の目的は，企業変革の実践のための思想的側面を考察し，変革の意味を再考することにある。日本企業の長引く低迷に対し，収益性の改善を測る必要があることや，デジタル・トランスフォーメーションへの要請など様々な変革の必要性が今日指摘されている。日本企業は，長らく収益性においても革新性においても，十分に状況への適応が図れていないと言えるだろう。

　しかし，こうした状況に対する変革が進まないのはどうしてであろうか。ひとつには，経営層の危機感の認知の問題が指摘されている（e.g., Kotter 1996；三枝 2013）。確かに，経営状態が危機的な局面に陥っている状況下においては，適切に問題を認知し，いち早い対応が必要であることは明らかであろう。

　だが，必ずしも変革を必要とする企業組織は，経営危機の状態にある組織に限定されない。長期にわたる低迷に対して打開策が見出せない状況の組織に対する変革の論理をどのように構想するかという点については，これまで十分に議論がなされていない。また，短期的な変革後にどのように長期的に事業プロセスを変革したり，創造的な組織へと変革したりするのかといった点も，考察の余地がある。つまり，組織のありふれた日常の中から，どのように長期にわたる変革を行っていくのかという点について，考察を深める必要があると言えるだろう。この点について，本章では，いくつかの変革に関わる議論から，今ここの地点からの変革を指向する，保守的で持続的な変革についての思想を模索していきたい。

第 1 節　適応課題（adaptive challenge）への対応としての変革

　Heifetz & Linsky（2017）は，企業や行政組織，非営利団体など様々な共同体が，変革をどのように成し遂げていくのかについて考察している。彼らは，問題状況を大きく 2 つに分類する。ひとつは，技術的問題（technical problem）であり，もうひとつは適応課題（adaptive challenge）である。そして，多くの共同体の変革において問題になることは，適応課題であると指摘する。

　まず，技術的問題と適応課題の違いについて説明したい。技術的問題とは，すでにある解決策を学習したり，採用したりすることで解決できる種類の問題である。また，技術的問題に取り組む主体は，その解決策の採用に対する権限を持っている存在である。例えば，既存のシステムの性能が悪くなったならば，より性能の高いシステムへと更新をすれば良いし，その決裁権限があるならば，決裁すればこの問題は解決する。このように，問題解決の方法がすでに存在し，実行可能な状況にある場合，問題は技術的問題だと言える。

　一方，適応課題は，既存の解決策では太刀打ちできず，さらに，問題を抱えている人に，ときに痛みを伴っても変化を求めなければならないような性質の問題である。Heifetz, Grashow & Linsky（2009）には，著者の一人の 95 歳の母親の例が出てくる。彼女は自分で車の運転をして移動して生活している。しかし，最近，加齢で運転がおぼつかなくなり，車の傷が増えてきたことに著者は気がつく。彼は，このままでは大切な母の命に関わるため，その行動を止めさせなければならない。このような問題が適応課題の典型である。彼女に対して，何か既存の解決策（例えばタクシーに乗ってもらうなど）を用いてもあまり意味はない。彼女に，「自分で運転をする」というアイデンティティを変えて，車の運転を諦めることを受け入れてもらわなければならないのだ。これは，非常に複雑であり，かつ，そこに痛みを伴う問題を乗り越えなければならないことを意味する。Heifetz & Linsky（2017）は，そのような適応課題に直面した時に考えるべき点をこう指摘する。

　　「変化を生み出すにあたり，革新的な，だが簡単には答えの出ない問いに答えるよう人々を促している。その問いとは，これだ。大切にしているすべての

ものの中で，最も貴重な，断じて手放せないものは何か。犠牲にできるものは
何か」（訳 47）。

　変革において，つまり，適応課題を乗り越えなければならない時において，何
のためにそうした取り組みをせねばならないのだろうか。それは，どうしても守
るべきもの，守らなければならないものを保守していくためである。そして，そ
のために，変えなければならないものを痛みを伴っても変えていく，ということ
が変革なのである。その痛みを乗り越えることを支え続けることが変革における
リーダーの役割であると Heifetz & Linsky（2017）は指摘するのである。
　同時に，下記のようにも指摘する。「グーグルのビジネスモデルは，広告収入
と新たなデータ収集技術に基づいており，オンライン市場を根底から変えたが，
その大部分において，広告及びマーケティング業界で長い年月をかけて進化し
た，重要な知恵と貴重な能力が生かされていたのだ。歴史から例をとるなら，ア
メリカ革命ではイギリスの文化的 DNA の大部分，すなわち言語，芸術，科学，
政治理論，新しい自由市場システムが大切に使われていた。民族性ではなく価値
観に基づいて築かれた国家は，多様性を受け入れる構造を持ち，変革を起こす力
だけでなく，適応力も備えていた。変革者たちは，変化を起こしたというより，
すでにあるものを大切に使い続けたのである。」（訳 18-19）
　つまり，Heifetz & Linsky（2017）が指摘するのは，共同体の文化や慣習に根
ざしたものであり，その中における中核的な価値を保守するための実践として
変革が位置づけられているのである。一見直感に反する変革論であるものの，近
年の学習理論における Engeström の研究（2007）と照らしても，発達の最近接
領域に立ちつつ，徐々に拡張的に学習を重ねるという視点とも大きく矛盾しない
指摘とも言えるだろう。同時に，そもそも共同体に必要な取り組みであるとし
ても，その共同体が保持する認知の枠組みと新たな変革との間との接点がなけれ
ば，変革を実践することは極めて困難である。Heifetz & Linsky（2007）は，こ
うした変革の行き先と現状との間を架橋する役割としてアダプティブ・リーダー
シップ（adaptive leadership）を置く。そして，彼ら変革者が正当性を持って変
革に挑む上での必要な視座として，この論点を提示していると解釈することも可
能であろう。いずれにせよ，変革は単に外的な要請に従ってその共同体がなして
きたことを捨て去って新たなことを行うというよりも，むしろ，共同体がなして

きたことを状況に即して適応させるために行われる実践であると考えることが妥当であろう。

　この保守的な変革の意義はいかなるところにあるのだろうか。この点については，Drucker が初期に論じた共同体の変革論を元に考察したい。

第2節　保守的変革としてのイノベーション

　Drucker は，初期の著作（Drucker 1939, 1942）や後の著作（Drucker 1985）などから，先に記した保守的変革の視点を垣間見ることができる。Drucker が初期においてテーマとしたことは，ヨーロッパにおけるファシズムと共産主義の台頭がどのように生じたのか，そして，そうした社会が機能しないことを理論的に考察するところにあった（Drucker 1939）。ブルジョア資本主義と共産主義が機能しないことが明らかになった時に，ファシズム全体主義は台頭する。しかし，組織そのものを至上の価値として，組織を崇めるものとなったことにより，ファシズム全体主義は瓦解することを同書では指摘している。なぜならば，それら組織は攻撃対象を作ることによってのみ存立可能であり，その先に示される実体的な秩序を示すことができないからである。

　この考察から Drucker（1939）は，下記のように述べる。「大衆が，真の秩序を失ったとき組織を秩序の代わりにしたことを見るならば，そして祈るべき神も尊ぶべき人間像も失ったとき魔性のものに祈ったことを見るならば，人間というものがいかに秩序と信条と人間像を必要としているかは明らかである」（訳219）。ファシズムはこれらを的確に提供することができないために瓦解していくというのが Drucker の議論である。同時に，ここから明らかになることは，我々の社会が機能する上では，人々がその共同体においていかなる存在であるのか，ということが認識できることを必要としているということである。

　この点について，より深く考察したのが Drucker（1942）である。同書で述べられるのは，新たな産業社会のあり方の提示であった。ここで示された重要な点は，人々に位置と役割を与えることである。機能する産業社会の成立要件として，第一に Drucker は人々の位置と役割の提供を強調する。「産業組織すなわち企業に働く一人ひとりの人間に対し，社会的な位置と役割を与えなければならない。そして，彼らを社会の目的の実現のために参画させなければならない。彼

ら一人ひとりの目標，行為，欲求，理念に対し，社会的な意味付けを与えなければならない。しかも同時に，彼らの働く組織とその目標に，一人ひとりの人間にとっての意味付けを与えなければならない」（訳 262）。

　この基盤として自由があると Drucker は述べる。自由とは，「人間自らの弱みに由来する強みである。自由とは真理の存在を前提とした懐疑である」（訳 144）とする。理性には還元できない何かの真理の存在を認め，相互に懐疑的な態度を維持し続けることが自由であると述べるのである。自らの正義を絶対視せず，他者に対して開かれた対話的な態度こそが自由であると言っても良いかもしれない。

　機能する社会への変革は不可避である。だが，機能する社会においては，人々が位置と役割を持てる姿であること，いうなれば，人々に位置と役割が与えられ，自らがその社会に参加していることが実感できる社会的な物語を必要としている。そして，それを担う主体は企業であるとも指摘する。社会的な物語が何であるのか，確固たる言明は困難である。それ故に，対話的にその物語を編み上げていく積み重ねが変革だと言える。

　したがって，そうした社会への変革は保守的に進むことが重要であることを指摘する。

　「正統保守主義とは，明日のために，すでに存在するものを基盤とし，すでに知られている方法を使い，自由で機能する社会をもつための必要条件に反しない形で具体的な問題を解決していくという原理である。これ以外の原理では，すべて目を覆う結果をもたらすこと必定である」（訳 272）。

　「われわれは，未来を語る前にいまの現実を知らなければならない。なぜならば常に現実からスタートすることが不可欠だからである。しかもわれわれは，すでに手にしているものによって初めて必要とするものをつくりあげることができる。手にしていたいものを発明することからスタートすることはできない。（中略）われわれは大胆でなければならない。しかし大胆さのための大胆さであってはならない。われわれは，分析においては革新的，理念においては理想的，方法においては保守的，行動においては現実的でなければならない」（Drucker 1942, 訳 280）。

　ここでDruckerが主張する保守思想は，Hume（1739）を端緒とし，Burke（1790）のフランス革命への批判的考察によって広く発展を遂げた政治思想である。この保守思想の中から，Druckerは革命的ではない，漸進的であり，状況的とも呼ぶべき変革の継続としての変革の視点を取り入れる。ここでいう状況的とは，状況に埋め込まれた中で変革の契機が見出されるという意味であり，状況から離れた抽象的・理性的な観点からの変革とは性質が異なる。

　この漸進的・状況的変革は，後にDruckerがイノベーションを論じることへとつながっている[1]。Drucker（1985）では「イノベーションに成功するものは保守的である。保守的たらざるを得ない。彼らはリスク志向ではない。機会志向である」（訳164）と述べる。また，イノベーションは，「すでに起こった変化や起こりつつある変化」（訳15）を利用したものであることを指摘し，こうした変化や機会を利用することによって，新たな価値を社会に構築し続ける漸進的・状況的変革としてイノベーションを位置づけている。同書の冒頭には，ペニシリウムからペニシリンが生み出された例や，マクドナルド，農機具の割賦販売，コンテナなどの例が出てくるが，これらはいずれも生じた変化を機会として捉えたことを通じて生み出されたイノベーションである。

　ここから，変化に対して何らかの構造を充てがわれることによって革新が生じること，そうした変化は実践と切り離して存在し得ないこと，実践の只中から革新が生じること，それらを積み重ねていく過程が重要であると言えるだろう。前章で取り上げたHeifetz & Linsky（2017）の考察と併せて考えるならば，変革とは現在手にしているものと実践の中に生じる変化の発見からスタートするものである。そして，その直面する現象や関わる人々とのギャップに対し，自由で対話的な態度で臨むことを通じて生じる漸進的な変化の積み重ねの帰結であると言うことができるだろう。

　ここまで変革の構図について考察を行ってきたが，変革をどのように生み出すことができるのか，その実践について考える必要がある。この点については，組織におけるストーリーテリングの研究が参考になる。

第3節　ストーリーテリングと自発性

　変革におけるストーリーテリングの重要性については，実際の介入研究から検

討がなされてきた（e.g., Denning 2005, 2007；Bate 2004）。Bate（2004）は，病院組織の変革にあたりその変革の最初の日にトップが語ったストーリーテリングを取り上げている。その内容は以下のようなものであった。

「今日ここに集まってくれたことを感謝の言葉で始めることはできる・・・自分が何のためにここにいて，何を我々が達成したいのかをはっきり言うことが出来たならば。だが，そうではないんだ。今回の取り組みは，自分を含め，我々すべてが学習者にならないといけない新しい挑戦だから。何からスタートしたら良いかを探すために，ポール（Paul Bate）とも随分とこの数週間話し合った。僕達の会話の殆どは，新しい方向性を与えてくれる未来のビジョンのようなものの必要性についてだった。自分は何が求められているのかはっきりとわからなかった―正直に言うならば，今もまだわからない。リーダーとしての最初のテストは不合格と言っていいだろう。今日に至るまで，不安な気持ちは高まるばかりだった。昨晩もよく眠れなかったし，今朝に至っても皆に何を言うべきかに悩んでいる。あまりよく眠れないのでここに来る前に車で病院に行ってきた。確信が持てない自分は，病院の礼拝堂に足を運んでいた。そこにある『手書きの本』を読んだことがある者がいるだろうか。そこには我々の患者の関係者の言葉が綴られている。多くは最近友人や愛する人を失った人々だ。そのうちのひとつをここで読みたいと思う。書いたのはリチャード・スミス氏で，彼の父親は大腸がんで病院にかかっていた。

『NHS は，世界で最高の治療を提供してくれると，私と私の家族はずっと信じて来ました。しかし今，そうではなかったということを，私達は思い知りました。私の父，デビッドは，昨晩遅く，この病院で亡くなりました。彼は長い間，癌と闘っていました。彼は 3 日前に，症状緩和のための手術を受ける目的で入院しました。彼は手術前の処置のために，24 時間何も食べることが出来ませんでした。手術は，最初の日に延期され，そして次の日にも延期されました。癌の患者を手術が行われるかもしれないという希望のもとに，何日も続けて飢えさせておくなんてことが出来るのでしょうか。これが，地上での人生最後の 3 日間を過ごす一人の人間をあつかうやり方でしょうか？　あなた方が，私の父への管理や治療は標準的なものだと考えていることに，私は衝撃を受け，驚愕しました。』

　（中略）スミスさんをもう作らない（No more Mr. Smiths.）これが病院とこの変革のためのグループのための私のビジョンだ。残念だけれども，今自分ができる最善のことはこれしかない」（328-329）。

　しかし，この語りによって，「スミスさんをもう作らない」が，変革の取り組みの拠り所になっていき，プロジェクトが進む中でも，この言葉が度々参照されたという。また，この語りを受けて，他のマネジャーやメンバーが，自分たちのこの語りから浮かび上がってきたエピソードが語られ，それらの問題に対する具体的な対処策が講じられながら変革が進んでいったと述べられている。

　Denning（2007）は，ストーリーテリングの意義をメンバーに変革に対する自発性（spontaneity）を生み出すことにあると指摘する。では，なぜ上記でBate（2004）に見られたように，語ることが人々の自発性を生み出すのであろうか。Bate（2004）の事例では，リーダーの語りは，人々の日常に感じる違和感に対して，それをいかなるものとして捉えるのか，その構図が充てがわれたことによって，他のメンバーも自分の日々感じる組織に対する問題が語られるようになったと考えられる。つまり，組織生活の中で生じる違和感を覚える出来事や不満，怒り，悔しさといった感情が喚起されるようなエピソードは，それ自体を断片的に感じることがあっても，それが何であるのかはすぐにはわからない。それらが意味づけられるためには，それらの出来事に何らかの枠組みを充てがい，それを通じて意味が生成するのである（Weick 1979, 1995）。その充てがわれる枠組みをストーリーテリングが提供することを通じて，人々が日々の違和感を語ることが可能になる。つまり，ストーリーテリングは，いわば媒介（medium）として機能するものだと言えるだろう。

　このような語りをもう一歩俯瞰して考えてみよう。組織メンバーが変革の意味を見出すためには，組織メンバーや語り手にとって日々の組織生活で感じる違和感を捉えることが必要である。つまり，有用なストーリーテリングのためには，聞き手のナラティヴを観察し，それへの応答として語られることが重要であろう。この協応関係（Gergen 2009）によって，人々の間に新たな意味が萌芽的に生成する。その萌芽的意味に対して，さらなる語りが重ねられることで人々が変化を捉えながら，それを乗り越える実践を重ねることになると言えるだろう。

　これは単にストーリーテリングの実践に限定されるものではないことは強調す

べきである。ストーリーテリングを通じて行われていることは，変革の新たな方向性の探索とその新たな方向への人々の位置と役割の構築であろう。そして，その新たな物語の中で見出される変化への対処を積み重ねることが変革であると言えるだろう。また，変革の入り口は必ずしも明確なビジョンでなくても良いとも言える。むしろ，そうしたものが何であるかを探索するための媒介となる語りから変革が始まっている。そのためには，日々の違和感などをきっかけに，それが何であるのかを掘り下げることを通じて，変革の入り口に我々は立つことができるのである。

第4節　結語——保守的で持続的な適応に向けて——

　これまでいくつかの議論を通じて，企業変革に対する保守的な思想に基づく変革の思想を考察してきた。これらに相通じるところは，経済的価値や社会的要請，戦略的有用性といった抽象的なビジョンではなく，組織生活に埋め込まれた当事者の視点に立ち，その只中で見出される問題や違和感，機会に対して応答する対話的な実践としての変革の姿であったと言えよう。

　無論，ここで論じられたことは思想的な視点に過ぎず，これを具体的に企業組織において実践していくためには，制度や戦略へと形式化しながら取り組むことが不可欠である。しかし，そうした中においても必要となるのは，見出される新たな方向性と当事者が今置かれている状況との間を媒介する実践を重ねていくことである。本研究の今後の課題は，この媒介者の実践をより明確化することである。

【注】
1）この点については，ジェレミー・ハンター（クレアモント大学教授）と著者の対談が参考になる。「ドラッカーに学ぶセルフマネジメントの本質」『NewPicks ザ・プロフェット』https://newspicks.com/news/4780925/body（2021年12月15日閲覧可能）

【参考文献】
Bate, P. (2004), "The Role of Stories and Storytelling in Organisational Change Efforts: A Field Study of an Emerging "Community of Practice" within the UK National Health Service," in *Narrative Research in Health and Illness*, pp. 325-348.
Burke, E. (1790), *Reflections on the Revolution in France: And on the Proceedings in Certain Societies in London Relative to that Event. in a Letter Intended to Have Been Sent to a Gentleman in Paris*, J. Dodsley.（二木麻里訳『フランス革命によせる省察』光文社，2020年。）

Denning, S. (2005), "Using a Narrative as Tool for Change," in J. S. Brown, S. Denning, K. Groh, and L. Prusak（eds.）, *Storytelling in Organizations: Why Storytelling is Transforming 21st Century Organizations and Management*, Routledge.（高橋正泰・高井俊次監訳『ストーリーテリングが経営を変える』同文館，2007年。）

Denning, S. (2011), *The Secret Language of Leadership: How Leaders Inspire Action Through Narrative*, John Wiley & Sons.（高橋正泰・高井俊次監訳『ストーリーテリングのリーダーシップ』白桃書房，2012年。）

Drucker, P. F. (1939), *End of Economic Man a Study of the New Totalitarianism*, NY: The John Day Co.（上田淳生訳『経済人の終わり』ダイヤモンド社，2007年。）

Drucker, P. F. (1942), *The Future of Industrial Man: A Conservative Approach*, NY: The John Day Co.（上田淳生訳『産業人の未来』ダイヤモンド社，2008年。）

Drucker, P. F. (1985), *Innovation and Entrepreneurship: Practice and Principles*, NY: Harper & Row.（上田惇生訳『イノベーションと企業家精神』ダイヤモンド社，2007年。）

Engeström, Y. (2009), "Wildfire Activities: New Patterns of Mobility and Learning," *International Journal of Mobile and Blended Learning*, 1（2），pp. 1-18.

Gergen, K. J. (2009), *Relational Being: Beyond Self and Community*, Oxford University Press.（鮫島輝美・東村知子訳『関係から始まる』ナカニシヤ出版，2020年。）

Heifetz, R., and M. Linsky (2017), *Leadership on the Line, with a New Preface: Staying Alive Through the Dangers of Change*, Harvard Business Press.（野津智子訳『最前線のリーダーシップ』英治出版，2018年。）

Heifetz, R. A., R. Heifetz, A. Grashow, and M. Linsky (2009), *The Practice of Adaptive Leadership: Tools and Tactics for Changing Your Organization and the World*, Harvard Business Press.（水上雅人訳『最難関のリーダーシップ』英治出版，2017年。）

Hume, D. (1739), *A Tretise on Human Nature*, Clarendon Press.（土岐邦夫・小西嘉四郎訳『人性論』中央公論社，2010年。）

Kotter, J. P. (2012), *Leading change*, Harvard Business Press.（梅津佑良訳『企業変革力』日経BP社，2002年。）

Weick, K. E. (1979), *The Social Psychology of Organizing*, 2nd ed., Reading, Mass: Addison-Wesley.（遠田雄志訳『組織化の社会心理学　第2版』文眞堂，1997年。）

Weick, K. E. (1995), *Sensemaking in Organizations*, Thousand Oaks, CA: Sage.（遠田雄志・西本直人訳『センスメーキング・イン・オーガニゼーションズ』文眞堂，2001年。）

三枝匡（2006），『V字回復の経営』日本経済新聞社。

第 3 章

危機的状況下における組織のアイデンティティ変容
――豊島事件の政治プロセスを踏まえて――

木全　　晃

はじめに

　今日の我々の世界は，突発的で予測が困難な問題によって危機的状況に陥る可能性に満ちている。新型コロナウイルスに代表される感染性ウイルス，ロシアによるウクライナ侵攻，温暖化による気候変動や廃棄物問題，テロリズムによる破壊や殺人，そして今や風化しつつある原子力発電所という人間が創り出した人工物の事故―このような予測困難な問題を受けて，人々はさらにおびただしい数に派生する諸課題に向かわねばならない。その際，人々と組織は，どのように自らに降りかかる問題を意味づけし行為するのだろうか。そして，何を拠り所に自らの身を守るのだろうか。

　再帰的モダニズムにより今日を捉えようとする議論からすると，人々はかつてのモダニティの時代には「すべての問題に答えを持っているという観念の中で生きていた」けれども，（原発事故をはじめとする）グローバルなリスクによって人々の安定性の拠り所となっていたモダニティの制度や理念（政治政党，民主主義，科学的専門家，市場経済，教育機関，家族や性別役割等）は不可逆的に弱体化し，人々はまったく心構えができていなかったような状況に置かれ，「個人化」された矛盾や強制，目標，ライフコースをもとに「うまく乗り切る」ことを強いられるようになる（ベック 2011）。固定的，静的な自己から流動的，動的な自己への変化である。このことは，今日の社会生活の開放性，行為の文脈の複数化，権威の多様性と相まって，モダニティの時代のように伝統的な社会から与えられた場所に自らを固定するのでなく，「自己の再帰的プロジェクト（reflexive project of the self）」（Giddens 1991: 214, 訳243）によって自らを維持せねばな

らないことを意味する。つまり，一貫性のある仕方で未来の計画と過去の経験を
まとまりをもったアイデンティティの物語となるよう，自らの在り方を振り返
り，絶えず修正・変更するのである。しかし「答え」の見えにくいリスク社会に
生きる人々には，「物語の一貫性や社会的受容可能性を取り込もうとする抑圧に
耐えきれない」という恐怖，一貫したバイオグラフィーを維持するうえでの「物
語の適切さについての不安」(Giddens 1991: 65，訳71-72) がつきまとう。モダ
ニティの時代に民主主義的主体形成が十分でなかった日本の社会では，「不安」
は言及されても無視されるか「リスクを担った当事者のみが排除される」(樫村
2011) ことに置き換わる可能性を内包する。危機的状況下での現場の現実的な政
治的選択が国によって排除され，官僚制のもとで責任逃れを果たそうとする行
政，メディアは正確な情報を収集しきれず，日常生活の中では政策に順応しない
人々への同調圧力により不安は覆い隠されることに帰結しがちとなる。

　本稿は，危機的状況下における人々は組織を通じて，いかに一貫したアイデン
ティティの物語を紡ごうとするのかを考察する。対象は「豊島事件」であり，そ
れに伴い結成された「廃棄物対策豊島住民会議」(1977〜1978年，1990年〜) と
いう地域組織である。この事件は，1970年代に瀬戸内海に浮かぶ島嶼（香川県
土庄町豊島）で発生した戦後最大級といわれる産業廃棄物（産廃）の不法投棄に
より生じ，原状回復を訴える地域組織と所轄する地方自治体とのコンフリクト
を経て最終合意が成立し，2017年に産廃が島外に全量撤去，再資源化され一つ
の区切りをつける。海外からユニークな事件として映り90年代後半に米タイム
誌は「産廃が，日本でも珍しいシステムへの住民の闘いを呼び起こしている」と
報道した。国内では主に法学や地域研究などの領域で多くの論文がみられる（例
えば，佐藤・端 2001；長嶋・安達・長坂 2003）。関係者や報道関係者による書
籍では，「日本のごみ問題解決の試金石」「崩壊する産廃政策」「（島嶼住民が国や
自治体という）巨大な壁に挑んだ」(實近 1999；大川 2001；高杉 2003) といっ
たように，ごみ問題や住民運動，廃棄物政策の歪みなどの象徴として描かれてい
る。しかし，そのような中で本稿の目的は，この事件に関係する人々のディス
コースや相互行為をもとに，危機的状況下における人々は組織を通じてどのよう
に問題を意味づけし行為しながらその在り方を振り返り修正したのかという実践
における含意と，既存の組織アイデンティティ研究に何らかの示唆を導き出そう
とすることにある[1]。

第1節　研究の枠組みと方法

1. 組織アイデンティティ研究

　アイデンティティ研究は周知のとおり精神分析学者の Erikson（1959）によって発達心理学領域で発展し「自我同一性」（ego-identity）という構成概念を中心に展開された。社会的リアリティに密接に関係する自我同一性はリアリティのなかで自我のサブシステムとして働き，幼児期の心理・社会的危機から生み出された自己表象（self-representations）の検証・選択・統合を試みるものとして「実際に得られるが，しかし永遠に修正され続けていく社会的リアリティのなかの自己の現実感覚」として特徴づけられる（Erikson 1959: 160, 訳 197）。Erikson（1959, 1968）による個人レベルの研究を下敷きにし，組織論に展開した先駆は Albert & Whetten（1985）である。

　Albert & Whetten（1985）は組織アイデンティティのライフサイクルにおける規範的，功利的二面性に注目し，自らが述べているように導入的公式化に寄与した。そこでは，① 中心的性質（central character），② 弁別性（distinctiveness），③ 時間の連続性（temporal continuity）という3つの基準が操作可能な科学的概念として組織アイデンティティ研究を発展させる目的のもとで仮定される（Albert & Whetten 1985: 265）。いずれも「主張された」（claimed）ものという前提でありその主体は科学者，他の組織，当該組織が想定される。「中心的性質」は組織を識別する際に必要不可欠な基盤であるアイデンティティの表明であり，重要な意思決定活動において組織のリーダーはすべきことの指針として規定しようと試みる。もっとも組織の将来に関心を持つ主要な行為者も組織アイデンティティを主張し得るであろうから，代替的アイデンティティの表明は両立し得て相補的，あるいは無関係で相反的でさえあるという。「弁別性」は，個人レベルのアイデンティティが他者との明確な違いとして個々を識別する自己分類であることをもとに組織レベルへと援用され，独自の（unique）基準とも表現される。先の中心的性質は組織に必要不可欠であるにせよ必ずしも弁別性のように唯一無二を必要としない。したがって両者は論理的独立性を持つという。組織は分類スキームを呼び起こし自らを位置づけることで自己規定するものの，企業に利益重視の原則はあっても異なる状況下では異なる分類スキームが選ばれ

るので，習慣的，戦略的傾向を帯びやすく何を比較対象と見なすかに依存する。そして「時間の連続性」は時を経ても同一であるという感覚としての自己同一性の概念，個人レベルのアイデンティティ喪失の仮説に基づいている。組織研究の枠組みでは，喪失を伴う変化の間の悲嘆や苦悩，そして生存，望ましさ，アイデンティティに関連した儀式の可能性（組織の葬儀が例示される）に関する設問によって導き出される（Albert & Whetten 1985: 272-273）。彼らの組織アイデンティティの公式化は新たな領域を切り開いたけれども，ともすれば理論的背景に乏しく経験主義的側面も見られた。以降の組織論では多様な概念上の精緻化が展開された（e.g., Dutton & Dukerich 1991；Gioia et al. 2000；Hatch & Schultz 2002；Clark et al. 2010；Oertel & Thommes 2018）。

　一連の諸研究の中でRavasi & Schultz（2006）は，アイデンティティの脅威における組織の反応を組織イメージと組織文化，とりわけ後者の役割を強調しつつEUの多国籍製造企業への経年調査により探究した。彼らによるとそもそも既存の組織アイデンティティ研究は2つの視点から整理される。

⑴　社会的アクター・パースペクティブ：制度理論を基礎としアイデンティティは制度的主張に宿ると捉える。いかに組織メンバーが振る舞うべきかという一貫した指針を提供する必要性から構成され，公式的主張を通じてリーダーや代弁者が内外関係者による組織の定義や解釈に影響を及ぼそうという試みであり，組織アイデンティティのセンスギビング（sensegiving）の作用を担う。

⑵　社会構築主義的パースペクティブ：社会構築主義を基礎としアイデンティティは共有された解釈スキームに宿ると見做す。集合的理解を仮定しており，組織メンバー間の交渉による意味と意味の構造としての組織アイデンティティの社会的構築を基礎とするセンスメイキング（sensemaking）のプロセスを強調する。

　Ravasi & Schultz（2006）は，上記の2つの視点は相補的であるとし，制度的制約がメンバーの解釈を導き形づくる一方で，共有された解釈の再交渉を経験するメンバーの自由な人間の営みでもあると主張する。彼らのフレームワークによると，この2つのプロセスは組織イメージと組織文化の影響を受けながらアイデンティティの主張の修正を重ねる（図表3-1）。

　ここでRavasi & Schultz（2006）は，それまでの組織アイデンティティ研究は

図表3-1 アイデンティティの脅威への組織的反応―理論的モデル

| 組織アイデンティティの外的課題
混乱する外的諸変化
外的要求との矛盾 | 外的イメージの構築
「この組織は外部からいかに知覚され，描写されているか」
↓
組織アイデンティティのセンスメイキング
「ほんとうは何についての組織なのか」
↑
文化的実践と人工物への内省
「他の組織と我々を識別させる（類似させる）ものは何か」 | 修正されたアイデンティティの主張 | 望ましいイメージの考案
「我々はこの組織が内外からいかに知覚され，描写されることを望むか」
↓
組織アイデンティティのセンスギビング
「これが，この組織がほんとうに何についての組織なのか，である」
↑
組織文化への主張の埋め込み
「変化のさなかに，我々は自己の集合的意味をいかに維持しうるか」 | 修正されたアイデンティティの理解 |

出所：Ravasi and Schultz（2006, 441）をもとに作成。破線部分は彼らが集めた限定的証拠による関係構築を示すという。

外的プレッシャーがメンバーのアイデンティティ問題への内省を促し組織イメージによってメンバーの集合的理解は影響を受けるといったように，組織イメージ主導でアイデンティティの変容を律則しようとし組織文化がいかに組織アイデンティティの動態に影響を及ぼすかをおよそ検討してこなかったと指摘する。そこで彼らは既存研究を下敷きに文化とアイデンティティの相互関係を，① 組織文化はおよそ暗黙的かつ自律的で共有された実践に根差す傾向にあるが，組織アイデンティティは外的関係との比較を必要とし本質的に相関的かつ意識的な自己言及であること，② 組織文化はアイデンティティの意味形成の取り組みにおける「文脈」としての役割を果たすこと，③ アイデンティティの自己定義は文化の基本的仮定や価値を基礎として解釈される活動や信念の影響を少なくとも部分的に受けると整理する（Ravasi & Schultz 2006: 437）。そして，環境変化に直面した組織アイデンティティの変容を理解するうえでの組織文化の含意として，「集合的歴史，組織シンボル，確固たる実践」はメンバーに彼らの組織が本当は何を目的とするのか新たな意味を他者に付与する契機を提供すること，「組織アイデンティティの弁別性や持続性の感覚を維持するうえでの組織文化の役割は，明示的再評価の影響を受けやすい」こと，その際，外部イメージと組織文化は既存の組

織アイデンティティ研究が示唆したよりもより相補的にアイデンティティの危機
への組織反応に影響を及ぼすと結論付けられる（Ravasi & Schultz 2006: 455）。
本章では Ravasi & Schultz（2006）に従い，外的制約やプレッシャーとしての
組織イメージのみならず組織文化の組織アイデンティティへの影響側面にむしろ
軸足を置きながら考察することとしたい。

　一方で，組織ディスコース研究の視点に立つ Ainsworth & Hardy（2004: 155,
訳 244）によると，一連の組織研究における集合的アイデンティティはメンバー
の認知的収束による信念と主に理解され，組織の直面する諸問題へのメンバーの
解釈や行為の仕方に影響を及ぼすとしており，こうした長年の強調は組織理論
における集合的アイデンティティの探究のうえで「経験的意味の欠乏」（lacking
empirical means）をもたらすという。言説的アプローチは，集合的アイデンティ
ティをメンバー間の言葉の使用状況の中で位置づけ，諸個人の意図と態度から
観察しうる言語的実践，社会的関係や行為へと注意を変化させる。アイデンティ
ティはディスコースや相互行為，ストーリーなどの折り重なった影響によって構
築され，相互行為間の緊張，行為者間の交渉・争いなどのプロセスの資源であり
産出物でもある（Ainsworth & Hardy 2004: 168, 訳 265）。したがって言説的ア
プローチでは，個別的存在というよりもむしろ常に「生成」という行為にある何
者かとして我々は組織を観察し得る。アイデンティティの構築が組織について
の重要な含意を持つのは，第一に，組織は構築されるアイデンティティの舞台装
置のひとつであり，個人の組織アイデンティティは無数のアイデンティティのカ
テゴリーのひとつであること，第二に，特定の組織に関する集合的アイデンティ
ティは言葉や相互行為の中で形作られること，第三に，アイデンティティと組織
は相互に巻き込み合う，つまりアイデンティティは，局部的な意味が増幅し具体
化・客観化するごとく組織を同様に形づくることにあるとする。

　Ainsworth & Hardy（2004）が強調する「経験的意味の欠乏」を補うことは
重要である。組織アイデンティティ研究には，Dutton & Durkerich（1991）が
示すように既存のフレームワークに囚われず「ゴミ箱モデル」（Cohen, March &
Olsen 1972）のように諸問題に焦点を当てるアプローチ，つまり特定の問題，あ
る組織にとって関心ある基準や事実，出来事の集合的構成から検討を始め，この
認識をもとに関係する諸行為や解釈を見出していく方法も採られている。本章で
は Ainsworth & Hardy（2004）が指摘するアイデンティティをディスコースの

使用状況の中で位置づけ経験的意味を探るとともに，Dutton & Durkerich（1991）が採った「問題」に着目し事実・出来事を集合的に構成する方法を組み込むことにする。加えて，Ainsworth & Hardy（2004）が示唆するように組織アイデンティティを多様なアイデンティティのひとつとするなら，他の社会科学領域におけるアイデンティティ研究の傾向も踏まえる必要があるかもしれない。社会学や政治学，文化人類学などの分野で研究が重ねられている概念のひとつに，アイデンティティの政治（politics of identity），あるいは政治的アイデンティティ（poritical identity）という考え方がある。

2．アイデンティティと政治

　政治学者の Kenny（2004: 3-4，訳 17-18）によると，これまでアイデンティティの政治は一般に「マジョリティの文化慣行と多様な移民および宗教的マイノリティの間の衝突と結びついた政治的コンフリクトの産物」と広く見なされてきた。しかし現代のアイデンティティの政治の特徴は，多くの場合，非選択的な社会的指標（markers）―人種やジェンダー，階級，障害，セクシュアリティなどを「政治化したいとする欲求」に置かれるものの，直接的に選択されたわけではない指標を含み，「従来は公にさらされることのなかった問題が政治的関心事として現れるプロセス」にある（Kenny 2004: 10，訳 27-28）。これは，深く実感されている文化的帰属性（cultural affiliation）や差異により生じる道徳的・政治的葛藤を契機に，様々なコミュニティ内に試金石となる問題が可視化されることを意味する。さらに社会運動と関連付けて Kenny（2004）は，従来の分析モデルはアイデンティティの政治の持つ「傷つけられたアイデンティティの論理を用いる集団の社会的・道徳的性質」（109，訳 185）を軽視してきたこと，安定的なアイデンティティの獲得にはテイラー（Charles M. Taylor）の政治思想に見られる対等な人々からの自己の「個別性（particularity）についての承認」（152，訳 251）と主体の「内面化された羞恥や自己嫌悪の感覚」（166，訳 272）に眼を向ける必要性を主張する。では，アイデンティティの政治と社会的リアリティにおけるアイデンティティとの繋がりはどのように捉えられるのであろうか。

　太田（2012）は，政治行動の原因を文化的に構築されたアイデンティティにより説明することの妥当性に疑問を示し人種というアイデンティティの顕在化によりアイデンティティの政治が形成されたとしても「人種は人間を集団化するとき

常に原初的要因として機能することにはならない」(54) と説明する。そもそも文化人類学の文脈における文化は「創造性」と「拘束性」との対立として捉えられ，文化概念に潜む政治性に敏感に反応せざるを得ない現代，両者の対立は支配に対する抵抗，その主体の形成のみならず自らが世界に働き掛ける能力という関係を意味する（太田 1998, 2010: 287-288）。文化人類学の焦点は，文化的特徴が客体化され構築されている事実を指摘することでなく「構築された対象がなぜ自然に見えるのか，構築性の指摘が（文化的拘束からの）解放へと向かわないのはなぜか」[カッコ内は筆者による]（太田 1998, 2010: 295）を問うことにある。そして太田（2012）は文化人類学者のマムダニ（Mahmood Mamdani）を引きながら政治的アイデンティティ（political identity）を，「文化や言語，あるいは歴史の共有から生まれる文化的アイデンティティや生物学的アイデンティティなどとは異なり，法がある特徴により人々を集団化し，国家がそう規定された人々に対して画一的な対処をするとき生まれるアイデンティティ」(19) と示しつつ，アイデンティティと文化の構築主義的理論は固定的でなく流動的であり，排他的，本質化ではなく異種混淆的な再考として描かれる必要性を強調する。そこでは，「文脈が変化すれば焦点化されるアイデンティティも変わる」こと，「どのアイデンティティが顕在化するかは国家によるパワーと資源へのアクセスの制限に起因する」こと，この制限を是正するために人々は自己の「アイデンティティの一部を前景化しそのもとに結集し社会運動を形成する」（太田 2012: 66-67）ことが示される。このことは，政治的アイデンティティは「パワーによって構築されるもの」であり，政治活動の「前提」はなく政治的プロセスの「効果」という論点に集約される。その際の視座は，文化を「本質的に記号論的なもの」であり人間が自ら紡ぎ出した「意味の網」（Geertz 1973: 5, 訳 6）として捉えるように，「アイデンティティをパワーの網目のなかで捉え直す」（太田 2012, 70）ことに置かれる。この政治的アイデンティティ（およびアイデンティティの政治）の視点を援用することにより，「経験的意味」（Ainsworth & Hardy 2004）の考察を深めることが可能となりそうである。同時に Albert & Whetten (1985) の組織アイデンティティの概念，例えば時間的不連続性は政治的アイデンティティへの移行とともに説明が可能かもしれない。

　以上のことから本章は，① 経年的な「問題」とそこでの緊張関係やコンフリクトに焦点を当てつつ，② 各々の問題についての状況背景，つまり事実・出来

事と豊島会議という地域組織の行動を追いながら，③ 問題に関係する人々のディスコースと経験的意味，④ そこで使用されている産出された結果としてのアイデンティティを解釈する，というプロセスにより考察を進める。その際，Ravasi & Schultz（2006）の言う「組織イメージと組織文化」とアイデンティティとの相互関係を重ね合わせ，特に文化による「組織シンボル」，つまりあいまい性をおびた経験や出来事の解釈を促進する典型的オブジェクトや発話，行為，出来事に眼を向け，「我々は何者か」というアイデンティティそのものとともに「構築された対象がなぜ自然に見えるのか」（太田 2012）に目を配る。そして国や自治体によるカテゴリー化や政治的プロセスに注意を払い，アイデンティティの変容のトリガーは何か—例えばパワーや不公平な配分（太田 2012），内面化された羞恥や自己嫌悪（Kenny 2004）あるいは，喪失を伴う変化の間の悲嘆や苦悩（Albert & Whetten 1985）といった要因に焦点を合わせる。これらを踏まえ，次節以降，人々は組織を通じてどのように問題を意味づけし行為しながらその在り方を振り返り修正したのかを見ることとしたい。

第 2 節　豊島事件の概要と問題

豊島という島嶼の人口は 1990 年に 1660 人であったが，その後 852 人（2017年 8 月）へと過疎化が進む（高齢化率は 90 年の 28.8％から 98 年に 40.5％へ：曽根 1999）。島嶼面積は 14 万 4900m²，うち最も面積が広く東側を占める家浦，西側北の唐櫃，西側南の甲生という 3 自治会からなる（廃棄物対策豊島住民会議 2005）。本稿が考察対象とする「廃棄物対策豊島住民会議」（以下，豊島会議）では，3 自治会会長（互選による）が兼務する 3 人の議長（代表議長は家浦自治会長が兼務する慣例，任期は 2 年）の合議で重要意思決定は行われた。豊島会議の構成員は形式上全住民だが，同心円状の組織の核に議長，その下部に役員会と全体会（各 40 人前後），住民大会（約 700 人）があり，最終的に重要決議は住民大会に諮られた。ただし 1993 年の公害調停申し立て以降，その発起人となった 5 人の若手を中心とした有志（代表）が 3 人の議長とともに重要意思決定，合議を行った（図表 3-2）。

豊島事件の発端となった不法投棄は，この事件を起こし逮捕され破産宣告する豊島総合観光開発（以下，豊島開発）の実質的経営者・松浦庄介取締役の先

図表 3−2　豊島住民会議の組織構造

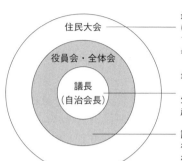

最終的な合議・意思決定は住民大会に諮られた（700人前後）。多い年で3回程度開催。女性委員会，高齢者委員会を組織（98年）

最大規模の家浦地区自治会長が議長を，他の2地区自治会長（唐櫃・甲生）と3人の合議が慣例。公害調停発起人の5人が90年から合議に参加

議長の下部組織として，各地区から役員会，全体会（それぞれ40人前後）のメンバーを募り組織し議論

出所：豊島会議へのインタビュー調査をもとに筆者作成。

祖代々の所有地（家浦地区最西端2万8500m²内の6900m²）で生じた（大川2001）。前述のとおり，豊島事件は1970年代の事件の発端から2017年に不法投棄された産廃が島外に全量撤去，再資源化されひとつの区切りをつけるまで50年余にわたる。処理開始時点で推計された不法投棄産廃は約51万t，事業費約508億円だったが，結果として約91万t（汚染土壌を含む）の産廃全量処理を事業費約727億円が投じられ完了する（うち6割を国，4割を県が負担）。本稿では豊島会議という地域組織の危機的状況と考えられる，豊島開発が香川県知事に有害産廃処理場建設の許可申請をした1975年から公害調停が成立し香川県と豊島会議が最終合意に至った2000年までを考察の対象期間とする。分析に用いたデータは，①筆者が都合6回にわたり現地視察・インタビュー調査[2]（2007年8月および10月，2008年2月，2014年2月，2017年8月，2021年3月）を実施し作成したデータベース，②豊島会議および香川県から得た各種資料および同ホームページ，③一般に入手可能な書籍・論文（主要参考文献参照）からなる。豊島会議の行動と出来事（ミクロ・メゾ・マクロ），関係者のディスコースを集合的に構成し経年的に精査した結果，以下の5つの問題が抽出された。

問題Ⅰ．事業者への産廃許認可をめぐる問題（1975-1978年）：豊島開発の有害産廃処理場建設申請を許可するか否か。

問題Ⅱ．事業者の有害産廃野焼き・埋立についての法解釈の問題（1979-1991年）：豊島開発による有害産廃の野焼き・埋立はどこが違法なのか。

問題Ⅲ．汚染度合いの科学的証明の問題（1992-1995年）：不法投棄汚染の程

度は重篤か否か，

問題Ⅳ. 汚染処理方法の選択の問題（1996-1997年）：どの汚染処理手法を選択するか。

問題Ⅴ. 知事の責任と謝罪の問題（1998-2000年）：知事に豊島事件の責任はあるか，あるとすれば謝罪すべきか否か。

　次節以降，各々の問題を人々はどのように意味づけし在り方を振り返り修正したか，豊島会議の行動，出来事や関係者のディスコース等から考察する。

第3節　　出来事，行為の集合的構成とディスコースの解釈

1. 事業者への産廃許認可をめぐる問題（1975-1978）

　豊島の住民は豊島開発の実質的経営者を「ずるがしこく頭のいいチンピラ」と見て危険視していた（図表3-3，ディスコースd-1, 2）。同社の産廃処理場建設の差し止め提訴に豊島会議の発足理由がある（図表3-3，行動と出来事）ことから，豊島会議と豊島開発の間の強い緊張関係が読み取れる。しかし香川県のディスコースから，「環境破壊や健康被害をもたらすはずはない」（D-1）と楽観視し豊島開発による苦情（F-1）もあって事業者寄りの考え（D-4），産業促進の意図（D-5）を確認できる。そして事業者への「許認可権者は知事」に置かれ，その判断は「絶対に止められない」（D-3）というパワーの非対称性の強調，「県と住民が力を合わせて監視に当たれば間違いなど起こらない」（D-2）との説得がみられる。豊島での住民説明会という場で知事による「住民が反対するのであれば，それは事業者いじめ，住民エゴである」（D-5）というシンボリックな発話は，豊島会議内に「違法行為発覚時に免許を取り下げさせれば良い」，「知事が責任とると言っている」（d-3-5）などの「センスメイキング」を生じさせる。問題Ⅰについて整理すると，豊島会議による豊島開発との地裁での和解，組織の解散という行動や出来事（図表3-3）は，「産廃許可を与えてはならない」という組織発足時の自己定義よりも「責任をとるというお上に任せておけばよい」という認知的収束による信念が優位となったことによるものと本稿では解釈した。

　ここで，なぜ「責任をとるというお上に任せておけばよい」というアイデンティティが構築され「自然に見えたのか」（合意に至ったのか），パワーや文化による影響は何であったのだろうか。注目されるのは，「お上には逆らうな」（d-4）

図表3-3　事業者への産廃許認可をめぐる問題

問題Ⅰ (1975-1978年)：豊島開発の有害産廃処理場建設申請を許可するか否か		
アイデンティティの解釈		産廃許可を与えてはならない 責任を取るというお上に任せておけばよい
豊島会議の行動		・産廃処理場建設反対の署名を島内で集め香川県に陳情，豊島開発による廃棄物入港を阻止 ・豊島会議を結成する。 ・前川知事の発言に対し豊島会議を結成，岡山県玉野市への越県合併を請願 ・産廃処理場建設差し止め請求を高松地裁に提訴 ・香川県による豊島開発の監視・監督の約束を受けて豊島開発と高松地裁で和解，豊島会議を解散
出来事	ミクロ	・豊島開発の実質的経営者が豊島住民への暴行傷害により逮捕
	メゾ	・豊島開発は1965年頃より島内の山土を採取し販売 ・漁業者の苦情により豊島開発が埋立堰堤を作る ・豊島開発は香川県知事へ有害産業廃棄物処理場建設の許可申請 (1975年) ・香川県知事が豊島を訪れ住民説明会を開催 (1977年) ・豊島開発は事業内容を「無害物によるミミズ養殖」に申請変更 ・香川県知事は豊島開発に汚泥・木くず・家畜糞尿に限定し無害産廃の扱い許可 (高松地裁の和解前)
	マクロ	・公害対策基本法施行 (1967年) ・通称「公害国会」で公害関係14法が臨時国会にて成立 (1970年)
ディスコース	豊島会議	・「松浦 (豊島開発の実質的経営者) は前科者のため，妻を社長にしました……やつは暴力団というよりも，ずるがしこく頭のいいチンピラのたぐい。暴力沙汰は頻繁で誰もが恫喝されるのを怖れていました……森林を削り土砂を採掘するなどして住民とのトラブルが絶えなかった。産廃免許を与えるなどもってのほかでした」(議長，d-1) ・「あの男 (豊島開発) には許可を出さないでくれ……お金儲けのためなら法などお構いなしで何をするか分からない」(住民，d-2) ・「違法行為発覚時に免許を取り下げさせれば良い」(役員，d-3)，「お上には逆らうな」(役員，d-4)，「知事が責任をとると言っている」(役員，d-5)
	香川県	・「ミミズの養殖は畜産業の一種，こんなものが環境破壊や健康被害をもたらすはずがない」(職員，D-1) ・「県と住民が力を合わせて監視に当たれば間違いなど起こらない」(職員，D-2)，「許認可権者は香川県知事である。島民がどんなに反対しようとも法的には絶対に止められない」(職員，D-3) ・「(豊島開発) シュレッダーダストそのものは本当は廃棄物ですが，有償なら廃棄物になりません」(職員，D-4) ・「島で産廃処分業を行えば働く場所ができる。これは島にとっても良いことだ。それでも住民が反対するのであれば，それは事業者いじめ，住民エゴである。豊島の海は青く空気はきれいだが，住民の心は灰色だ」(知事，D-5)
	豊島開発	・「事業が始められず，従業員に給料も払えない。自分だって生活に困っている……息子はいじめにあい登校拒否になってしまった。女房は子宮癌で長くは生きられない。早く許可をくれ」(実質的経営者，F-1)

出所：筆者作成のインタビューデータベース，豊島会議提供資料，書籍・論文等より作成。ディスコースはこれらからの発話文の抜粋。以下の図表では，小文字のd：豊島会議のディスコース，大文字のD：香川県知事・職員等のディスコースを示す。他のディスコースは，豊島開発等企業：F，弁護団：L，国：N，メディア：M，本土の香川県民：Cと略した。

という豊島会議役員のディスコースである。この言説は，知事（および香川県）とのパワーの非対称性を豊島会議が受け入れようとするものである。国レベルの文化を整理したHofstede（1991: 54，訳55）の調査で，権威との関係をはじめとする社会的不平等の問題領域を表す「権力格差」（power distance）次元で日本は格差の大きい国のグループにプロットされることが想起される。あるいは古典的日本文化論を引くなら，文化人類学者のBenedict（1946, 1992）により強調された「秩序と階層制度に対する信頼」（43，訳60）や「『ふさわしい地位』を守ることの利得」（81，訳102）といった日本の封建的文化特性に関係するものと推察される。

2．事業者の有害産廃野焼き・埋立についての法解釈の問題（1979-1991）

　豊島開発は金属くず商の営業許可を取得し産廃の大量搬入，野焼き，埋め立てにより島内に悪臭・騒音・粉塵・煤煙などの影響をもたらす（図表3-4，出来事ミクロ・メゾ）。これに豊島住民は現地への立ち入り，公開質問状・陳情の行動をとり両者に強いコンフリクトが表出する。

　ここでの問題Ⅱは，野焼きや埋め立ての合法性を主張する豊島開発（F-2），これを擁護する香川県（D-6）に対し，豊島住民の違法性の主張（d-6）という不一致に見られる「事業の法解釈」の差異と捉えた。その際の豊島住民のジレンマは，端的には「『産廃の不法投棄だ』と厳しく問い詰めることもしましたが，松浦に原材料と言い張られ，なすすべがなかった…県職員は効力のない『指導票』を切るのみでした」（d-8）という言説に現れている。香川県は合計118回の現地指導を行う（図表3-4，出来事メゾ）。10年余にわたった法解釈の問題[3]は，産廃排出元から辿った兵庫県警が豊島開発の実質的経営者を逮捕し有罪判決が下ることで結論づけられる（図表3-4，出来事メゾ）。香川県のディスコース（D-7, 8）には前述のパワーの非対称性が引き続き現れており，豊島住民への健康診断と安全宣言（出来事メゾ）には無難に豊島事件を収束させようとする意図も読み取れる。一連の結果を受けて豊島会議は再結成される。出来事やディスコース（d-9, 11）などから産出された地域組織のアイデンティティを，「離島ゆえに産廃被害は拡大した」と解釈した。これは，Kenny（2004）が指摘した「非選択的な社会的指標」としての「島嶼」というラベリング，これに対する所轄自治体のパワーによる支配や資源アクセスの制限に不法投棄の放置は由来するとの

図表 3 - 4　事業者の有害産廃野焼き・埋立についての法解釈の問題

問題Ⅱ（1979-1991）：豊島開発による有害産廃の野焼き・埋立はどこが違法なのか		
アイデンティティの解釈	離島ゆえに産廃被害は拡大した	
豊島住民の行動	・豊島開発への頻繁な立ち入り調査，香川県へ公開質問状を提出，県警・行政監察局へ陳情 ・豊島会議を再結成（1990 年）	
出来事	ミクロ	・漁船操業停止が頻繁に発生 ・豊島の家浦地区で喘息患者，急死者が生じる
	メゾ	・豊島開発による産廃の野焼きで刺激性の悪臭・騒音・粉塵・煤煙が発生（1980 年頃） ・県職員が豊島開発に立ち入り調査・指導（都合 118 回） ・豊島開発は香川県公安委員会から金属くず商の営業許可を得る（1983 年） ・豊島開発は 2 艘目の運搬用フェリーを調達しシュレッダーダスト・廃油等の有害産廃搬入が大規模化（1984 年） ・豊島会議による豊島開発の事業に対する公開質問状に香川県は合法との回答 ・姫路海上保安署が豊島開発を産廃処理法違反の疑いで検挙（1987 年） ・土庄町簡易裁判所が豊島開発に罰金命令下す ・香川県は豊島開発に措置命令（廃棄物撤去等）下す ・産廃の排出元からたどった兵庫県警が豊島開発経営者らを廃棄物処理法違反容疑で逮捕（1991 年），神戸地裁が判決（懲役 10 月執行猶予 5 年，罰金 50 万円） ・香川県は豊島住民の健康診断を実施，安全を宣言
	マクロ	・「瀬戸内海で巨大不法投棄摘発」のニュースを民法各局が報道 ・1990 年より山陽放送（TBS 系）は継続的に報道，「海岸に産廃から水漏れ，磯の生き物に重金属汚染」 ・改正廃棄物処理法施行（1992 年），環境基本法公布・施行（1993 年）
ディスコース	豊島住民	・「あれは違法に違いないのだから，即刻辞めさせてくれ」（住民，d-6） ・「この問題は（発生現場の）家浦の問題や，家浦がやったらええんや」（役員，d-7） ・「『産廃の不法投棄だ』と厳しく問い詰めましたが，松浦（豊島開発）に原材料と言い張られ，なすすべがなかった……県職員は効力のない『指導票』を切るのみでした」（議長，d-8） ・「離島なるがゆえにそこに住む住民の生活を（県は）無視していた」（住民，d-9） ・「事件の真相も汚染の状態も解明されていないのに（県は）ミニゴルフ場を作るだ，と（役員，d-10）」 ・「これが高松の中央公園に産廃を持ち込んでおればすぐに許可取り消しをしてただろう……離島の豊島だったから（県は）放置していたのではないか」（住民，d-11）
	香川県	・「松浦さん（豊島開発）は香川県下でも非常に優秀な業者……彼がやっていることは，合法であり安全である」（職員，D-6） ・「某国会議員の要請でドクロマークのドラム缶を全量撤去する……ついてはこの事件とは一切関係のなかったことにして欲しい」（管理職員，D-7） ・「あんたらなあ，気に入らんかったら知事を訴えたらどうですかあ，言うときますけど絶対勝てまへんでえ」（管理職員，D-8）
	豊島開発	・「シュレッダーダストについては廃棄物やと思うてない。資源の再開発いうか，それに目をつけたんやけどな，わしが」（実質的経営者，F-2）

出所：筆者作成のインタビューデータベース，豊島会議提供資料，書籍・論文等より作成。ディスコースはこれらからの発話文の抜粋。

豊島住民側の理解と捉えた。

3．汚染度合いの科学的証明の問題（1992-1995）

　豊島会議は，神戸地裁の公判記録を専門家を通じて入手し職員の非を認める供述内容や産廃取引の偽装方法といった豊島事件の事実を知る（図表3‐5，行動および出来事メゾ）。メンバーの反応は，「この証拠書類が世に出たら県行政は失墜してしまう」（d-13），「住民にとって知事は親であるから信じて，できれば穏便にことを進めて知事の出方に期待したい」（d-14）であった。先の「秩序と階層制度に対する信頼」（Benedict 1946, 1992）としての文化がここでも確認できる。しかし入手した公判記録を豊島出身の県議に託し県知事と非公式に面談し謝罪を求めたところ（図表3‐5，行動），知事から「認識は甘かったけれども県に法的責任はない」（D-11）とのネガティブな反応を得る。その後，豊島会議は中坊公平弁護士に代理人（弁護団長）を依頼し彼の勧めにより国に公害調停を申し立て（L-3），香川県庁前での抗議，全県議への個別面談，県内5市38町役場の訪問などの運動を展開する（図表3‐5，行動）。その動機は，香川県に「裏切られ，だまされている」「せめて一矢報いたい」（d-15, 18）といったディスコースにあり，失望や強い怒りの感情が読み取れる。これらの出来事や行動，言説から豊島会議の集合的なアイデンティティを「裏切られたからには一矢報いたい」と解釈した。前述のAlbert & Whetten（1985）が組織のアイデンティティ喪失として示した「変化の間の悲嘆や苦悩」に相当すると考えられる。そして，前セクションまでの組織のアイデンティティとはかなり異質に見え時間的不連続性が推測される。

　ここでの仮説は，知事という「親」からの「法的責任はない」というシンボリックかつネガティブな言説がそれまでの「秩序と階層制度に対する信頼」を文脈とする文化的アイデンティティの変容（あるいは喪失）をもたらしたという理解である。新たなアイデンティティの具現化の方法は「現状回復（産廃全量撤去）」（図表3‐5，行動）であった。このことは，不法投棄された産廃というネガティブな物的シンボルを全て撤去することにより「一矢報いる」という遺恨の表明と解釈した。もっとも「ほんまのこと言うて撤去やこできるはずはない，そうは思うけど…このまんまじゃ済まされん」（d-17）というメンバーの言説から深い無力感と悲憤も読み取れる。

図表 3-5　汚染度合いの科学的証明の問題

問題Ⅲ　(1992-1995)：不法投棄汚染の程度は重篤か否か		
アイデンティティの解釈	裏切られたからには一矢報いたい	
豊島会議の行動	・専門家を通じて豊島開発裁判の公判記録を入手し県職員の供述内容を知る ・公判記録を豊島出身の県議に託し県知事と非公式に面談・謝罪を求める ・中坊公平弁護士事務所を訪問し代理人を依頼，国に公害紛争処理法に基づく公害調停を申し立て（1993年） ・香川県庁前で無言の「立ちんぼう」抗議運動を開始，全県議45人に個別面談 ・若手9人が原状回復（産廃全量撤去）を訴えるメッセージウォーク実施（県内5市38町役場を訪問），シンポジウム「循環型社会をめざして」開催	
出来事	ミクロ	・中坊公平弁護士らが豊島を視察・住民と初めて協議，依頼を受諾
	メゾ	・神戸地裁公判記録により豊島開発は排出企業の産廃を1tあたり300円で購入し運送費2000円を受領していたことが発覚 ・香川県は豊島開発に期限のない措置命令下す。現地北海岸を中心に掘削・ボーリング調査，知事が県議会で豊島の安全を宣言（1993年） ・公害紛争調停で香川県と豊島会議の調査方法に関する主張が対立，弁護団長が「不調」を申し立てる ・国の専門委員による実態調査を決定，中間報告で高濃度ダイオキシン等の重度汚染が明らかになる（1994年）
	マクロ	・国会で専門委員による豊島の現地調査を閣議決定（予備費等2億3600万円）
ディスコース	豊島会議	・「事件の真相を自分たちで調べることはできないか」（役員，d-12） ・「この証拠書類が世に出たら県行政は失墜してしまう」（役員，d-13） ・「住民にとって知事は親であるから信じて，できれば穏便にことを進めて知事の出方に期待したい」（議長，d-14） ・「事の発端から20年目で親である県に裏切られ，だまされていることを知りました」（役員，d-15） ・「親が子を裏切るはずはないと信じ，県には何回も処理業者の違法性を訴えてきた……撤去は遅々として進みませんでした」（住民，d-16） ・「（中坊）先生，ほんまのこと言うて撤去やこできるはずはない，そうは思うけど……このまんまじゃ済まされん」（役員，d-17） ・「せめて一矢報いたい，願いはそれだけや」（住民，d-18） ・「（不法投棄現場の）三日月池と呼ばれた廃棄物のくぼみは汚染度が高かった…指摘する場所はことごとく県の調査から外された。私たちは客観的な調査をしてほしいだけです」（役員，d-19）
	香川県	・「私たちは松浦さんにだまされたのです」（職員の供述調書，D-9） ・「気の短い乱暴な男で機嫌を損なえば何をするか分からない人との印象が非常に強かった……強いことが言えず，どちらかと言えば松浦さんの都合の良い回答をしているのであります」（職員の供述調書，D-10） ・「県職員の供述は心情を述べたまでで，香川県の考えや対応とは違う。認識は甘かったけれども，県に法的責任はない」（知事，D-11） ・「廃棄物処理法が不充分で排出者の責任を問えない。国が，法律が悪い」（管理職員，D-12）

弁護団	・「武器になる手の内を（裁判の供述証書を県に）さらしてしまう，お人よし」（弁護士，L-1） ・「（豊島住民会議に）こんなに遅うなって持ってきてもあかん。あんたら泣きなはれ，諦めなはれ」（団長，L-2） ・「裁判までやる気があるんか……行政というのはあなたがたが考えているほどやわでない……公害調停を起こしなさい」（団長，L-3） ・「世論に訴えかけていこう，鉄は熱いうちに打て，だ」（団長，L-4） ・「（県が）産廃だと分かりながら違うものだとしてやってきた。そのことが事態を大きくさせたということが，この事件の味噌やと思うな」（団長，L-5）

出所：筆者作成のインタビューデータベース，豊島会議提供資料，書籍・論文等より作成。ディスコースはこれらからの発話文の抜粋。

　香川県は豊島開発に期限のない措置命令（遮水壁措置等）を下すものの状況変化は見られず，独自に不法投棄現場の掘削・ボーリング調査を行い，その結果をもって知事は県議会で豊島の安全を宣言する（図表3-5，出来事メゾ）。しかし豊島会議は現場に高い汚染が生じていたことを主張し（d-19），両者の緊張関係は高まる。この期間の「問題Ⅲ」は産廃汚染は重篤か否か，つまりコンフリクトを伴った「汚染度合いの科学的証明」にあると解釈した。この問題は制度的権威によるパワーを用いて自らの主張を推し進める香川県と，世論に働き掛ける運動（L-4）を通じてパワーの非対称性を覆そうとする豊島会議との対立として明確に現れる（図表3-5，出来事）。太田（2012）の指摘にならえば，自治体によるパワーや資源アクセスの制限是正のために「裏切られたからには一矢報いたい」というアイデンティティを前景化し社会運動を形成したこと，またKenny（2004）の言う，道徳的葛藤を契機にコミュニティ内の問題が可視化されたことを意味するものと理解した。この問題は，公害調停で確定した国の専門委員による調査，その中間報告書によって高濃度ダイオキシン等重度汚染が発見・公表され結論づけられ（表5，出来事），豊島住民は「ごみの島」というラベリングと風評被害にさらされることになる。

4．汚染処理方法の選択の問題（1996-1997）

　国の専門委員会による2億3600万円を費やした現地調査の結果により高濃度の土壌・地下水汚染や51万tの不法投棄産廃が推計されると（図表3-6，行動および出来事メゾ），ここでの「問題Ⅳ」はどのような処理手法を選ぶかに収斂される。島外で中間処理し現地を遮断型処分場にする案など概算151～191億円

図表3-6　汚染処理方法の選択の問題

問題IV（1996-1997）：どの汚染処理手法を選択するか		
アイデンティティの解釈	知事に謝罪させ島を元に戻してもらう	
豊島会議の「行動」	・香川県が提示した廃棄物を島内に封じ込める遮水壁案の撤回を求める ・「元の島を返せ」東京キャラバンを実施，東京・銀座でデモ行進 ・年間3000万円前後の運動費用が底をつき役員が連名で金融機関から借り入れ ・衆議院厚生委員会の複数議員に豊島事件の全資料を託し働きかけ国会で厚生省への答弁を依頼する ・公害調停委員長に中間合意案修正を求め直談判する ・中間合意をめぐり長老グループと若手グループ間で意見が分かれる ・住民大会で公害調停委員会の中間合意案受け入れ決議を下す	
出来事	ミクロ	・豊島中学生が修学旅行先で「お前らゴミの島から来たんか」と中傷にあう ・豊島の農海産物の引き取り拒否，買いたたきが発生 ・豊島会議の若手コア・メンバーがハマチ養殖を廃業する
	メゾ	・国の専門委員会による現地調査（国の予備費2億3600万円による）の結果が確定（不法投棄産廃量51万t，高濃度ダイオキシン等の重度土壌・地下水汚染を検出） ・公害調停で，島外での遮断型処分案など概算151〜190億円の6案と概算61億円の島内封じ込め案（合計7案）が提示される ・香川県は島内封じ込め案を必要十分と表明 ・豊島開発に産廃撤去と損害賠償を求めた高松地裁判の民事訴訟で住民側が勝訴，豊島開発に151億円の処理費代替前払いを決定，同社および経営者は破産宣告する ・公害調停委員会案（豊島での中間処理と原状回復を目指す）をもとに県と豊島住民との中間合意成立（1997年），県は「遺憾の意」を表明 ・公害調停で住民側と排出企業3社の調停が成立（1997年），解決金6000万円が豊島住民に支払われる
	マクロ	・環境保護団体グリーンピースが豊島で「ダイオキシンゼロ」キャンペーンを開催 ・厚生大臣，厚生省廃棄物対策室長が豊島視察 ・総理が国の財政支援を表明，厚生省が予算確保と財政支援を表明 ・全国放送テレビ局，新聞・雑誌による報道（TBSニュース23など） ・日韓国際環境賞（毎日新聞社・朝鮮日報社）を豊島会議が受賞
ディスコース	豊島会議	・「豊島の生まれだということを知られたくない」（住民，d-20） ・「大都会の廃棄物が過疎の島に持ち込まれている現実を訴え，デモ行進をした」（役員，d-21） ・「誇りのもてる美しい島を返してほしい，ひとりでも多くの人に分かってほしい」（住民，d-22） ・「（県との）裁判までは困る，（謝罪なき中間合意案を）妥協して受け入れるべき……（国の）予算もついたのだから妥協しろ」（議長，d-23） ・「（長老グループに）いや違う。中間処理をしてくれるからそれでいいという話ではない。（謝罪する）原理原則がある」（若手代表，d-24） ・「今突っぱねたら，産廃を撤去するちう話がだめになってしまうのではないか」（住民，d-25） ・「権力と戦うということは所詮は敗れること……これだけお金を投じても，いらんことになるのではないか」（住民，d-26）

	・「結局，どこかでしっぺ返しを食らうのではないか」(住民, d-27) ・「この国は豊島に赤ん坊を捨て，障碍者を捨て，年寄りを捨てた。まだ飽き足らず，今度はごみを捨てるんかい」(住民, d-28) ・「(弁護団長に) なぜ県がこれほど強気なんだろうか (謝罪をしないのか) と分析してみました。県民そのものがやはり動いていないからではないか……極めて不本意ではあるが，いったん中間合意案を飲みます」(議長, d-29)
香川県	・「豊島事件というのは，豊島の住民の，それもごく一部が騒いでいるのをマスコミが面白がって大きく報道しているだけで実は本来たいした問題ではないんです」(職員, D-13) ・「県の廃棄物行政に誤りがあり，多額の経費を必要とする廃棄物の処理事業を行うことになったことは県民に申し訳なく，このことを謙虚に反省して教訓としたい」(知事, D-14)
弁護団	・「この島の人たちがいったい何をしたと言うのでしょうか，なぜこれほどまでに苦しまねばならないのでしょうか」(団長, L-6) ・「運動において最大の悲劇というか，最も忌むべき行為は分裂なんですね」(団長, L-7) ・「国会で豊島事件を取り扱ってもらおう……大臣に直訴しよう」(団長, L-8) ・「泣き寝入りする気はない。住民から委任を受けた以上はその職務を忠実に履行していく。やっぱり世論というのは分かりますよ。あらゆる権力であろうが力であろうが，跳ね飛ばしてやってやらんとしゃあないわな」(団長, L-9) ・「(若手代表に) 県がほんまに責任を認めてね，率直に詫びる。いわゆる本当の意味の地方自治がここで行われることを期待して言うてるだけでね」(団長, L-10) ・皆さんが少数者だから離れ島だからと泣いておれば，ますます (事態は) 悪くなるでしょう……その状態を作ってきたのは，実は皆さんがたなんですよ」(団長, L-11) ・「(謝罪部分の県の拒否について) 行政の無謬性と言われているところで，基本的にはやっぱり，お上のしていることには間違いがないから住民，市民はそれに従えということをどうしても維持していきたい。権力をお持ちの県のほうが強いですからね」(団長, L-12) ・「(長老のコア・メンバーに) 意見が2つに割れたら，それは弱い方の意見を選択するしかない」(団長, L-13) ・「(中間合意を議論する住民大会で) いままでの譲歩に譲歩を重ねたうえ，また再び譲歩を迫られることについては大変な不本意であることは認めながらも，豊島の人たちができれば一つにまとまって頂いて，この運動をさらに続けていきたい」(団長, L-14) ・「(謝罪なき中間合意の受け入れについて) 相手方を引きずり込むということやね。結局，弱いものが強いものに勝とうと思ったら，一種のゲリラ作戦というか，ヒットアンドアウェーという方向が必要になってくる……だから皆に努力が必要ですよと心から思うてもらわないと」(団長, L-15)
メディア	・「この国の生産と消費というものの成れの果てというか，最後のババをここに押し付けたというのが，この豊島の現状だと思います」(TBS 筑紫哲也ニュース23 in Teshima, 1997年, M-1) ・「産廃が，日本でも珍しいシステムへの住民の闘いを呼び起こしている」(米タイム誌, 1997年, M-2)

国	・「処分地をこのまま放置することはできず，早急に適切な対策が講じられるべき」（専門委員，N-1） ・「豊島では，有価物として豊島開発が買ったと言うが，それを上回る運送費を払っているじゃないですか，だから排出業者が出した時点で，これはそもそも廃棄物なんですよ」（衆議院議員，N-2） ・「豊島事件における香川県の対応は不適切であった」（厚生省，N-3） ・「豊島の問題は日本の廃棄物行政をどうするのかという問題とつながっている。厚生省として何ができるのか，早い機会に県とも意見を交換し業者を含めた何らかの合意ができるようにしたい」（厚生大臣，N-4） ・「廃棄物によって広範に汚染された地域を浄化修復することはわが国初めての試み」（専門委員，N-5） ・「"後世にツケを回してはならない"を基本に……問題解決は"共創の理念"で」（専門委員，N-6）

出所：筆者作成のインタビューデータベース，豊島会議提供資料，書籍・論文等より作成。ディスコースはこれらからの発話文の抜粋。

の6案と島内封じ込め案（概算61億円）の合計7案が公害調停で提示される。香川県は島内封じ込め案を必要十分と表明する一方，その撤回と原状回復を求める豊島会議との間に再び強いコンフリクトが生じる（図表3-6，行動および出来事メゾ）。その際，弁護団長のディスコースには豊島会議の信念や行動に影響を及ぼすようなシンボリックな発話[4]が散見される。Ravasi & Schultz（2006）のモデルからすると「センスギビング」の役割と解釈した。例えば，「国会で豊島事件を取り扱ってもらおう…大臣に直訴しよう」（L-8），「あらゆる権力であろうが力であろうが，跳ね飛ばしてやってやらんとしゃあないわな」（L-9），「（若手役員に）県がほんまに責任を認めてね，率直に詫びる。いわゆる本当の意味の地方自治がここで行われることを期待して言うてる」（L-10），「行政の無謬性…権力をお持ちの県のほうが強いですからね」（L-11）。豊島会議の若手役員らには，これらの発話シンボルを自らの解釈を通じて具現化する行動が確認できる（図表3-6，行動）。

　弁護団長のシンボリックな発話は，1つ目に「大都会の廃棄物が過疎の島に持ち込まれている現実」（d-21）や「誇りのもてる美しい島を返してほしい」（d-22）と訴える東京・銀座でのデモ行進として現れ，その基底には，前セクションで見た「原状回復（産廃全量撤去）」（図表3-5，行動）と新たに意味形成された「知事による謝罪」（d-15, 17, 25, 28）が垣間見える。この期間の産出されたアイデンティティを「知事に謝罪させ島を元に戻してもらう」と捉えた。これは社会運動のスローガンに類似している。2つ目に，衆議院厚生委員会の複数議員

に働きかける豊島会議の政治活動に現れる（図表3-6，行動）。豊島事件の全資料を託された衆議院議員は，香川県を擁護する厚生省に対する国会答弁を展開する（N-2）。その影響は，厚生省による「豊島事件における香川県の対応は不適切」（N-3），国の専門委員の「地域を浄化修復することはわが国初めての試み」（N-5）といったディスコースや厚生大臣の豊島視察へと波及する（図表3-6，出来事マクロ）。また著名な報道人による言説—「この国の生産と消費というものの成れの果て…最後のババをここに押し付けた」（M-1）というマスメディアによる廃棄物行政批判が国のカウンターパワーとして機能する（図表3-6，出来事マクロ）。このように「汚染処理方法の選択の問題」は，地方自治体のパワーに対し国やメディアのパワーを動員した豊島会議の政治プロセスの中で展開された。そこでは，それぞれのプレイヤーの利害と影響力の強化のための意志のせめぎ合い，パワーのぶつかり合いのもとで「事件」は意味づけられたといえる。先の「知事に謝罪させ島を元に戻してもらう」というアイデンティティはパワーとともに構築され文化的アイデンティティというよりも，太田（2012）の言う政治的アイデンティティと推察される。

　問題Ⅳの結末は，香川県と豊島会議との中間合意に現れる。そこには豊島内での産廃中間処理と「原状回復を目指す」ことが記され（最終的には岡山県直島町へ搬出・中間処理＝図表3-7出来事メゾ），知事は「遺憾の意」を表明したが，謝罪はなかった（D-14，図表3-6，出来事メゾ）。つまり，豊島会議の政治的スローガンは半分のみ達せられたことになる。中間合意に至るまでの豊島会議内では「予算もついたのだから妥協しろ」という長老グループと，謝罪という「原理原則」を求める若手グループ間に緊張関係が生じ（d-23, 24, 25），弁護団長の影響下で若手グループが歩み寄り収束する（L-13, d-29）。またパワーで対抗したことへの寄り戻しの不安（d-27, 28），様々な代償（金銭を含め）をメンバー自身が負ったこと（d-20，図表3-6，行動と出来事ミクロ）も読み取れる。この期間の出来事の一つに，公害調停により豊島会議と産廃排出企業3社の調停が成立し解決金6000万円が住民側に支払われたことがある。

5．知事の責任と謝罪の問題（1998-2000）

　「なぜ県がこれほど強気なんだろうか（謝罪をしないのか）と分析してみました。県民そのものがやはり動いていないからではないか…」（図表3-6，d-29）。

図表3-7　知事の責任と謝罪の問題

問題Ⅴ（1998-2000）：知事に豊島事件の責任はあるか，あるとすれば謝罪すべきか否か		
アイデンティティの解釈	島の自然を子孫に残したい	
豊島住民会議の行動	・土庄町6000戸への戸別訪問を実施，30万通の県内外の署名を集めて県庁に持参 ・島外県民への100会場座談会を開催（1998-1999年） ・県庁で知事への最終合意のお礼訪問	
出来事	ミクロ	・豊島会議の若手代表が県議会議員に初当選
	メゾ	・香川県主催で中間処理技術検討委員会が非公開で実施される ・県知事選で豊島事件に「謝罪」の意思を保留した候補者が当選，これを住民会議の役員が支援していたことが発覚 ・豊島会議の若手代表が県議会で知事に豊島事件に関する答弁を重ねる，県議会で豊島の陳情が7年間継続扱いと判明 ・岡山県直島町が豊島産廃の中間処理（三菱マテリアル直島精錬所内での）受け入れを表明 ・「知事が最終段階での謝罪を避けて通れないと判断し事件当時，直接指導を担当した2職員への処分を行う考え」との報道 ・公害調停（最終となる第37回）が豊島小学校で開催され，合意文書に調印，知事が住民側に謝罪し調停が事実上成立（2000年）
	マクロ	・循環型社会形成推進基本法施行（2001年），容器包装リサイクル法施行（2001年）
ディスコース	豊島会議	・「（技術検討委員に）香川県の行為は私たちに不信感を植え付けて参りました……香川県は謝罪せず，損害賠償もしない」（若手代表，d-30） ・「（技術検討委員に）県を信用することはできません。委員会の公正で正論をはく諸先生方をお迎えして抜本的に解決して頂きたい」（議長，d-31） ・「（100か所座談会について）座談会の場では反論されたりもする。そのとき，一人一人の豊島住民が当事者として論破しなければならない。決して主体的ではなかった住民が自ら資料を調べて事件の意味と『なぜ原状回復なのか』を考え，自分の言葉をもつようになった」（役員，d-32） ・「子供たちに豊かな環境を残してやりたい，第2，第3の豊島事件を起こしてはいけない」（住民，d-33） ・「ゴミをきれいにする道筋だけは立てておかんと，死んでも死に切れん」（役員，d-34） ・「単に県民の生活環境保全に対する事業か，それとも県が過ちを犯しその責任において行う事業かで，結果は根本的に違ってくる」（役員，d-35） ・「知事さんは私たちのお父さんだ……私たちは何とかして知事さんにわれわれの思いを分かってほしかった」（住民，d-36） ・「知事の手のぬくもりが伝わったとき，調停の成立を実感した」（議長，d-37）
	香川県	・「不法投棄された廃棄物を税金で処理することになれば，（県内）5市38町が本来受け取れるはずだったお金が減ることになる。豊島は他の県民に迷惑をかけることになる……東京やマスコミの方ばかり向いて県民の方を向こうとしない，彼らの運動は『根無し草』だ」（県議，D-16） ・「（豊島住民は）なぜ謝罪を求めるのかわからない……（土地使用料について）欲しいから要求しているのでしょう，おカネが」（知事，D-17）

弁護団	・「(豊島住民に) ほんまに島のことのために自分は犠牲になっても良いというパブリックな考え方がないのではないか……豊島をきれいにする，そのためにはいったい何が必要か，純粋に出て来んといかんのや。あんたらの運動は犠牲を払ってでも追い求めている姿が共感を呼んでいた。いささかでも『私』が見えたら落下するんですよ……俗っぽい欲にまみれた人にどうして人が引っ張れますか。目がしんどるよ，あんたら」(団長，L-15) ・「(県議会候補擁立について) 皆さんは我々の住民運動というものは政治運動そのものではないか，ということに気づき始めます」(団長，L-16)
香川県民	・「豊島の人については我々も少しは責任もたんといけないと思います」(C-1)，「ほんまに県は悪いの，頑張りまいよ」(C-2) ・「お上とケンカするところの話は聞けない」(C-3)，「何でこんなになるまでほっといたんな，今頃言っても遅いわ」(C-4) ・「お前ら豊島の住民は瀬戸内海にダイオキシンを垂れ流しやがって迷惑だ，香川県から出ていけ」(C-5)，「全量撤去は住民エゴだ」(C-6)
企業	・「(豊島の産廃処理事業を) 受注したいよね，産廃事件のシンボルの島だもの」(溶鉱炉メーカー，F-3)

出所：筆者作成のインタビューデータベース，豊島会議提供資料，書籍・論文等より作成。ディスコースはこれらからの発話文の抜粋。

　この豊島会議の若手役員のディスコースが示すように，香川県との中間合意で「知事の謝罪」を得られなかった事実 (d-30) は彼らの運動を振り返り内省する契機となる。そして「東京やマスコミの方ばかり向いて県民の方を向こうとしない，彼らの運動は『根無し草』だ」(D-16) という豊島出身の県議会議員によるシンボリックな発話が豊島会議に投げかけられる。これは，Ravasi & Schultz (2006) の言う外部の組織イメージによるアイデンティティの修正の契機となる。このことも問題に対するメンバーへの内省を促す効果を生んだと解釈した。

　島外の香川県民に向けた「100会場座談会」(図表3-7，行動) は，上記の言説と出来事が絡み合った結果の産物である。この活動は2つの意味でシンボリックな転換点と考えられる。まず県民のストレートな批判 (C-3, 4, 5, 6) を受け止める場となり，そして「決して主体的ではなかった住民が自ら資料を調べて事件の意味と『なぜ原状回復なのか』を考え，自分の言葉をもつ」(d-32) 場となる。結果として2つの影響が読み取れる。1つ目に，この活動には豊島事件を広く周知する社会的側面のみならず，「県が過ちを犯しその責任において行う事業」(d-35) との言説が示すように県民に豊島事件の自治体責任を問うという政治的側面をもつ。端的には，本土県民の「ほんまに県は悪いの，頑張りまいよ」(C-2) という応答に現れている。このことから「問題V」を「知事の責任

と謝罪の問題」と捉えた。2つ目に，「子供たちに豊かな環境を残してやりたい」（d-33），「ゴミをきれいにする道筋だけは立てておかんと，死んでも死に切れん」（d-34）といった「センスメイキング」に現れる，自らの行為の本質的意味の獲得といえる。さらに言えば，産廃というネガティブな物的シンボルの撤去の意味が，前述の「一矢報いる」という遺恨から子供たちのために「ゴミをきれいにする」という宿望へと転換したと理解できる。ここで構築されたアイデンティティを「島の自然を子孫に残したい」と捉えた。以上のことから，前セクションで示した「知事に謝罪させ島を元に戻してもらう」という政治化されたアイデンティティは，自らの行為についての集合的な内省と本質的意味の獲得を通じ，島嶼地域の中心的性質としての文化的アイデンティティ（島の自然を子孫に残したい）へと変容したのではないかと解釈した。

　この期間に，豊島事件の発端以来3人目の知事（豊島事件に「謝罪」の意思を保留した候補者）が選出される（図表3-7，出来事メゾ）。その知事選を巡っては豊島会議に私欲や内部分裂が生じ（図表3-7，出来事メゾ）弁護団長の悲憤や叱咤（L-15）もみられたが，彼らの活動は若手役員を県議会議員に擁立・当選させる政治運動へと発展する。そして「住民運動というものは政治運動そのもの」（L-16）とメンバーは認識する。謝罪に消極的（D-17）だった知事は避けて通れないと判断し，公害調停最終合意での謝罪へと至る（図表3-7，出来事メゾ）。これは，先の「100会場座談会」を通じた豊島会議による本土県民の意識の巻き込みや擁立した県議会議員によって繰り返された豊島事件に関する答弁（図表3-7，出来事メゾ）などの影響と読み取れる。

　ここで論じておかねばならないのは，最終合意に関する豊島会議のディスコース（「知事の手のぬくもりが伝わった」等，d-36, 37）と行動（「知事への最終合意のお礼訪問」，図表3-7の出来事メゾ）についてである。これらの言説や行動は，前述の伝統的階層制度に根差す文化に地域組織が立ち戻ろうとすることを意味するのだろうか。あるいは，文化は組織の慣性であり変化しにくいもの（e.g., Schein 1985）と既往研究で捉えられてきたように，この地域組織に一貫して基底を成していたのかもしれない。つまり，「裏切られたからには一矢報いたい」（図表3-5）「知事に謝罪させ島を元に戻してもらう」（図表3-6）という政治的プロセスに関係するアイデンティティ構築さえ，伝統的階層制度に根差す文化の文脈の産物なのかもしれない。そして豊島会議にとっての望ましい「組織イメー

図表 3 - 8　豊島会議の問題とアイデンティティの変容についての仮説フロー

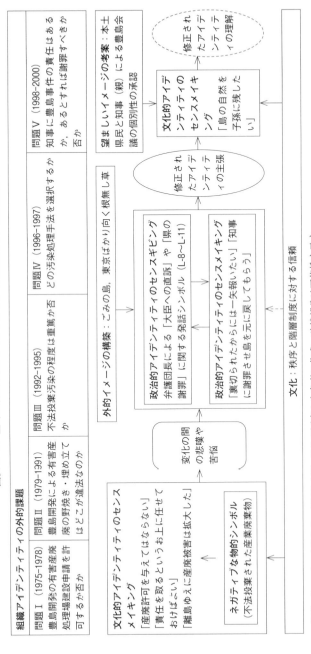

出所：Ravasi and Schultz (2006, 44.) による図表1を参考に作成。破線部分は可能性を示す。

ジ」とは，Kenny（2004）が安定的なアイデンティティ獲得の要素のひとつとして挙げた，対等な人々からの自己の「個別性についての承認」にあったのではないか，という理解である。つまり本土の県民や知事（親）からかけがえのない存在として認められる，そのような期待を意味していたのではないかと解釈した（諸要素と流れを図表3-8に仮説として示した）。

むすびにかえて

　本稿は豊島事件の主要部分（1975～2000年）を豊島会議の行動，関連する出来事やディスコースをもとに5つの問題群に集約し，アイデンティティ変容のプロセスと主に文化との関係を考察した。本稿で解釈した豊島会議のアイデンティティの物語は，政治的アイデンティティを通じた「文化からの解放」（太田2012）を志向したかのように見えたが，結論としては地域組織にとっての文化は一貫しており，これを文脈としたアイデンティティの変容（文化的アイデンティティ→政治的アイデンティティ→文化的アイデンティティ）が現れたというものである（図表3-8）。以下に既往研究との整合性の確認による含意を示す。

　ひとつは，組織のアイデンティティは問題に対応するかのように逐次的な変化として解釈し得たこと，アイデンティティは主にRavasi & Schultz（2006）の言う「センスギビング」と「センスメイキング」の発話ディスコースの中で明示的な主張（Albert & Whetten 1985）として現れるものの，彼らのモデルのように各々が逐次的に見られる場合もあるが，政治的アイデンティティの出現の際には相補的，共時的傾向が確認された。そして「センスメイキング」のプロセスはともすれば行為や出来事との複雑な関係を観察者が丁寧に読み取らねばならなかった。Ainsworth & Hardy（2004）が指摘した「経験的意味」の複雑性に起因するのかもしれない。これらは，組織のアイデンティティ研究に関する指摘である。そして問題とアイデンティティとの繋がりや両者の逐次的変容から示唆し得る実践的含意は，眼前の問題の変化とこれに対応するうえでの自己定義の修正を逐次注意深く内省すること，そして喪失感など自らの感情に立ち止まって眼を向けることである。一貫したバイオグラフィーを維持するために自己の物語を再構成する際，いかに自己の在り方の意味の承認を他者から得られるかがカギとなるのかもしれない。これは我々が危機的状況下に置かれた際の含意である。いず

れにせよ一事例による主観的解釈を積み重ねた本稿は，あくまでひとつの仮説的物語にすぎない。より厳密な方法論上，理論上の精緻化についての課題など山積みである。

【謝辞】

　本調査にご協力くださった豊島住民会議および関係者の方々，特に長坂三治氏（故人），濱中幸三氏，石井亨氏に心より御礼を申し上げたい。本稿は科学研究費補助金（20K01934）の成果の一部である。

【注】

1）本稿はカンファレンス・アブストラクトおよび学会発表予稿（Kimata, A., and M. Takahashi (2020), Investigating the Conflict of Organisational Identity through Discourse of Environmental Protection, The 38th Standing Conference on Organizational Symbolism / Copenhagen Business Scool. 木全晃・板倉宏昭（2021），「コンフリクト下における組織アイデンティティの変容―豊島事件を事例として」2021年度組織学会研究発表大会／東洋大学オンライン開催）の一部を用い大幅に加筆・修正し再構成したものである。

2）事前に被調査者に送付した主要な質問事項に沿って進め自由な意見交換を行う半構造化法によるインタビュー形式を採り，豊島会議の中核メンバー（議長および公害調停発起人）および香川県廃棄物対策課の5人に対し各数時間実施された（2021年3月のみオンライン）。主犯の松浦庄助取締役をはじめ，豊島会議の関係者の多くは故人であり特に必要性が認められない限り人名は省略した。

3）本論の主旨からやや外れるため割愛したが豊島事件は廃棄物処理法改正施行等（図表3-4, 出来事マクロ），法令強化に影響した（大川 2001：高杉 2003）。

4）Selznick（1957）の示した制度的リーダーシップ，価値の注入が想起される。

【参考文献】

Ainsworth, S., and C. Hardy (2004), "Discourse and Identities," in D. Grant, C. Hardy, C. Oswick, and L. Putnam (eds.), *The Sage Handbook of Organizational Discourse*, London: Sage, pp. 153-173.(高橋正泰・清宮徹監訳『組織ディスコース研究』同文舘出版，2012年。)

Albert, S., and D. A. Whetten (1985), "Organizational Identity," in L. L. Cummings, B. M. Staw (eds.), *Research in Organizational Behavior*, volume 7, London: JAI Press, pp. 263-295.

Benedict, R. (1946, 1992), *The Chrysanthemum and the Sword: Patterns of Japanese Culture*, Tokyo: Tuttle. (長谷川松治訳『菊と刀―日本文化の型』講談社（学術文庫），2005年。)

Clark, S. M., D. A. Gioia, D. J. Ketchen Jr., and J. B. Thomas (2010), "Transitional Identity as a Facilitator of Organizational Identity Change during a Merger," *Admistrative Science Quarterly*, 55, pp. 397-438.

Cohen, M. D., J. G. March, and J. P. Olsen (1972), "A Garbage Can Model of Organizational Choice," *Administrative Science Quarterly*, 17 (1), pp. 1-25.

Dutton, J. E., and J. M. Dukerich (1991), "Keeping an Eye on the Mirror: Image and Identity in Organizational Adaptation," *Academy of Management Journal*, 34 (3), pp. 517-554.

Erikson, E. H. (1959), *Identity and the Life Cycle*, NY: International Universities Press.(小此木啓吾訳『「自我同一性」アイデンティティとライフサイクル』誠信書房，1973年。)

Erikson, E. H. (1968), *Identity, Youth and Crisis*, NY: W. W. Norton.

Geertz, C. (1973), *The Interpretation of Cultures: Selected Essays*, NY: Basic Books.(吉田禎吾・柳川啓一・中牧弘允・板橋作美訳『文化の解釈学I』岩波書店（現代選書），1987年。)

Giddens, A. (1991), *Modernity and Self-Identity: Self and Society in the Late Modern Age*, CA:

Stanford University Press.（秋吉美都・安藤太郎・筒井淳也訳『モダニティと自己アイデンティティ―後期近代における自己と社会』ハーベスト社，2005 年。）

Gioia, D. A., M. Schultz, and K. G. Corley (2000), "Organizational Identity, Image, and Adaptive Instability," *Academy of Management Review*, 25, pp. 63-81.

Hatch, M. J., and M. Schultz (2002), "The Dynamics of Organizational Identity," *Human Relations*, 55 (8), pp. 989-1018.

Hofstede, G. (1991), *Cultures and Organizations: Software of the Mind*, London: McGraw-Hill International.（岩井紀子・岩井八郎訳『多文化世界―違いを学び共存への道を探る』有斐閣，1995 年。）

Kenny, M. (2004), *The Politics of Identity: Liberal Political Theory and Dilemmas of Difference*, Cambridge, UK: Polity.（藤原孝・山田竜作・松島雪江・青山円美・佐藤高尚訳『アイデンティティの政治学』日本経済評論社，2005 年。）

Oertel, S., and K. Thommes (2018), "History as a Source of Organizational Identity Creation," *Organization Studies*, 39 (12), pp. 1709-1731.

Ravasi, D., and M. Schultz (2006), "Responding to Organizational Identity Threats: Exploring the Role of Organizational Culture," *Academy of Management Journal*, 49 (3), pp. 433-458.

Schein, E. H. (1985), *Organizational Culture and Leadership*, CA: Jossey-Bass.（清水紀彦・浜田幸雄『組織文化とリーダーシップ』ダイヤモンド社，1989 年。）

Selznick, P. (1957), *Leadership in Administration*, NY: Harper and Row.（北野利信訳『組織とリーダーシップ』ダイヤモンド社，1963 年。）

石井亨 (2001)，「豊島の産廃問題」『別冊「環」③ 生活―環境革命』藤原書店，24-39 頁。

石井亨 (2018)，『もう「ゴミの島」と言わせない―豊島産廃不法投棄，終わりなき闘い』藤原書店。

ウルリッヒ・ベック (2011)，「個人化の多様性―ヨーロッパの視座と東アジアの視座」ウルリッヒ・ベック，鈴木宗徳，伊藤美登里編『リスク化する日本社会』岩波書店，15-35 頁。

大川真郎 (2001)，『豊島産業廃棄物不法投棄事件―巨大な壁に挑んだ二五年のたたかい』日本評論社。

太田好信 (2012)，「政治的アイデンティティとは何か―パワーの視点からアイデンティティを分析する批判理論に向けて」太田好信編著『政治的アイデンティティの人類学―21 世紀の権力変容と民主化に向けて』昭和堂。

太田好信 (1998, 2010)，『トランスポジションの思想―文化人類学の再想像（増補版）』世界思想社。

樫村愛子 (2011)，「二〇一〇年代の日本における個人化とベックの理論」ウルリッヒ・ベック，鈴木宗徳，伊藤美登里編『リスク化する日本社会』岩波書店，53-69 頁。

岐阜新聞産廃問題取材班 (2005)，『百年の負債―産廃不法投棄事件を追う』岐阜新聞社。

佐藤雄也・端二三彦 (2001)，「豊島産業廃棄物事件の公害調停成立―その経過と合意内容」『廃棄物学会誌』12 (2)，106-116 頁。

實近昭紀 (1999)，『汚染の代償―豊島事件の 23 年』かもがわ出版。

曽根英二 (1999)，『ゴミが降る島―香川・豊島　産廃との「20 年戦争」』日本経済新聞社。

高杉晋吾 (2003)，『崩壊する産廃政策―ルポ / 青森・岩手産廃不法投棄事件』日本評論社。

長嶋俊介・安達浩昭・長坂弘美 (2003)，「人災対応への島民負担とガバナンス―豊島産業廃棄物不法投棄事件の史料整理結果と考察」『島嶼研究』4，13-39 頁。

中坊公平 (2000)，『中坊公平・私の事件簿』集英社（集英社新書）。

廃棄物対策豊島住民会議 (2005)，『豊かさを問うⅡ―調停成立 5 周年をむかえて』廃棄物対策豊島住民会議。

廃棄物対策豊島住民会議 (2010)，『豊かさを問う・Ⅲ―調停成立 10 年誌』廃棄物対策豊島住民会議。

廃棄物対策豊島住民会議（製作年不明），『豊島問題を考える』廃棄物対策豊島住民会議。

第4章

ワーク・アイデンティティの社会物質性

伊藤　真一

はじめに

　従業員のワーク・アイデンティティを理解し，その形成を支援することは，組織目標の達成に向けて従業員の努力を統合するうえで重要な課題である。1990年代以降の研究ではワーク・アイデンティティは，組織メンバー同士の日常的な相互作用によって構成されるという考え方が一般的になってきており，組織の中のディスコースや職業イメージ，ジェンダーといった社会的要因に注目した研究が増加している。また，先行研究ではタスク境界と関係的境界がワーク・アイデンティティを構成し，これらの変化はワーク・アイデンティティの変化をもたらすことも明らかにされている。しかし，先行研究では組織の社会的要因にのみ注目し，組織の技術・物的要因がワーク・アイデンティティにいかに影響するかについてはほとんど検討されていない。特に新型コロナウイルスの蔓延以降多くの人が経験しているように，組織が採用する技術や職場の物的要因の変化は業務の内容や質・量，あるいは業務上関わる他者やその関わり方を変容させる。先行研究ではこうしたタスク境界や関係的境界に変化をもたらす技術・物的要因は十分に検討されていない。

　そこで本章では，先行研究で解明されてきた社会的要因と，先行研究では議論されてこなかった技術・物的要因の両方を捉え，これらの相互作用がいかにワーク・アイデンティティの構成に影響するかを研究するための方法論として社会物質性アプローチの有効性を提示する。社会物質性アプローチは，組織現象を社会的側面と物質的側面の両方から説明する研究アプローチであり，近年，社会物質性アプローチを採用した組織研究も増加してきている。社会物質性アプローチは未だ議論の途上にあるアプローチで，存在論的にも認識論的にも論者によって

差異があり，少なくとも3つのパースペクティブが存在している。そのため，本章ではこれら3つのパースペクティブの特徴を確認した上で，ワーク・アイデンティティの構成を研究するにあたって最も有効なパースペクティブの検討も行う。

第1節　ワーク・アイデンティティの概念

　人が働く上でのワーク・アイデンティティの重要性は近年増している。とりわけ日本では終身雇用制度は崩壊を始めており，これまで個々の日本人のアイデンティティの大きな部分を担っていた組織を中心とするアイデンティティは揺らぎ始めている。今後は個人のキャリアにおいて組織に対してではなく仕事そのものを中心としたアイデンティティの構築に迫られるであろう。こうした背景もあり個人のワーク・アイデンティティを理解する重要性は増しているように思われる。

　ここではまず，ワーク・アイデンティティの定義やワーク・アイデンティティがどのような作用をもたらすかについて確認する。アイデンティティは一般的に「個人が自分をどのような人間だと考えているか，また，言葉や行為によって世界にどのような人間であるかを表明しているか」（Charon 1992: 85）を意味する。社会的アイデンティティの研究では，個人は自分と他人を比較し，自分を特定のグループに位置づけることによって他者を他のグループから区別する。このように，アイデンティティは，自身とアウトグループとの区別をもたらす（Ericson 1980）。

　そしてワーク・アイデンティティとは「仕事をベースとした自己概念のことであり，組織的，職業的，その他のアイデンティティの組み合わせによって構築されるもの」（Walsh & Gordon 2008: 47）と定義される。このワーク・アイデンティティは「仕事を行う際にその人が採用する役割とそれに対応する行動様式を形成」（Walsh & Gordon 2008: 47）するのである。このように，ワーク・アイデンティティは仕事や仕事における自己に対する意味づけであり，個人が行為する際の基本的な前提を提供するものである。個人がどのように自己のワーク・アイデンティティを感じるかについては同一の業務に従事する人間であっても差異があり，例えば大学教員にも自分のことを「研究者」として定義する者もあれば

「教育者」，「組織の管理者」，あるいは「研究プロジェクトのマネジャー」などと
定義する者もいるだろう。

　仕事と関連するアイデンティティには様々なものが指摘されており，例えば
キャリア・アイデンティティ（career identity），職業アイデンティティ（occu-
pational identity），専門職アイデンティティ（professional identity），そして
組織アイデンティフィケーション（organizational identification）を内包する。
Bothma et al. (2015) によると，これらはワーク・アイデンティティの下位次元
として位置づけられる。

　一般的にワーク・アイデンティティを含む様々なアイデンティティは自分と他
者を比較し，自分と他者を異なる社会集団に分類することによって自己のアイデ
ンティティを構築する（Walsh & Gordon 2008）。構築されたアイデンティティ
は，彼らによってカテゴライズされた集団それぞれに価値づけをし（Pettigrew
1986），コミュニティや文化への帰属意識と差別意識を生み出す（Hewitt 1989）。
つまり，アイデンティティは外集団と内集団を区別するとともに自分を中心とし
た社会的世界に意味を付与することによって自らと自らの行為を生み出す。この
とき，自分にとってより類似しており，好ましい内集団の特徴を自分のアイデン
ティティとして取り込む傾向にある。

　ワーク・アイデンティティは組織メンバーの行動を理解し，組織をマネジメン
トする上で重要である。例えば，組織メンバーの行動を理解するという点につい
て，Golden-Biddle & Rao (1997) は「個人が仕事のコンテクストの中で自分の
ことをどのように考えているかは，組織を代表して行動する際に個人が採用す
る役割とそれに対応する行動に影響を与える」（Golden-Biddle & Rao 1997: 594）
ため，ワーク・アイデンティティを理解することは重要であると主張している。
また，組織をマネジメントするという点に関しても，Ashforth & Mael (1989)
は「個人は，自分のアイデンティティの顕著な側面に合致する活動を選択する
傾向があり，そのアイデンティティを具現化する制度を支持する」（Ashforth &
Mael 1989: 25）と指摘している。つまり，従業員のワーク・アイデンティティ
を理解することは，組織目標の達成に向けて組織メンバーの支持を確保し，組織
の管理者が適切にリーダーシップを発揮する土壌を形成する。加えて，ワーク・
アイデンティティはその従業員の離職率とも関連し，「自分の職業のメンバー
シップを利用してワーク・アイデンティティを作っている人は，自分の組織が個

人のワーク・アイデンティティに関連した役割をサポートしていると考えれば考えるほど，離職の意図は低くなる」（Walsh & Gordon 2008: 57）のである。

　また，とりわけ現代の日本においてはワーク・アイデンティティについて理解することの重要性が増していると思われる。例えば現在，終身雇用制度の見直しが行われているが，これにより個人の組織に対するコミットメント，特に情緒的・感情的なコミットメントや，経済的インセンティブをベースとした継続的コミットメントは低下していくことが予想される。つまり，組織に対する感情的・経済的な親近感を期待することは難しくなり，より業務それ自体に対する心的な関わりとしてのワーク・アイデンティティを理解することが優秀な従業員の流出の防止につながると思われる。

第2節　ワーク・アイデンティティの構成

1．ワーク・アイデンティティ研究における空白

　このようにワーク・アイデンティティを理解することは学術的にも実践的にも非常に重要な課題である。しかしながら先行研究ではワーク・アイデンティティがいかに構成されるかについては十分に検討されていない。Strangleman（2012）が主張するように，「人々が仕事から得るアイデンティティと意味は，現代社会学の中心的な問題」である（Strangleman 2012: 411）。また，Walsh & Gordon（2008）も「ワーク・アイデンティティは，多くの成人のアイデンティティ全体の中で大きな位置を占め，仕事における考え方や行動に影響を与えるにも関わらず，ほとんど研究されていない」（Walsh & Gordon 2008: 58）と主張している。加えて，「これまでの研究では，個人のワーク・アイデンティティ，つまり，仕事に関連した，専門的な，あるいは職業的な活動の遂行に関連する個人のアイデンティティの一部分の創造や構成，あるいは，このアイデンティティが組織の成果に与える影響については，特に検討されていない」（Walsh & Gordon 2008: 47）と指摘している。

2．ワーク・アイデンティティの構成プロセス

　ワーク・アイデンティティの構成プロセスについては上記の通りあまり研究がなされていないが少数の研究を確認することができる。ここでは，構成プロセス

について検討した先行研究を取り上げ，それらの主張や貢献，また今後の検討課題について議論する。

Wrzesniewski & Dutton（2001）によるとワーク・アイデンティティの構成にはタスク境界と関係的境界が大きく影響する。タスク境界とは，従事する活動の形態や量，あるいはその仕事を個人がどのように認知しているかを意味し，関係的境界とは仕事をする上で関わる他者の範囲を意味する。Wrzesniewski & Dutton（2001）は，これらタスク境界と関係的境界はワーク・アイデンティティの基礎となると同時にこれらが変化すると個人のワーク・アイデンティティが変化することをケーススタディによって主張している。

Dutton et al.（1994）はその組織のイメージが組織メンバーのアイデンティティに影響することを明らかにした。彼らの研究における組織のイメージとは，メンバーがその組織に対して抱いているものと，外部の人間がその組織に対して抱いているイメージの両方を意味する。これらのイメージは，組織メンバーとしてのアイデンティティが他の集団構成員としてのアイデンティティよりも顕著であり，自分の自己概念と組織の特性に多くの共通点があると感じる際により強く個人のアイデンティティに影響する。

一方，Sveningsson & Alvesson（2003）はその職業に関するディスコースがワーク・アイデンティティに対して影響することを指摘した。彼らは研究開発部門のある女性シニアマネジャーと彼女が働く組織を調査した。その結果，マネジメントに関するディスコースの拡大は彼女のアイデンティティに対して影響を与えていた。以前は，マネジャーは官僚主義の役人として見なされていたが，近年では起業家，リーダー，文化の創造者，先見者といった見方をされる（du Gay 1996）。こうしたディスコースはマネジャーを「リーダー」とし，戦略家，起業家，先見性のある文化創造者としての規範を彼らに意識させる。Sveningsson & Alveesson（2003）が分析したケースにおいてもシニアマネジャーがこうしたディスコースの変化を感じ取りそれによって彼女のアイデンティティが構築・再構築された。このように，Sveningsson & Alvessson（2003）は，ワーク・アイデンティティはその職業に関するディスコースによっても構成されることを明らかにした。

また，Ashcraft（2007）も職業イメージに対するディスコースに加えて，性別，人種などの属性にまつわるディスコースがワーク・アイデンティティの構成

に影響を与えると主張した。彼女が調査した米国の航空業界では，白人の職業的な男性らしさを中心としてパイロットの仕事とイメージが戦略的に作り上げられていたことが明らかにされた。そこでは，パイロットという職業が白人の男性らしさ，すなわちリーダーシップがある，合理的である，科学的であるといったイメージと結びつけられており，パイロット達のワーク・アイデンティティもこれに沿って構築されていったのである。またこのことは単一の航空会社の中のみならず，業界全体でみられた。このように，職業イメージに対するディスコースや属性に関するディスコースもワーク・アイデンティティの構築に重要な影響を及ぼすことが明らかになっている。

　そして，Strangleman（2012）はその職業の歴史や産業的・社会的変化がワーク・アイデンティティの構成に対してどのような影響をもたらしたかを議論した。彼の調査において，インフォーマントは自らの仕事の経験をその歴史的なコンテクストの中に位置づけており，鉄道員という職業文化を支える一連の道徳的秩序を重んじ，彼の鉄道員としてのアイデンティティは強固に形成されていた。このインフォーマントのように，比較的安定した組織文化の中でそのキャリアを形成してきた世代は，鉄道員という職業に強い影響を受けたアイデンティティを構築していた。一方で，労働環境の変化が激しく，社会的に終身雇用が前提とされていない若い世代は鉄道員という職業に対してそれほど強いアイデンティティは感じていなかった。若い労働者はその職場の文化を支えてきた一連の規範や価値観を重視しておらず，こうした世代間のギャップが職業観やコミュニケーションでの齟齬にもつながっていた。このように，Strangleman（2012）はその職業の歴史や産業的・社会的変化によってワーク・アイデンティティが構成されていくことを示した。

3．先行研究の限界

　このように，ワーク・アイデンティティの構成に関する先行研究では，組織のイメージ（Dutton et al. 1994），その人物の役職とその役職に関するディスコース（Sveningsson & Alvesson 2003），職業イメージや性的役割（Ashcraft 2007），その職業の歴史や産業的・社会的変化（Strangleman 2012）といった社会的要因についての議論が展開されてきた。先述した通り，ワーク・アイデンティティは職業人生において重要な要素であるにも関わらずその構成については

十分な議論が展開されてこなかった。ここで見てきた研究は，ワーク・アイデンティティに影響を及ぼす社会的な要因を明らかにするとともにそのプロセスを描いてきた点に非常に重要な貢献がある。

　一方でこれらの研究は，組織の社会的要因に注目するあまり，組織の技術や物的な要素がワーク・アイデンティティにいかに影響を与えるかについては等閑視している。先述の通り，Wrzesniewski & Dutton（2001）はタスク環境や関係的境界がワーク・アイデンティティの構成に影響を与えると主張しているが，組織が採用する技術や物的な要素はタスク環境や関係的境界に影響を与える。例えば，新型コロナウイルスの蔓延以降，大学では遠隔会議システムという技術が導入され，授業の場が教室から自宅や研究室に移った。こうした技術や物的環境の変化は大学教員のタスク境界や関係的境界に変化をもたらしている。すなわち，教育業務を行う際に必要なタスクやより良い教育を行うために必要な事柄といったタスク境界や，学生，教職員，学生の保護者や地域住民などとの関わり方といった関係的境界に変化が見られるようになった。そしてこうした変化により大学教員のワーク・アイデンティティに変化が見られたケースもある。このように組織の技術や物的側面は組織メンバーのワーク・アイデンティティに影響を及ぼすことが実態から見て取れるが，学術的にこうした点はほとんど言及がなされていない。そこで本章ではワーク・アイデンティティに対する技術や物的な要因の影響を検討するために，社会物質性アプローチの可能性について議論する。

第3節　社会物質性アプローチ

　社会物質性アプローチとは社会現象を社会的側面と物質的側面の両面から説明する研究アプローチである。組織研究では1990年代以降，組織ディスコースの観点から組織現象が説明されてきたが，それらの研究がディスコースに偏重しており，組織生活における技術や物的要素の影響を無視しているとの批判が近年見られる。社会物質性アプローチはこのような展開の中で，社会現象を社会と物質の両面から捉えようとするアプローチである。

　例えば，オンライン会議ツールという技術は従来から存在していたが，これまで大学や企業で広く採用はされてこなかった。しかしこの技術は，新型コロナウイルスの感染に対する社会的な不安や恐怖といった社会的要素と結びつくことに

よって広く採用されるようになった。しかし，オンライン会議ツールという技術は，教育や仕事の環境に物的な変化をもたらし，これがさらに教育についてのそれぞれの大学の考え方といった社会的要素と結びつくことによって，様々な議論を呼び起こし，大学組織の運営に大きな影響を与えている[1]。社会物質性アプローチはこのように，技術・物的要素と，社会的要素の結びつきという観点から組織・経営現象を考えるアプローチである。

　社会物質性アプローチはまだ研究途上にあるアプローチであり，存在論や認識論についても統一的な見解はまだない。例えば Cooren（2020）は社会物質性アプローチにはフーコー的パースペクティブ，絡み合いのパースペクティブ，重なり合いのパースペクティブの3つが存在することを指摘している。ここでは，3つのパースペクティブを通して社会物質性アプローチの基本的な主張を確認したのち，ワーク・アイデンティティ研究における重なり合いのパースペクティブの有効性について検討する。

1．フーコー的パースペクティブ

　フーコー的パースペクティブはディスコースの役割をより強調する立場である。近年，ディスコース研究に対して物質性を無視しているという批判が散見される（Conrad 2004）。これに対し，Hardy & Thomas（2015）は，ディスコースと物質性は互いに密接に関連しており，ディスコースは「制度を統制する原則や行為，日常的な実践の形態，建築物の構造といった実際の物質的配置の中にも現れる」（Hook 2007: 179）ため，必ずしも物質的側面と切り離された概念ではないことを主張した。

　物質とディスコースの関係性についてフーコー的パースペクティブはディスコースを前景化して議論する。例えば Hardy & Thomas（2015）は，ディスコースに先立ってモノが存在するとは考えず，ディスコースの中でのみ物質が形成されると主張する。その上で彼女らは物質性には身体，空間，物体，実践の4つの側面が存在し，これらはディスコースによって構築されることを説明している。

　このようにフーコー的パースペクティブはディスコースと物質性の関係性を議論している。しかし，このパースペクティブはディスコースと物質性を存在論的に区分した上でディスコースの役割を強調しており，下記2つのパースペクティブと比較して考えると，ディスコース研究の範疇においていかに物質性の議論を

組み込むかに主眼があるように思われる。

2．構成的絡み合いのパースペクティブ

　2つ目の構成的絡み合い（entanglement）のパースペクティブは，あらゆる存在を社会的なものと物質的なものが構成的に絡み合ったものとして捉える。Orlikowski（2007）は「社会的なものと物質的なものは表裏一体であり，物質的でない社会的なものは存在せず，社会的でない物質的なものも存在しない」（Orlikowski 2007: 1437）とし，ディスコースと物質性は存在論的に不可分であると主張している。このパースペクティブの代表的な論者である Orlikowski & Scott（2015）の議論は，人間のエージェンシーを前景化することを避ける点においてはフーコー的パースペクティブと共通点を持つ。一方で，ディスコースと物質性を存在論的に分離することに関しては批判的である。特に実践を物質性のひとつの側面として扱うことに関しては Hardy & Thomas（2015）を強く批判している。

　構成的絡み合いのパースペクティブでは，Barad（2007）のエージェンシャル・リアリズムを援用することにより，言説的実践の物質的実践のいずれも存在論・認識論的に先行することはなく両者が構成的に絡み合うことによって実践が形成されていく過程を描く。

3．重なり合いのパースペクティブ

　3つ目のパースペクティブはうろこ状の重なり合い（imbrication）のパースペクティブである。このパースペクティブは構成的絡み合いのパースペクティブとは異なり，社会的なエージェンシーと物質的エージェンシーを区別しつつ，これらの重なり合いによる現象の構成を描こうとする。重なり合いのパースペクティブは基本的には Pickering（1995）の物的エージェンシーという概念に由来し，物的エージェンシーは，技術，自然的な要素，モノ，道具が状況に変化をもたらす能力のことを指す（Cooren 2020）。

　上述の絡み合いのパースペクティブは，社会的なものと物質的なものは存在論的に不可分に絡み合っていると主張する。この考え方に対して，重なり合いのパースペクティブを採用する代表的な研究者である Leonardi は批判的である。その理由はあらゆる存在を社会的なものと物質的なものの構成的に絡み合ったも

のと捉えることによって，そのような絡み合いがどのように起こるかを検討することが困難であり，かつ，より良いシステムを再設計することができなくなるからである（Leonardi & Rodriguez-Lluesma 2012）。たしかに，ある現象を説明する際，それが社会的なものと物質的なものの絡み合いによって構成されているとする考え方には一定の説得力がある。しかし，絡み合いのパースペクティブではその現象がいかに変化するのか，あるいはその現象をいかにマネジメントし変化させるのかを説明するのにはいくぶん不向きであると思われる。

もうひとつの問題点は，分析におけるものである。例えば松嶋（2015）は，絡み合いの状態を記述したり分析したりするためには，絡み合っていない何かによって説明しなければならないが，あらゆる存在が構成的に絡み合っていると措定することはこれを不可能にすると批判している。Orlikowski（2007）は「分析的にだけ」（Orlikowski 2007: 1438）人間と物質を分離することを提案しているが，存在論的に絡み合いを想定しながら分析的にだけ分離するという主張には矛盾がある。

こうした問題点を克服するためにLeonardiは重なり合いのメタファーを用い，社会的なものと物質的なもののエージェンシーが重なり合うことによる現象の構成を説明することを提案している。重なり合いを意味するimbricationという語は，ギリシャ建築で使用される屋根瓦に語源があり，複数の瓦が重なり合うことで浸水を防ぐことが可能になるように，社会的なものと物質的なものの重なり合いによってエージェンシーが現れることを表現している。

第4節　ワーク・アイデンティティの社会物質性

本稿ではワーク・アイデンティティの構成を検討する上での社会物質性アプローチの可能性について検討する。確認した通り，Wrzesniewski & Dutton（2001）はタスク境界や関係的境界の変化がワーク・アイデンティティに影響を及ぼすことを主張している。既存研究ではディスコースや職業のイメージ，ジェンダーといった社会的要因に注目しワーク・アイデンティティの構成を説明してきたが，一方でタスク境界，関係的境界に影響を及ぼすであろう組織の技術的・物的要因については等閑視してきた。本論では上記で紹介した社会物質性アプローチ，特に重なり合いのパースペクティブを採用することで，技術・物的要因

と先行研究で検討されてきた社会的要因の両面からワーク・アイデンティティの構成について検討することができると主張する。

　社会物質性アプローチを採用することによってワーク・アイデンティティの構成についてどのようなことを明らかにできるかについて，本章では2つの研究アジェンダを提示しながら検討する。

　1つ目の研究の方向性は，職場に導入された新技術や物的要素と組織の社会的要素の相互作用はいかにして起こり，その相互作用がワーク・アイデンティティにいかに影響するかを検討することである。つまり，社会物質性アプローチの観点から，技術・物的要素と組織の社会的要素の相互作用プロセスや，相互作用がどのようにタスク境界や関係的境界に影響を与え，さらに従業員のワーク・アイデンティティにいかなるプロセスで影響を与えるのかを検討することが可能であると思われる。

　重なり合いのパースペクティブからワーク・アイデンティティの構成について捉えると，組織の社会的な要因と，組織の技術・物的要因が重なり合うことによって社会物質的なエージェンシーが現れ，それがタスク境界や関係的境界に影響を及ぼすという側面を説明することができる。図表4-1は技術と社会的要素がそれぞれ重なり合うことによってタスク境界と関係的境界，そして従業員のワーク・アイデンティティに変化が現れることを示したモデルである。例えば，ある組織に新たな技術が採用された際，その技術の内在的な特性はその組織の社

図表4-1　ワーク・アイデンティティの社会物質的構成

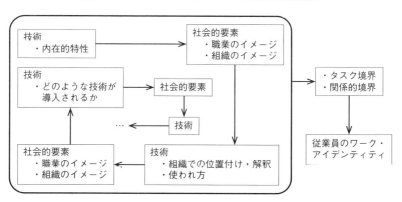

出所：筆者作成。

会的要素，例えばその組織や組織における職業のイメージの中で位置づけ・解釈がなされ，それに従った使われ方をされる。またそうして使用される技術はその組織や職業のイメージに影響を与え，新たにされた社会的要素が今後その組織がどのような技術を導入するかに影響を与える，といった一連の相互の重なり合いが起こる。そしてこの一連の重なり合いのプロセスにおいてその組織の従業員個々人のタスク境界や関係的境界が変化し，それによって従業員のワーク・アイデンティティが変化すると考えられる。

　このように社会物質性アプローチの重なり合いのパースペクティブを採用することによって技術・物的要因と社会的要素の双方に注目し，その重なり合いの観点から従業員のワーク・アイデンティティの構成プロセスについて明らかにすることができるであろう。

　2つ目の研究の方向性は，組織の管理者はいかにして従業員のワーク・アイデンティティを毀損しない形で組織の技術・物的要因をマネジメントできるのかを検討することである。近年，従業員の業務や働き方を変化させる技術革新が加速し，新型コロナウイルスの蔓延によって働く場所の物的環境が急速に変化している。こうした変化は従業員のワーク・アイデンティティに変化をもたらすが，場合によってはワーク・アイデンティティが毀損されたと従業員に感じさせることもある。したがって，組織の管理者がその組織にとって新しい技術を導入したり，組織の物的環境を変化させたりする際には従業員のワーク・アイデンティティへの影響も勘案する必要がある。

　社会物質性アプローチの観点に立つと，組織の管理者が技術・物的要因と社会的要素の関連をいかに捉え，従業員のワーク・アイデンティティを毀損しない形でこれらをマネジメントしているのかを検討することが可能になるであろう。特に重なり合いのパースペクティブは社会的なエージェンシーと物的なエージェンシーとを分離して捉えるため，このパースペクティブを採用することで組織の管理者が社会的なエージェンシーと物的なエージェンシーの重なりをいかに認識し，マネジメントするかを議論することが可能となる。これは例えば，技術の導入によって新たな物的エージェンシーが現れた際に，それが組織における社会的要因のエージェンシーといかに影響し合うのかということを管理者が認識し，その上で物的，社会的要因を従業員のワーク・アイデンティティを毀損しない形でマネジメントするといったことを含む。

　こうした議論は従業員のワーク・アイデンティティの構成を理解し，組織の管理者がいかに社会的要素と物的要素を結びつけながら組織をマネジメントするかといった，これまでの組織研究が十分に検討してこなかった側面についての理解も促進するだろう。加えて，実務的には組織の管理者がいかに社会的要素と物的要素の関係性を認識し，これらをマネジメントすることができるかについての方策を提示することにも繋がると考えられる。こうした議論は，技術変化，社会的変化が急激に加速している現代において非常に意義のあるものであろう。

むすびにかえて

　従業員のワーク・アイデンティティを理解し，マネジメントすることは終身雇用制度の崩壊も相まってその重要性を増している。本章では，先行研究で議論されている社会的要因と，先行研究では言及されてこなかった組織の技術的・物的要因の重なり合いという観点からワーク・アイデンティティの構成を検討する必要性を主張した。また，その際の研究方法として社会物質性アプローチの可能性を議論した。

　本論では特に Leonardi によって提唱された重なり合いのパースペクティブの有効性を主張した。これは，社会的なエージェンシーと物質的なエージェンシーを分離することによって，社会的要因と物的要因の相互作用や相互構成によって起こる現象の変化を説明したり，マネジメントの方策を検討したりするのに適したパースペクティブである。

　そして本章では重なり合いのパースペクティブを採用した際の研究アジェンダとして，組織に技術的・物的な変化がもたらされた際，組織の社会的要因と相互に重なり合うことによって，従業員のタスク境界と関係的境界に変化が起こり，それがワーク・アイデンティティに影響をもたらしていくプロセスを記述することと，組織の管理者がいかに技術・物的要因と社会的要因の関係性を捉え，マネジメントしていくことが可能なのかを検討することの2つを提示した。今後は定性的なケーススタディを通してこれらの研究アジェンダに取り組んでいくことが求められる。

※本章は JSPS 科研費（課題番号：22K13458）の助成を受けた研究成果の一部である。

【注】

1 ）なおこの説明は，下記で説明する重なり合いのパースペクティブの観点に依拠した説明である。

【参考文献】

Ashcraft, K. L. (2007), "Appreciating the 'Work' of Discourse: Occupational Identity and Difference as Organizing Mechanisms in the Case of Commercial Airline Pilots," *Discourse & Communication*, 1 (1), pp. 9-36.

Ashforth, B. E. and F. Mael (1989), "Social Identity Theory and the Organization," *Academy of Management* Review, 14 (1), pp. 20-39.

Ashforth, B. E. and G. E. Kreiner (1999), "How Can you Do it? Dirty Work and the Challenge of Constructing a Positive Identity," *Academy of Management Review*, 24 (3), pp. 413-434.

Barad, K. (2007), *Meeting the University Halfway: Quantum Physics and the Entanglement of Matter and Meaning*, Duke University Press.

Bothma F. C., S. Lloyd, and S. Khapova (2015), "Work Identity: Clarifying the Concept," in P. Jansen and G. Roodt (eds.), *Conceptualising and Measuring Work Identity*, Springer, pp. 23-51.

Charon, J. M. (1992), *Symbolic Interactionism*, Englewood Cliffs, NJ: Prentice-Hall.

Conrad, C. (2004), "Organizational Discourse Analysis: Avoiding the Determinism-Voluntarism Trap," *Organization*, 11 (3), pp. 427-439.

Cooren, F. (2020), "Beyond Entanglement: (Socio-) Materiality and Organization Studies," *Organization Theory*, 1 (3), pp. 1-24.

Du Gay, P. (1996), "Making up managers: Enterprise and the Ethos of Bureaucracy," in S. Clegg and G. Palmer (eds.), *The Politics of Management Knowledge*, Sage, pp. 19-35.

Dutton, J. E., J. M. Dukerich, and C. V. Harquail (1994), "Organizational Images and Member Identification," *Administrative Science Quarterly*, 39 (2), pp. 239-263.

Ericson, E. H. (1980), *Identity and the Life Cycle*, New York: Norton.

Gioia, D. A., M. Schultz, and K. G. Corley (2000), "Organizational Identity, Image and Adaptive Instability," *Academy of Management Review*, 25, pp. 63-81.

Golden-Biddle, K. and H. Rao (1997), "Breaches in the Boardroom: Organizational Identity and Conflicts of Commitment in a Nonprofit Organization," *Organization Science*, 8, pp. 593-611.

Hardy, C. and R. Thomas (2015), "Discourse in a Material World," *Journal of Management Studies*, 52 (5), pp. 680-696.

Hewitt, J. P. (1989), *Dilemmas of the American Self*, Temple University Press.

Hook, D. (2007), *Foucault, Psychology and the Analytics of Power*, Houndmills, Palgrave Macmillan.

Leonardi, P. M. and C. Rodriguez-Lluesma (2012), "Sociomateriality as a Lens for Design: Imbrication and the Constitution of Technology and Organization," *Scandinavian Journal of Information Systems*, 24 (2), pp. 79-88.

Mumby, D. and R. Clair (1997), "Organizational Discourse," in T. A. Van Dijk (ed.), *Discourse as Structure and Process: Discourse Studies vol. 2 - A Multidisciplinary Introduction*, London: Sage, pp. 181-205.

Orlikowski, W. J. and S. V. Scott (2008), "Sociomateriality: Challenging the Separation of Technology, Work and Organization," *The Academy of Management Annals*, 2 (1), pp. 433-474.

Orlikowski, W. J. (2007), "Sociomaterial Practices: Exploring Technology at Work," *Organization Studies*, 28 (9), pp. 1435-1448.

Pettigrew, T. F. (1986), "The Intergroup Contact Proposition Reconsidered," in M. Hewstone and R. Brown (eds.), *Contact and Conflict in Intergroup Encounters*, Basil Blackwell, pp. 169-195.

Pickering, A. (1995), *The Mangle of Practice: Time, Agency, and Science*, The University of Chicago Press.

Strangleman, T. (2012), "Work Identity in Crisis: Rethinking the Problem of Attachment and Loss at Work," *Sociology*, 46 (3), pp. 411-425.

Sveningsson, S. and M. Alvesson (2003), "Managing Managerial Identities: Organizational Fragmentation, Discourse and Identity Struggle," *Human Relations*, 56 (10), pp. 1163-1193.

Walsh, K. and J. R. Gordon (2008), "Creating and Individual Work Identity," *Human Resource Management Review*, 18, pp. 46-61.

Wrzesniewski, A. and J. E. Dutton (2001), "Crafting a Job: Revisioning Employees as Active Crafters of Their Work," *The Academy of Management Review*, 26 (2), pp. 179-201.

松嶋登 (2015), 『現場の情報化—IT 利用実践の組織論的研究』有斐閣。

第 5 章

クリティカル・マネジメント研究とジェンダー

中村　暁子

はじめに

　ジェンダーが組織研究において取り組むべき課題と認識されて久しい。Calás et al. (2014) は既存のジェンダーと組織の研究について，組織内部のジェンダー研究（gender in organization）とジェンダー生成組織の研究（gendering organization）に分類しているが，それぞれの分類はフェミニズムの視座と関わりが深く，組織内部のジェンダー研究はリベラルフェミニズム，ジェンダー生成組織の研究はポストモダン・フェミニズムと関連する（中村・清宮 in print）。

　欧米ではこれらの視座の両輪からジェンダーと組織の研究が進められてきたが，日本の組織研究におけるジェンダーへの取り組みはまだ十分とは言えない。例えば松永・日置（1996）や『組織科学』30 巻 2 号の “組織の中の女性” をテーマにした特集号の編集後記では，ジェンダーが組織論固有の研究として扱われないことを問題視している。この背景には組織研究におけるジェンダーに関する研究は，女性が組織の中で活躍しにくい状況について，人的資源管理や人事労務などの視点から議論されることが中心的な取り組みであり，Calás et al. (2014) の分類に従うのであれば，組織内部のジェンダー研究に主眼が置かれて進められてきたと理解することができる。例えば近年は女性の社会進出が進み，社会的に女性に対して指導的な立場で活躍することが求められる中においても，その活躍がいまだに限定的である状況が問題視されていることから，女性のキャリアや昇進意欲に関する研究が数多く蓄積される（例えば，武石 2014；松茂・梅崎 2003；中村 2019；安田 2012）。

　これらの研究は，制度や法整備によりジェンダーによって生じる不平等を是正することを目指し，そして実証主義的な方法による研究を特徴とするリベラ

ル・フェミニズムの視座（Mumby & Kuhn 2019）と重なり合う部分が多い。したがって，日本のこれまでのジェンダーと組織に関するアカデミックな取り組みは，組織内部のジェンダー研究に位置づけられる研究が中心的であり，ジェンダー生成組織の研究の枠組みの中でジェンダーを組織の現象として理解する取り組みは希薄であると指摘せざるを得ない。

　ジェンダー生成組織の研究に位置付けられる研究には例えば，組織のジェンダー化（例えば，Acker 1990, 1992）の議論は幅広く知られ，様々な研究領域で用いられる。これは組織で行われる実践や取り扱いは男性に結びつきやすい特徴によって理解されることを議論するものである。したがって組織の現象としてジェンダーを捉える議論であると言える。日本の組織とジェンダーの研究においてこの点に注目した議論は乏しく，研究蓄積が求められる分野であるが，いかに組織論固有の問題としてジェンダーを取り扱うのかという点に課題が残る[1]。

　この課題について，Mumby（1996: 289）は，ポストモダン・フェミニズムの視座を取り入れ，ジェンダー化される組織（gendered organization）の問題や，ジェンダーする（doing gender），またはジェンダー化する組織（gendering organization）のようなジェンダーを組織化のプロセスの要素として議論を行うことにより，組織論固有の課題として位置づけることができると示唆している。日本の組織研究ではこのような方法論的立場をとる研究は少なく，そもそもどのように組織化，あるいはジェンダー生成組織の研究として議論を行うのかについて理解することが求められる。

　そこで本章では，今後の日本の組織研究におけるジェンダー生成組織の研究に向け，ジェンダーと組織研究の動向を検討する。特に本章では，クリティカル・マネジメント研究に注目し，この枠組みがどのような特徴をもつものなのかを検討しながら，この立場のジェンダーと組織研究において何が中心的なテーマであるか，どのように論じられてきたのかという点を確認し，今後の日本における組織とジェンダーの議論に向けた示唆を行う。

第1節　ジェンダーと組織研究

　長きにわたり，組織研究においてジェンダーに関する議論が行われてきた。アカデミックなジェンダーへの取り組みは，1970年代ごろから第二波フェミニズ

ムと連動しながら進められてきた（Robinson & Richardson 2020）と言われている。そして1990年代以降，女性学（women's study）やジェンダー論（gender study）[2]という学術分野として成立し，大学などの講義で取り入れられるようになる（Robinson & Richardson 2020）。このような動きと共にアカデミックな議論としてのジェンダーへの注目が進み，様々な学術分野でジェンダーが取り扱われるようになった。Robinson & Richardson（2020）は，こうしたジェンダーに対するアカデミックな取り組みが，社会科学や人文学などの分野において確立された規範や教育，研究方法などを変えてきたと指摘している。実際にアカデミックな取り組みとしてジェンダー秩序やジェンダー・ロールなどのジェンダーをめぐる不均衡な状況について論じられ，理解するための概念や枠組みが生み出されてきており，暗に女性の地位向上のために行われてきた社会的な運動の領域にとどまらない成果があったと理解できる。

　組織研究においてもジェンダーへの取り組みが行われてきた。既存の組織の理論の中に女性の経験を反映したものがないことや，男性性に結びつきやすい特徴や前提を用いて理論化が行われてきたことが問題視され（Burrell & Hearn 1989；Calás & Smircich 1992），組織は男性的な特徴を前提としたジェンダー化がされていることが指摘された（Acker 1990, 1992）。この指摘はあまりにも有名である。また，組織はジェンダーに中立であるという立場を取りながらも，ジェンダーやセクシュアリティを無視してきたため（Acker 1990），ジェンダーやセクシュアリティ，アイデンティティと共に組織の理論を検討すると，組織はジェンダーに中立であるとは言えなくなるのである。この点を踏まえ，ジェンダー化した組織や組織の理論化がいかに女性の声を封じ込めてきたのかを認識すべきであるとの主張にもとづき，組織の研究やその理論に女性の声や経験を織り込むことを求める声があがり（Calás & Smircich 1992），組織研究においてフェミニズムの視座，女性の経験といった認識論的な立場を取り入れながら研究が行われるようになる。こうした研究はフェミニスト組織研究（feminist organization study）と呼ばれることがあるが（Calás & Smircich 2006），日本の組織研究では聞き馴れない。このような研究では，認識論的な立場から研究が行われる特徴があり，私たちがすでに知っていることはすでにジェンダー化されたものであるという問題意識のもと，その背景に潜む問題を白日のもとに明らかにしていく取り組みであると言える（Calás & Smircich 1992）。

　しかしこのような議論は不十分である（Wilson 1996）。現在に至るまでジェンダーに関する研究は続けられてきたものの，さらなる取り組みが求められる。特にジェンダーが多様化する現代においては，この語が意味する「ジェンダー」が何であるかという点は再考の余地すらあるだろう（中村・清宮 in print）。

　なぜならこれまでに行われてきた組織とジェンダーに関する研究は，男性に対して女性が不均衡な状況を取り扱う議論が中心であり，既存の研究の中で議論される「ジェンダー」は「女性」という一方の性別を取り扱うものであるかや「女性の問題」を議論する概念であったと考えられるためである（中村・清宮 in print）。先ほども述べたが，ジェンダー研究や概念の潮流には女性解放を目標に掲げられたフェミニズムがあり，それによって女性の視点や経験を学術研究の中に取り入れることを可能にした。江原（1995: 38）によると，ジェンダーは社会科学の分野に取り入れられる時に社会現象の中に男女間の利害対立の可能性を見出すための主題として取り入れられた背景がある。つまりこの学術的潮流から見ると，ジェンダーの学術研究で用いられる「意味」には，何かしらのジェンダー不平等な状態が存在している状況を前提とし，フェミニズムの流れを受け継ぎ，「女性の問題」，あるいは「女性と男性が不均衡な状態にあること」，特に男性に対して女性が不利な状況であることを意味するような状況から抜け出せないことといった意味を（知らず知らずのうちに）含意してしまっている限界がある。

　しかし近年はセクシュアリティやアイデンティティが議論されるようになり，生物学的な性を意味するセックスに基づき問われる，あるいは身体的な特徴で分類される「男性」か「女性」かという二項的な分類によって解釈されるジェンダーだけではなく，ジェンダーが意味する対象がさらに多様で複雑なものとなった（Kelleher 2009）。それにより新たに生じる不均衡な状況もある。また「男性の生き辛さ」に注目する必要性が見い出される。例えば育児休暇の取得のしにくさなど，男/女の不均衡を議論するにも，伝統的な不平等の形勢が逆転している場合もある。したがって，組織のジェンダーに関する現実を議論するにしても，男性/女性，あるいは男性らしさ/女性らしさのような，伝統的なジェンダー研究が前提としてきた「ジェンダー」も一旦，検討の枠組みの中に置き，再び何がジェンダーとして議論されるのかを説明されなりればならない。

第2節　クリティカル・マネジメント研究
(Critical Management Studies：CMS)

　クリティカル・マネジメント研究（以降，CMS）とは，「主流派経営学に対する代替的な方向性を，方法論，理論，実践の点で提起する」ものであり（清宮・ウィルモット 2020: 147），グループや機能としてのマネジメントに着目するのではなく，すでに広範囲にわたって定着している制度としてのマネジメントに着目し，家父長制などの社会的な支配関係に挑戦する取り組みである（Alvesson et al. 2009）。抑圧や不公平を明らかにし，変革への道筋を分析する目的に用いられる性質のある方法論であると考えられている（Dodge et al. 2021）。

　CMS は日本語で批判的経営研究と訳されることがある。「批判」という言葉が用いられることからもわかるように，批判理論（critical theory）の立場による研究であるが（Alvesson & Willmott 1992），マルクス主義に結び付けられる批判的研究，およびその立場とは必ずしも一致するものではない（高橋 2019）。この点について清宮・ウィルモット（2020: 154）が「CMS は多様な『批判的』アプローチを包含し」，4つの思想的源流があると説明していることからも理解される。この4つの思想的源流とは，① マルクス主義的な伝統をもとにした労働過程理論による源流，② ハーバーマス（Jürgen Habermas）の社会理論を土台としたフランクフルト学派による源流，③ フーコー（Michel Foucault）を中心としたポストモダン，ポスト構造主義的視座による源流，④ 批判的実在論（critical realism）である（清宮・ウィルモット 2020: 154）。つまりマルクス主義的な批判的な理論や方法論的立場をとる場合もあるが，それだけにとどまらず，フランクフルト学派やフーコーの哲学的立場も踏襲した方法論なのである。

　先にも述べたが批判的なアプローチは CMS に特有に見られるものではなく，マルクスが搾取や非人間化といったことばを用いて資本主義的な組織を「批判」してきたことなどがあり（Alvesson et al. 2009），特に新しい取り組みではない。CMS は Alvesson & Willmott によって1992年に出版された *Critical Management Studies* という書籍が出版されたことを皮切りに（Alvesson et al. 2009），90年代のヨーロッパの経営学においてひとつの潮流として形成され[3]，アメリカ経営学会（Academy of Management：AOM）に CMS ディビジョン

が設立されるなど，世界的に広がりを見せる。こうした背景には，「メインストリームの組織研究であるモダニズムとしての実証主義や機能主義にたいして，CMS は代替として異なる視点を提供」するという貢献があり（高橋 2019: 254），これまで経営学や組織研究が前提としてきた経営の効率性や生産性などに対する価値観に警鐘を鳴らし（清宮・ウィルモット 2020: 147），グローバル化や多様化した人材を多く抱え，物理的にも心情的にも多様な組織に対する貢献があると考えられていることによる。つまり CMS 的なアプローチによる研究は，従来の経営学の取り組みとは一線を画す視座であり，これまでの経営学では見過ごされ，周縁化されていた事象や組織のメンバーに着目して研究が展開されていくことが期待される。これはつまり，ジェンダーを議論するための重要な視座を提供することを示唆している。

　またこのような取り組みは，会計学，マーケティング，情報システム，人的資源管理など経営学全般のテーマを取り扱うものであり（Alvesson et al. 2009），組織研究特有の取り組みではなく，学問やその研究対象において拡がりのある研究のアプローチと捉えることが可能である[4]。

　この後の項では，こうした CMS の立場がどのようなアプローチによる研究なのかという点を概観し，組織のジェンダー研究に対してどのような貢献があるのかについて検討を行う。

1．CMS の特徴とアプローチ

　CMS の特徴には「脱当然化（de-naturalization）」，「非成果主義（non-performative）」，「反省的アプローチ（reflexivity）」をその中核的な要素として指摘している[5]（Alvesson et al. 2009；Fournier & Grey 2000；清宮・ウィルモット 2020）。1つ目の脱当然化とは，当たり前化されている秩序に対する挑戦である。私たちの日常の中で当然となっている現象に関心を持たないでいると，それが当たり前の常識として意識されないままに再生産されて定着する。したがって当然化された現象を問うことが1つ目の特徴である脱当然化の取り組みである。2つ目の非成果主義とは，これまでの経営学や組織研究で重要視してきた成長や効率性，生産性を重要視する前提を問う視座である。伝統的な立場により成果や生産性を追い求めることは，"成果がない"あるいは"生産性のない"従業員に対して差別的な取り扱いが生じる可能性がある（清宮・ウィルモット 2020）。こ

のような差別的な取り扱いや搾取は，これまでのマネジメント研究では注目されてこなかったが，CMS では問題視する。3つ目の反省的アプローチとは，中立性や普遍性の可能性を根本的に疑い，客観主義と科学主義に対して方法論的に挑戦する取り組みである。この取り組みが弱い場合，あるいは欠如している場合には，従来の知識の生産の基礎となる仮定やルーチンを問い直す取り組みはほとんど行われないため（Alvesson et al. 2009），CMS における特徴と言えよう。

　このような特徴をもつ CMS は，定性的なアプローチによる研究が主流である。インタビューなどによってデータを取得し，分析する場合もある一方で，研究者が組織に入り込み，フィールドワークによる事例を批判的に考察する手法も用いられる（清宮・ウィルモット 2020）。このような研究が行われる背景には，批判的アプローチが持つ，あるいは CMS が前提としている当たり前化された常識を暴くことに加え，そこに隠されているパワー関係や，すでに当たり前となった常識を（再）生産するプロセスを問うことこそが重要であると考えられているためである。

　CMS はマネジメントと組織の支配的な理論と実践が，それによって不利益を被っている人たちを犠牲にした上で，ある特定のグループが利益を得ているという前提のもとに議論される（Alvesson et al. 2009）。したがって CMS が対象とする「多様な問題」には，ジェンダーや年齢，人種などにより生じる不公平や不平等の問題や，時には貧困などの社会的な問題があり，業績などのパフォーマンスを前提とした伝統的な組織研究の最終目標とは一線を画すと考えられている（清宮・ウィルモット 2020）。したがって組織研究において「ジェンダー」とそれにまつわる構造を議論する視座として，CMS のアプローチには貢献があるものと考える。

　このように，経営学や組織の研究，あるいはジェンダー研究に対し，有用なアプローチであると認識される CMS であるが，Ashcraft（2018）はこれらの研究者が必ずしも変化に執心していないことを問題視する。CMS のアプローチによってもたらされる知見や脱構築のプロセスの先に対し，どのような貢献があるのかという点は丁寧に議論する必要がありそうだ。

第3節　ポストモダンとポストモダン・フェミニズム

CMS に関連するアプローチとしてポストモダンがある。ポストモダンとは，批判主義，懐疑主義，脱構築の特徴を持つアプローチであり（高橋 2020），清宮・ウィルモット（2020）によると，CMS はこのポストモダンやポスト構造主義に依拠し，これまでに当然化されてきた物事や経営主義的な前提に着目した研究が行われる傾向が強い。これは Lyotard（1986）が説明するように，モダンの世界において紡がれた大きな物語とは別のところに科学を求める動きと捉えられる。Lyotard（1986: 訳 8-9）は「《ポストモダン》とは，（中略）メタ物語に対する不信感」を持つこととして表現し，そうした不信感が科学の進歩の前提であると説明した。つまりこのアプローチを組織研究に取り入れることとは，伝統的な組織論の視座を問うことにより，別の知識を求めていくアプローチと理解することができる。このような批判的志向を取り入れた諸研究の潮流は，1990 年代ごろからマネジメント分野で出現して議論の中に取り入れられるようになり，それまでの批判的分析の伝統を補完したり，新たな議論に挑戦するようになったと言われている（Alvesson et al. 2009）。

ポストモダンの潮流に影響を受けるのは，組織研究だけではない。ジェンダーの議論と関連が深いフェミニズムやフェミニストの立場においても，このポストモダンの視座が取り入れられる。ポストモダン的なアプローチにおいてセックスやジェンダーは，パワーや抵抗，身体の物質性を通じて主体を構成する言説的な実践や社会的なパフォーマンスとして理解される。例えば Mumby（1996）は，ポストモダン・フェミニズムとジェンダー，そして組織との関係について，家父長制などの支配のシステムやジェンダーにまつわるパワー関係など，支配的な概念を再定義するための方法であることを示唆している。したがって，最終的にこのアプローチによるジェンダー研究が目指す目標は，ジェンダーに根付く規範や，その規範を構成している言説や実践を問い，脱構築するところにある。つまりこの立場からジェンダーを捉えるということは，組織の中のジェンダーに関する不均衡な状況やその要素を議論する，組織の中のジェンダー研究（Calás et al. 2014）に分類される伝統的なジェンダー研究とは一線を画す研究として位置づけられる。

　ここに Mumby（1996: 263）が示した，ポストモダン（ポストモダン・フェミニズム）の立場による研究に共有される7つのテーマを示す。

(a)　支配的な欧米の合理性の形式に対する批判と疑問[6]

(b)　現実と経験を構成するものとしてのことばとディスコースという視座を支持し，ことばの表象的見方を拒絶すること[7]

(c)　基礎的で普遍的な真実の主張を疑問視すること[8]

(d)　（伝統的に知識の源泉として考えられてきた）欧米の合理的な主体を中心から外して，分断され，不連続であり，知識の源泉ではなく知識に影響を与える主体を支持すること[9]

(e)　パワーと支配に焦点を当て，それらと真理や知識との関係を探求すること[10]

(f)　差異と「他者」に焦点を当て，周縁化されたグループへの関心と，彼らが生み出す「博識な知識」（Foucault 1980）を救済すること[11]

(g)　二項対立に根ざした知識の形態に対する批判[12]

　この7つのテーマは，先述した言説やその実践に着目することや，ポストモダンの基本的なスタンスである前提や大きな物語を「問う」ことにしたがい，理解される。

　Mumby（1996）を中心として，ポストモダンのアプローチを取り入れる研究者たちは，ジェンダーを組織研究において取り扱うことを可能にする視座としてポストモダンや，それを取り入れたポストモダン・フェミニズムのアプローチの重要性が理解される。欧米の研究者や組織研究の主たる学術誌の間で，組織とジェンダー研究においてポストモダンのアプローチの重要性の指摘が行われたのが90年代であるが，今日に至るまで，このようなポストモダン・フェミニズムの視座を用いた研究は限定的である。特に日本におけるジェンダーに関する議論の多くは，女性の職業生活の中で直面する組織内の問題を議論するような人的資源管理論などの視座からの研究が主流である（松永・日置 1996）。これはいわゆる伝統的なジェンダー研究が中心的に取り扱うテーマであり，方法であったと指摘される。このことは1996年に発刊された『組織科学』編集後記の中の指摘にもあるように，ジェンダーが組織論固有の研究として捉えられていない状況が今もなお続いていると言わざるをえず，このポストモダンによるアプローチを日本

の組織とジェンダー研究に取り入れることにより，日本のジェンダー研究におい
て異なる視座をもたらすものとして期待することができる。

第4節　CMS，ジェンダー，組織

　本節では，クリティカル・マネジメント研究に立脚したジェンダー研究の主要
な議論や重要なテーマを検討し，その特徴を捉える。CMSにおいてジェンダー
やフェミニストの研究は不可欠なテーマとして捉えられる（Ashcraft & Mumby
2004）。この点を象徴するように，例えばButtlerの遂行性（performativity）の
概念を応用した，批判的遂行性（critical performativity）[13]という概念もある
（Spicer et al. 2009, 2016；柳ら 2020）。
　Ashcraft（2009）は，ジェンダーは誰もが関連する事柄であるにも関わらず，
CMSの幅広い関心ごとのひとつのテーマに過ぎないことを問題提起する。これ
は，ジェンダーやそれにまつわる諸問題や現象が，現代の労働に共通して見られ
る組織原理であり続けていることを危惧していることによる（Ashcraft 2009）。
これは言い換えるのであれば，ジェンダーに関する現象が，絶えず生産／再生産
され続けており，なおかつそれが組織の実践の根幹を支え続けているということ
である。特に組織はジェンダーに中立な容器として存在しているように見える
が，実はすでにジェンダー化し，男性に有利な実践が行われたり，男性的な特徴
を用いて理論化が行われているのである（Acker 1990）。この点に「ジェンダー」
を問うことの重要性が確認されるほか，近年ではジェンダーに加え，グローバル
化や労働市場の変化に伴い多様化する組織や組織に関連して生じた新たな課題に
対し，ジェンダーの周辺を問うことの重要性やそれに関するCMSでの取り組み
の社会的，および理論的貢献も期待される。
　たびたび言及しているが，批判的なアプローチを取る研究におけるジェンダー
への取り組みは，社会や組織の中で当たり前となったジェンダー不平等への挑
戦として批判的視座が取り入れられる特徴がある。したがって，ジェンダーや
その不平等を研究課題に据えるということはすなわち，CMSとジェンダーは関
わりが密接であるように思われる。しかしAshcraft（2009）は，ジェンダーに
ついて議論する研究者が意図して批判的視座を用いているわけではないことを指
摘している。確かに，Web of Scienceにおいて "Gender" というキーワードを

用いて論文の検索を行った場合，非常に多くの論文が検索されるが，"CMS" あるいは "Critical theory" などのキーワードを追加して再検索を行うと，途端にその数は数十本余りになる。それだけではなく，CMS の視座を用いることを論文内で宣言するようなジェンダーと組織の研究は非常に限定的であることからも Ashcraft の指摘のような状況は理解される。

　では一体，CMS を意図したジェンダー研究とはどのような文脈で議論されるものなのか。ポストモダンや CMS のような解釈主義的な立場をとる組織の研究では，組織は文化の産物であると同時に，組織それ自体が意味を形成する制度的生産者であると解釈する（Halsema & Halsema 2006）。したがってこのような立場から研究を行うことは，組織的な文脈の中で意味が形成されることを強調し，そしてその意味が形成される文脈に注目することが必然となる。とりわけジェンダーに関する議論の場では，意味の生産／再生産やそれに伴う組織的コンテクストがジェンダーやジェンダーに関する現実に対して，どのような，そしてどのように影響をもたらすのかが議論の中心になる。

　例えば Halsema & Halsema（2006）は，組織で行われる職務評価の過程で，ジェンダーがどのような意味を持ち，仕事がジェンダー化されるのか，そしてそれが女性にとってどのような意味を持つのかという問題意識から，オランダ警察の職務評価システムに関するケースを分析した。Halsema & Halsema（2006）は，職務評価のプロセスの中で警察という仕事の中ですでに当たり前とされるジェンダー規範が繰り返し実践されたり，顧みられる中で，ジェンダーの規範やそれに伴う現実が（再）生産されてきたことを指摘している。これはインタビューにおいて，組織の中で公式的に行われる職務評価制度では男性的な規範に基づいた仕事が評価される一方で，現場レベルの警察官同士の関係性の中では，セックスに結びつくジェンダー規範が評価の対象となっていることが示されたことから，職務評価制度そのものにジェンダーの分離を生産する機能が備わっていることや，それによりジェンダー規範が絶えず生産されている現実が明らかにされたものである。換言するのであれば，職務評価制度のような組織の中で公式的に行われるパフォーマティブなプロセスにジェンダーに関する組織的の現実（organizational reality）やそれを構築する過程を見て取れることが指摘されたということである。特になんの疑いもなく男性らしい警察官が評価制度の中では高い評価を受ける事実から，ジェンダーにまつわる意味の（再）生産は組織のメ

ンバーが意識的に行うものであるというよりもむしろ, すでに常識として取り扱われる「自明 (obvious)」なものによる影響が強い (Halsema & Halsema 2006: 239) ことが指摘された点に重要性がある。したがってこの研究には, これまでの研究の中で注目されてこなかった文化的文脈 (cultural context)[14] を注視し, 職務評価制度が組織の文化に埋め込まれて当然視されるジェンダーに関する現実を (再) 生産するものとして検討した点に CMS 的な研究の特徴が見てとれる。

そのほかに Ozturk (2011) は, トルコのレズビアン, ゲイ, バイセクシュアルといった性的指向性におけるマイノリティへのインタビュー調査を実施した。そして職場内において性的指向性に関する差別的な取り扱いがどのように拡散しているのかについて論じ, 男性, 女性, ジェンダーアイデンティティに基づく性的マイノリティの三者の不均衡な関係性を明らかにした。

Ozturk (2011) によるとトルコでは同性愛者や同性愛者同士の性的な行為に対して課される法的な罰則は無いものの, 行動や言動にかかわらず「ゲイに見える」という理由で警察に連行されたケースや, 職場で性的マイノリティだということが公になるとキャリアに大きな足かせとなること, 好ましくないジョークや陰口, 暴力の脅威に至るまであらゆるレベルにおいて同僚の理解が得られない状況があるそうだ。これらの実例を性的マイノリティのインフォーマントへのインタビューを通して明らかにし, 社会や職場, 家族という領域で同性愛者に許容される言説的空間が大幅に制限されていることを指摘した。またこうした社会や職場に見られる同性愛嫌悪の文化的背景や, 伝統的な家族からの無理解的な行動や言動が性的マイノリティたちの不安や切り捨て, 自己不信などの「装置」となりうる状況を指摘し, 深く根付いた異性愛規範の文化において同性愛者がある種の虐待を受け続けることにより, 同性愛が道徳的に間違っていることであると周囲や自己に教え, 異性愛道徳を生産し続けていることを指摘している。さらに Ozturk (2011) は, この異性愛道徳の再生産の背景に隠れたパワーとして家父長制の存在を問う。家父長制は女性を尊重する権利を剥奪する過程の中で男性を唯一無二の存在とする力が働く。このパワーの中で性的マイノリティの存在も危ぶまれることとなり, 家父長制を強化するだけでなく異性愛道徳を強固なものに誘導している可能性があると指摘した。

また抵抗の事例を検討するために, パワー関係の変革に貢献する手段と変革のプロセスに着目した研究も行われている。例えば Baikovich et al. (2021) の研

究では，イスラエルにおける女性起業家のコミュニティが行った「抵抗」という変革の手段が女性の地位や権利に関する問題を調整し，そしてジェンダーに関連した変革のプロセスが呼び起こされたと説明する。この研究は家父長制を重んじるイスラエルにおいて男性中心主義的な社会に抵抗することが男女平等を目指す社会に貢献したことを示している。このように CMS では前提とされるパワー関係を疑うだけではなく，パワー関係の相互作用のプロセスに着目することもある。

　これらの研究は，研究者自らが自身の研究を CMS とジェンダーの研究であることを認識し，その立場からの研究と分析を試みているものである。批判的研究に共有して見られる特徴として Dodge et al.（2021: 5）は，批判的研究には① 既成の前提を覆す洞察を行うこと，② ある現象に対する基本的な理解を変更し，その分野における知識の生産に貢献することという 2 つの目的が共有されることを指摘している。この指摘からも理解されるように，そして本論で検討した研究を概観すると，批判的な立場をとる研究は，既存のシステムや取り扱いそのものを疑うだけではなく，その前提となる知識やパワーの（再）生産のプロセスやその影響を問うことに関する一連の取り組みであることも理解できる。

　特にジェンダーを取り扱う領域における批判的な取り組みとしては，ジェンダーに関する分離や不平等の秩序がどのように構築されていくのかという点に焦点が当てられる。つまり，ジェンダーに関して当然と捉えられる男性らしさや男性が組織に求められる「よい」規範であるのかという点を疑い，問うことに研究の起点がある。特に家父長制やそれを前提とした社会，パワー関係を問題視する傾向が強く，この点とフェミニズムの視座を重ね合わせるのであれば，家父長制にジェンダーの根源を持つと捉えて男性中心社会からの解放を重要視するラディカル・フェミニズムの視座（Mumby 2019）と一部分共有される点もあると考えられる。

　こうした議論にはディスコースやコンテクストに着目した議論が行われる傾向にある。これまでにも，ジェンダーとディスコース，組織の三者の関係性が複雑に議論されてきたが（Ashcraft 2004: 訳 435），このような議論では，「ジェンダー的な自己（gendered selves）」や「組織形態」がディスコースの中でどのように形成されて定着し，時には壊され，変化するのかといった点が強要される特徴がある。高橋（2019: 238）のことばを借りると，「批判理論は，道具的理性に

支配され，社会の再生産に奉仕するのみの伝統的理論に対し，理論が社会的経済的過程に属することを自己認識しつつ，理性を批判的に実現しようとする」取り組みなのである。したがって知識は客観的に独立したものとして取り扱われるのではなく，人々の対話や関係性の中からもたらされるものとして取り扱われる。近年の組織研究において，言語や実践，共同体への注目される潮流には，このCMSによる影響が大きい（高橋 2019）。また近年では，物質性への転換に言及する研究も存在し（Ashcraft 2018；Fotaki et al. 2014），更なる議論の深まりを見せる。

このような批判的な研究において生み出されるジェンダーに関する知識は，主に白人，異性愛者，専門家，西洋人の男女の経験や視点，興味関心を普遍化する傾向がある（Ashcraft 2009: 14）。したがって問題となるジェンダーは男性か女性か，あるいは女性の抑圧や不平等であった。これはジェンダー研究全体への指摘とも捉えられるが，近年ではOzturk（2011）の研究ように，ジェンダー・アイデンティティをからめた研究が行われ，ジェンダーということばが内包する意味が多様化しつつある。

ジェンダー概念の多様化に加えてAshcraft（2009）は，ジェンダーの知識から人種を取り残していることを問題視し，インターセクショナリティの概念を採用することの重要性を示唆している。人種を検討する必要性については，組織のジェンダー化を問題提起したAcker（1990: 154）において，組織がジェンダー化するのと同様に，人種化（raced）しているという指摘を用いながら主張されるものである。さらにAshcraft（2009）は，有給の公的な仕事と，家事労働のような無給で愛情による労働（labor of love）の区分について，有色人種や経済的に恵まれない女性が白人の恵まれた家庭のために後者の労働を担ってきたかを無視していることを挙げ，既存のジェンダーにまつわる不平等の議論から，人種や貧困などが抜け落ち，公的な場と私的な場という二項対立的な分析フレームに異議を唱える（Ashcraft 2009）。もちろんジェンダーをアカデミックな取り組みとして議論することは重要であるが，これらの主張は，ジェンダーだけに議論の視点を集中することによって議論からこぼれ落ちる別の誰かがいることや，意図せずに抛り出されるカテゴリーがあることを念頭に議論を行う必要があることを示唆するものと解釈できる。

加えてAshcraft（2009）は，マネジメント研究におけるクワイアリング

（queering）の必要性を主張する。これは，既存の組織研究が暗黙的に男性や男性らしさに紐づけられるものであったこと（Burrell & Hearn 1989）に疑問を持つだけではなく，その根本に男性／女性というジェンダーの二元論的なジェンダー・ディスコースがあることを問題視するためである。異性愛規範に挑戦する方法として用いられるクワイアリングがマネジメント研究に援用されることにより，男性や女性，あるいは男性的／女性的といったことばの使用がどのように，いつ，そしてそれが生み出す逆効果などを検討することができると主張する（Ashcraft 2009）。どの「ジェンダー」を議論の射程に入れるのかという課題は我々研究者個々人に求められるが，いずれにせよ，その前提や目の前の当たり前，それを構成するパワー関係を問うことがCMSには欠かせない「目」であることは確かである。

むすびにかえて

　CMSのアプローチによりジェンダーにまつわる諸問題を取り扱うことや分析することは非常に有意義な取り組みである。これは，効率性や生産性の達成，パフォーマンスなどに着目する伝統的な経営学とは一線を画すアプローチであると理解されるためである。CMSに依拠した研究であることを標榜したジェンダーと組織の研究は限定的であり（Ashcraft 2009），今後の研究蓄積が求められる分野である。特にジェンダーをテーマとする場合，当たり前の取り扱いを問うだけではなく，家父長制などの不均衡の前提となるパワー関係が議論の重要な鍵となる。

　清宮・ウィルモット（2020: 162）では，CMSの取り組みとして，ジェンダーに関する問題をアイデンティティやアイデンティティ・ワークなどの概念によるアプローチを用いることにより，ジェンダーに関する不均衡な状況について，人事労務上の制度を議論する伝統的なジェンダーと組織の研究から一歩先の議論へと進めることができることを指摘している。日本の組織研究では，制度による平等を目指すリベラル・フェミニズムに立脚した研究が主流であるが，CMSのアプローチを取り入れることにより，ジェンダーに関する問題を異なる視点から議論することが可能となる。

　しかしこのようにCMS的な研究が求められ，研究のアプローチとして広がり

を見せるものの，CMS 研究やその示唆が実務や実践の場への貢献が議論されることは少なく，実際にこうした研究が何を達成しているのかという課題が指摘されている（Christensen et al. 2021；Spicer et al. 2009）。そこで，この点に貢献するコンストラクティブな方向性として，クリティカル・パフォーマティビティ（critical performativity，以下 CP）が注目される（Spicer et al. 2009, 2016）。Spicer et al.（2009）によると CP とは，「管理的なディスコースと実践への能動的かつ破壊的な介入」と定義されるが，これはアファーメーションやケア，プラグマティズム，潜在能力への関与，規範への態度によって達成されるものと考えられている（Spicer et al. 2009）。特にこの CP を実践する実務的な手法として，デザイン思考（design thinking）や規範を批判すること（norm critique）を組み合わせることにより複数の視点から課題を検討して解決策を導き出すことを可能にし，ジェンダーの平等や多様性に関する諸問題の解決と，それによって引き起こされる新たな課題や，誰かを救う一方でこぼれ落ちる声に対する貢献があると考えられている（Christensen et al. 2021）。しかし，こうした研究潮流は十分に紹介されないままとなっている（柳ら 2020）。こうした概念を取り入れ実践への貢献も視野に入れながら，当然化された常識を問うことが，組織とジェンダー研究の今後の議論や，組織の実践に対する貢献があるものと考える。

【注】

1）1996 年に刊行された『組織科学　特集 組織の中の女性』の編集後記の指摘に基づく。

2）Jackson（2016）は，これらの分野は異なる単語を用いいているが，実際に論じられる，あるいは講義として実施される場合には類似した内容であると論じている。

3）柳ら（2020）の指摘によると，ヨーロッパの中でも特にイングランドで中心的に盛んに議論された。

4）重要なアプローチであると認識される CMS であるが，Ashcraft（2018）は，このようなアプローチから研究を行う研究者の取り組みが実際の組織の変化につながることに限界があること（weaker capacity for changing）を問題視している。その上で，我々研究者は既に自分の身の回りの様々な差異を認識し，それがそれ以外の場所においても生じることを前提に研究を進めていくこのとの必要性主張している。

5）Fournier & Grey（2000）では，反成果主義（anti-performativity）ということばを用いている。

6）Mumby（1996: 263）における "a critique and interrogation of dominant western forms of rationality" の訳である。

7）Mumby（1996: 263）における "a rejection of representational views of language in favor of a view of language and discourse as constitutive of reality and experience" の訳である。

8）Mumby（1996: 263）における "a questioning of any claims to foundational, universal truth" の訳である。

9）Mumby（1996: 263）における "a decentering of the Western rational subject (traditionally conceived as the wellspring of knowledge) in favor of a subject who is fractured, discontinuous, and an effect of knowledge rather than its source" の訳である。

10）Mumby（1996: 263）における "a focus on power and domination" の訳である。

11）Mumby（1996: 263）における "a focus on difference and the "other," embodied in a concern for marginalized groups and a rescuing of the "erudite knowledge" (Foucault 1980) that they produce" の訳である。

12）Mumby（1996: 263）における "a critique of forms of knowledge rooted in binary oppositions" の訳である。

13）経営的な言説と実践への能動的かつ破壊的な介入と定義される。

14）Halsema & Halsema（2006）の指摘に基づく。

【参考文献】

Acker, J. (1990), "Hierarchies, Jobs, Bodies: A Theory of Gendered Organizations," *Gender & Society*, 4 (2), pp. 139-158.

Acker, J. (1992), "Gendering organizational theory," in A. J. Mills and P. Tancred (eds.), *Gendering Organizational Analysis*, SAGE Publications, pp. 248-260.

Alvesson, M., and H. Willmott (1992), "1 Critical Theory and Management Studies: A Introduction," in M. Alvesson, and H. Willmott (eds.), *Critical Management Studies*, Sage, pp. 1-20.

Alvesson, M., T. Bridgman, and H. Willmott (2009), "Introduction," in M. Alvesson, T. Bridgman, and H. Willmott (eds.), *The Oxford handbook of Critical Management Studies*, pp. 1-26. Oxford Handbooks Online, 10.1093/oxfordhb/9780199595686.013.0001

Ashcraft, K. L. (2004), "Gender, Discourse and Organization: Framing a Shifting Relationship," in D. Grant, C. Hardy, C. Oswick, and L. Putnam (eds.), *The Sage Handbook of Organizational Discourse*, Sage, pp. 275-298.（「第12章　ジェンダー，ディスコース，そして組織：転換する関係性のフレーミング」高橋正泰・清宮徹監訳『ハンドブック　組織ディスコース研究』同文舘出版，2012年，435-471頁。）

Ashcraft, K. L. (2009), "Gender and Diversity: Other Ways to "Make a Difference"," in M. ALvesson, T. Bridgman, and H. Willmott (eds.), *The Oxford Handbook of Critical Management Studies*, Oxford University Press.

Ashcraft, K. L. (2018), "Critical Complicity: The Feel of Difference at Work in Home and Field," *Management Learning*, 49 (5), pp. 613-623.

Ashcraft, K. L., and D. K. Mumby (2004), *Reworking Gender: A Feminist Communicology of Organization*, Sage Publications.

Baikovich, A., V. Wasserman, and T. Pfefferman (2021), "'Evolution from the Inside Out': Revisiting the Impact of (re) Productive Resistance among Ultra-orthodox Female Entrepreneurs," *Organization Studies*, pp. 1-25. Article 01708406211024574, https://doi.org/10.1177/0170840621102 4574

Burrell, G., and J. Hearn (1989), "1 *The sexuality of organization*," in J. Hearn, D. L. Sheppard, P. Tancred-Sheriff, and G. Burrell (eds.), *The Sexuality of Organization*, Sage, pp. 1-28.

Calás, M. B., and L. Smircich (1992), "Re-working Gender into Organizational Theorizing: Directions from Feminist Perspectives," in M. Reed and M. D. Hughes (eds.), *Rethinking Organization: New Directions in Organization Theory and Analysis*, Sage Publishing, pp. 227-253.

Calás, M. B., and L. Smircich (2006), "From the 'Woman's Point of View' Ten Years Later: Towards a Feminist Organization Studies," in S. R. Clegg, C. Hardy, T. B. Lawrence, and W. R. Nord (eds.), *The Sage Handbook of Organization Studies*, Sage Publishing, pp. 234-306.

Calás, M. B., L. Smircich, and E. Holvino (2014), "Theorizing gender-and-organization: Changing Times... Changing Theories?" in S. Kumra, R. Simpson, and R. J. Burke (eds.), *The Oxford*

Handbook of Gender in Organizations, Sage Publishing, pp. 17-52.

Christensen, J. F., R. Mahler, and S. Teilmann-Lock (2021), "GenderLAB: Norm-critical Design Thinking for Gender Equality and Diversity," *Organization*, 28 (6), pp. 1036-1048.

Dodge, J., A. M. Eikenberry, and T. M. Coule (2021), "Illustrating the Value of Critical Methodologies Through Third-sector Gender Studies: A Case for Pluralism," *Voluntas*, https://doi.org/10.1007/s11266-021-00425-8

Fotaki, M., B. D. Metcalfe, and N. Harding (2014), "Writing Materiality into Management and Organization Studies through and with Luce Irigaray," *Human Relations*, 67 (10), pp. 1239-1263.

Fournier, V., and C. Grey (2000), "At the Critical Moment: Conditions and Prospects for Critical Management Studies," *Human relations*, 53 (1), pp. 7-32.

Halsema, A., and L. Halsema (2006), "Jobs that Matter: Butler's "Performativity" in the Dutch Police Force," *Critical Perspectives on International Business*, 2 (3), pp. 230-243.

Kelleher, C. (2009), "Minority Stress and Health: Implications for Lesbian, Gay, Bisexual, Transgender, and Questioning (LGBTQ) Young People," *Counselling Psychology Quarterly*, 22 (4), pp. 373-379.

Lyotard, J. F. (1979), *La Condition Postmoderne*, Editions de Minuit.(小林康夫訳『ポストモダンの条件』水平社，1986 年。)

Mumby, D. K. (1996), "Feminism, Postmodernism, and Organizational Communication Studies: A Citical Reading," *Management Communication Quarterly*, 9 (3), pp. 259-295.

Mumby, D. K., and T. R. Kuhn (2019), *Organizational Communication: A Critical Introduction*, 2nd ed., Sage.

Ozturk, M. B. (2011), "Sexual Orientation Discrimination: Exploring the Experiences of Lesbian, Gay and Bisexual Employees in Turkey," *Human Relations*, 64 (8), pp. 1099-1118.

Robinson, V., and D. Richardson (2020), "Introduction," in V. Robinson, and D. Richardson (eds.), *Introducing Gender and Women's Studies*, 5th ed., Red Globe Press, pp. 1-7.

Spicer, A., M. Alvesson, and D. Kärreman (2009), "Critical Performativity: The Unfinished Business of Critical Management Studies," *Human Relations*, 62 (4), pp. 537-560.

Spicer, A., M. Alvesson, and D. Kärreman (2016), "Extending Critical Performativity," *Human Relations*, 69 (2), pp. 225-249.

Wilson, F. (1996), "Research Note: Organizational Theory: Blind and Deaf to Gender?" *Organization Studies*, 17 (5), pp. 825-842.

江原由美子 (1995),「ジェンダーと社会理論」井上俊・上野千鶴子・大沢真幸・見田宗介・吉見俊哉編『岩波講座　現代社会学 11　ジェンダーの社会学』岩波書店，29-60 頁。

清宮徹，H・ウィルモット (2020),「第 8 章　クリティカル・マネジメント研究と組織理論」高橋正泰・大月博司・清宮徹編著『経営組織論シリーズ 3　組織のメソドロジー』学文社，147-168 頁。

高橋正泰 (2019),「CMS と組織研究―グランド・セオリーの復権か―」『明治大学社会科学研究所紀要』57 (2),237-261 頁。

高橋正泰 (2020),「第 7 章　ポストモダニズムと組織理論」高橋正泰・大月博司・清宮徹編著『経営組織論シリーズ 3　組織のメソドロジー』学文社，130-146 頁。

武石恵美子 (2014),「女性の昇進意欲を高める職場の要因」『日本労働研究雑誌』648,33-47 頁。

中村暁子 (2020),「女性の垂直的キャリア形成に関する先行研究と今後の展開」『経営学研究論集（明治大学）』52,49-68 頁。

中村暁子・清宮徹 (in print),「ジェンダーと組織研究　フェミニスト組織理論によるフレーム化」『組織レビュー』白桃書房。

松永真理・日置弘一郎 (1996),「「組織の中の女性」を求めて（特集 "組織の中の女性"）」『組織科学』30 (2),4-13 頁。

松繁寿和・梅崎修（2003），「銀行業における女性従業員の管理職昇進—キャリアと家庭，二者択一の局面—」『日本労務学会誌』5（2），44-55頁。

安田宏樹（2019），「総合職女性の管理職希望に関する実証分析—均等法以後入社の総合職に着目して—」『経済分析（内閣府経済社会総合研究所）』181，23-45頁。

柳淳也・川村尚也・山田仁一郎（2020），「「クリティカルマネジメント研究」（"Critical Management Studies"）の系統的レビュー」『赤門マネジメント・レビュー』19（6），165-192頁。

第二部

組織におけるヒトの問題

第 6 章

新規参入者の組織社会化過程における 職場の社会的サポートと役割成果

竹内 倫和

はじめに——問題と目的——

　近年，新規参入者[1]の入社後の初期キャリア発達に関する研究の重要性が指摘されてきている（e.g., Jiang, An, Wang & Zheng 2021；Rubenstein, Kammeyer-Mueller & Thundiyil 2020；Takeuchi, Takeuchi & Jung 2021a；Vandenberghe, Panaccio, Bentein, Mignonac, Roussel & Ayed 2019；Zheng, Zheng, Wu, Yao & Wang 2021）。キャリア発達理論（Schein 1978）では，新規参入者が入社後に最初に直面するキャリア発達課題として，組織社会化（organizational socialization）を指摘している。つまり，新規参入者が組織社会化を円滑に果たすことによって，新規参入者は職業人としてのキャリア発達の第一歩を踏み出すことができるとともに，組織にとっても新規参入者の早期の戦力化を果たすことが可能になるといえる。

　組織社会化とは，「新規参入者が組織の外部者から内部者へと移行をしていく過程」と定義されている（Bauer, Bodner, Erdogan, Truxillo & Tucker 2007: 707）。新規参入者は，この組織社会化過程において組織の一員として必要な知識や態度を身につけ，円滑な組織への適応が求められるといえる。既存の組織社会化研究は，主に欧米を中心に研究蓄積がなされてきているが，大きく2つの視点に基づく検討が行われてきた。すなわち，(1)新規参入者の入社後の組織適応結果を促進する影響要因の探索，特定化を意図するプロセスアプローチと(2)組織社会化過程で新規参入者がどのような組織および職務に対する知識や態度を獲得，受容すべきか，という「組織社会化学習内容（learning content）」の検討を意図するコンテントアプローチである。これらの既存研究により新規参入者の組

織適応に関する多角的な検討が行われ，組織適応過程の解明に向けた一定の成果が挙げられてきた。しかしその一方で，以下に示すようないくつかの研究上の課題も指摘することができる。

　第1に，前者のプロセスアプローチの研究では，とりわけ組織適応結果の促進要因として，「個人」および「組織」の役割に焦点を当てた研究が数多く蓄積されている（e.g., Bauer et al. 2007；Saks, Uggerslev & Fassina 2007）。すなわち，個人要因では，新規参入者自らが組織適応に向けて自発的な行動を意味するプロアクティブ行動（e.g., Ashford & Black 1996；Wanberg & Kammeyer-Mueller 2000；Saks, Gruman & Cooper-Thomas 2011）やパーソナリティなどの個人差変数（Kammeyer-Mueller & Wanberg 2003；Kim, Hon & Crant 2009）が新規参入者の入社後の組織適応結果を促進する要因として明らかになっている。また，組織要因では，新規参入者の組織社会化を促進するための教育訓練施策である組織社会化戦術（e.g., Bauer et al. 2007；Lapointe, Vandenberghe & Boudrias 2014；Saks et al. 2007；Takeuchi & Takeuchi 2009），および現実的職務予告（realistic job previews）といった採用施策（e.g., Buckley, Fedor, Veres, Wiese & Carraher 1998；Wanous, Poland, Premack & Davis 1992）が入社後の新規参入者の組織適応結果を高めることが示されている。しかしながら，新規参入者の組織適応結果を促進する要因として，彼・彼女らが実際に仕事を行う場である「職場」要因については，個人要因や組織要因に比して議論の余地が大きく残されており，その役割を明らかにする必要性が指摘されている（e.g., Ashforth, Sluss & Harrison 2007a；Cooper-Thomas 2009；Gross, Debus, Liu, Wang & Kleinmann 2021；Rubenstein et al. 2020）。とりわけ，新規参入者の入社後の組織社会化は，真空状態で行われるのではなく，既存の組織メンバーとの関わりの中で進展していくと考えられる。したがって，既存研究でも着目されている新規参入者の上司サポート知覚と同僚サポート知覚を設定し（e.g., Jokisaari & Nurmi 2009；Takeuchi, Takeuchi & Jung 2021b），職場における上司や同僚からのサポートが新規参入者の入社後の組織適応結果にいかなる影響を及ぼすのかを検討することは既存の組織社会化研究への貢献に繋がると考えられる。

　第2に，コンテントアプローチでは，組織社会化過程で新規参入者が獲得すべき組織および職務に対する知識や態度を意味する組織社会化学習内容の検討を

行ってきている。しかしながら，既存研究の多くにおいて，コンテントアプローチとプロセスアプローチが個別に検討されているため，組織社会化学習内容がどのような要因によって高められるのかについて必ずしも十分な研究蓄積がなされておらず，組織社会化学習内容の規定要因を明らかにする必要性が指摘されている（e.g., Ashforth, Sluss & Saks 2007b）。そのような中，プロセスアプローチで指摘した組織要因である組織社会化戦術と組織社会化学習内容との関係は数少ないながらも検討がなされており（e.g., Ashforth et al. 2007b；Cooper-Thomas & Anderson 2002；Takeuchi & Takeuchi 2009），概して企業が組織社会化戦術をより制度的に実施することによって，新規参入者の組織社会化学習内容が促進することが報告されている。また，個人要因である新規参入者のプロアクティブ行動と組織社会化学習内容との関連についても数少ない検討があり，Ashforth et al.（2007b）において新規参入者がプロアクティブ行動をより積極的に行うことによって，社会化過程で学習することが必要な知識や態度が高まることが示されている。上記のとおり，限定的ながらも組織社会化戦術とプロアクティブ行動については，組織社会化学習内容との関連を示唆する知見があるが，職場要因である上司および同僚サポート知覚と組織社会化学習内容との関係性については検討がなされておらず，両者の関係を解明することは組織社会化研究の進展に対して一定の意義があると考えられる。

　第3に，入社後の新規参入者の組織適応結果（組織社会化結果）指標について，伝統的に既存研究の多くは，組織コミットメントや職務満足，転職意思などの組織や職務に対する態度変数を中心に設定し，検討がなされてきた（e.g., Cooper-Thomas & Anderson 2002；竹内 2009；竹内・高橋 2010）。新規参入者の組織適応結果の指標としてこれら従業員態度への影響を検討することは重要であるが，企業として新規参入者の早期の戦力化を考えた場合に，多様な役割を含む従業員パフォーマンスを組織適応結果指標に設定し検討することも意義があることと考えられる。実際に，既存研究において，自己の職務範囲を越えたパフォーマンス概念である組織市民行動や創造性などを組織社会化結果指標として設定し，検討が試みられつつある（e.g., Kammeyer-Mueller, Livingston & Liao 2011；Richard, Avery, Luksyte, Boncoeur & Spitzmueller 2019）。

　以上の組織社会化研究の課題を踏まえ，本研究では新規参入者に対して実施した定量的調査データを用いて，入社1年後の新規参入者の役割パフォーマンスに

対する職場の社会的サポート知覚（上司・同僚サポート知覚）および組織社会化学習内容の影響過程について実証的に検討することを目的とする。

第 1 節　先行研究のレビューと仮説の設定

1. 上司・同僚サポート知覚と組織社会化学習内容

　既存の研究では，職場の社会的サポートとして上司サポートの重要性が指摘されているが（e.g., Jokisaari & Nurmi 2009），実際には上司ばかりでなく同僚によるサポートも新規参入者の組織社会化に重要な役割を果たしていると考えられる（e.g., Cooper-Thomas 2009；Kammeyer-Mueller, Wanberg, Rubenstein & Song 2013；Louis, Posner & Powell 1983；竹内・竹内 2011）。そこで，本研究では上司サポート知覚と同僚サポート知覚の 2 種類を職場における社会的サポート概念として検討する。

　組織社会化学習内容とは，新規参入者が入社後組織に適応するにあたって獲得すべき態度や行動，知識の内容（content）を意味するものである。既存研究において，この学習内容の構成次元が検討されてきた（Chao, O'Leary-Kelly, Wolf, Klein & Gardner 1994；Haueter, Macan & Winter 2003；Takeuchi & Takeuchi 2009）。例えば，Haueter et al.（2003）では，既存研究（Chao et al. 1994）を踏まえ，新規参入者の組織社会化学習内容を 3 次元で把握しようと試みる尺度を開発している。すなわち，Haueter et al.（2003）は，Chao et al.（1994）が提唱する組織社会化学習内容の 6 次元（「歴史」，「言語」，「社内政治」，「人間」，「組織目標と価値観」，「熟達」）を適応すべき対象（組織（organization），職場集団（group），課業（task））ごとに再整理し，3 次元を提唱している。具体的に，「組織」次元は，組織の規範や価値観，目標，組織の沿革，社内政治の理解などを含むものである。「職場（集団）」次元は，所属部署固有の目標や方針に関する知識，職場の沿革，所属部署がどのように組織全体の目標に貢献しているのか，職場内での行動規範や職場内政治が含まれるものである。「課業」次元は，仕事の進め方や仕事上必要なスキルの習熟度合い，会社から期待されている職務成果の水準についての理解を含むものである。

　一方で，わが国を対象とする研究では，Takeuchi & Takeuchi（2009）が日本の新規参入者を対象に，Chao et al.（1994）の尺度を用いて因子分析を行い，組

織次元と課業次元の2次元で構成されている可能性を報告している。上記の通り，既存研究において組織社会化学習内容の構成次元についてのコンセンサスは必ずしも得られていないが，本研究では日本の新規参入者を対象に検討を行っているため，組織社会化学習内容として組織次元と課業次元の2次元をもとに議論を行っていく。

　この上司および同僚サポート知覚と組織社会化学習内容との関連については，情報源（sources of information）の観点から考えることができる。組織社会化過程で新規参入者は社会化に必要な情報を獲得することが求められるが，その情報源として，上司と同僚からの情報入手の可能性と重要性が指摘されている（e.g., Morrison 1993）。すなわち，社会化主体（socialization agent）として職場の上司と同僚は新規参入者にとって日常的に仕事上の接点があり，新規参入者に求められている役割や仕事のやり方，組織の価値観などの社会化に必要な組織および職務についての情報を日頃の社会的サポートを通じて提供している可能性がある。したがって，職場における社会的サポート知覚と新規参入者の組織社会化学習内容との関連についての以下の仮説が設定された。

仮説1：上司サポート知覚が組織社会化学習内容（組織次元と課業次元）に対して有意な正の影響を及ぼすだろう。

仮説2：同僚サポート知覚が組織社会化学習内容（組織次元と課業次元）に対して有意な正の影響を及ぼすだろう。

2．組織社会化学習内容と役割パフォーマンス

　従業員に求められる職務成果（パフォーマンス）として，今日多次元的な指標に基づく検討の必要性が指摘されている（e.g., Griffin, Neal & Parker 2007；Welbourne, Johnson & Erez 1998）。すなわち，自分の役割として割り当てられた職務上のパフォーマンスに加えて，自己の役割を越えた利他的な組織や職場集団に対する貢献行動も含めて従業員パフォーマンス指標として設定する必要性が指摘されている（e.g., Griffin et al. 2007）。Welbourne et al.（1998）の役割パフォーマンス（role-based performance）モデルでは，「職務」と「組織」，「職場集団」，「キャリア」，「変革」の5つの役割に基づくパフォーマンス概念が提唱されており，前者（自己の役割内の職務行動）が職務パフォーマンスに該当し，

後者（自己の役割を越えた組織や職場集団への貢献行動）が組織パフォーマンスと職場集団パフォーマンスに相当すると位置づけることができる。また，新規参入者の組織社会化を検討している本研究では，入社後のキャリア発達をパフォーマンス指標のひとつとして設定することも重要である。したがって，入社後の新規参入者の組織適応結果指標として，包括的な役割パフォーマンスに着目し，職務と組織，職場集団，キャリアパフォーマンスの4つの役割パフォーマンスを設定し，検討していくこととする。

　新規参入者の組織社会化学習内容の獲得度合いとその後の役割パフォーマンスとの関係では，組織社会化学習内容が高まることによって，パフォーマンスが高まると考えられる。なぜなら，新規参入者が組織に関連する必要な情報（組織社会化学習内容の組織次元）を獲得することによって，企業や職場集団がどのような行動を自分に求めているのかが明確になり，企業や職場集団の期待に沿った行動を新規参入者が取れるようになると考えられるからである。また，組織に関する情報を入手することは，組織内でのキャリア発達に関して具体的なイメージを形成することに効果的であると考えられ，キャリアパフォーマンスの促進に繋がる可能性も指摘することができる。

　そして，新規参入者が職務に関連する必要な情報（組織社会化学習内容の課業次元）を獲得することは，職務遂行に必要な知識やスキルを具体的に得ることになり，結果的に職務パフォーマンスの高さに繋がると考えられる。また，職務に対する知識の獲得は，目先の自己の担当職務ばかりでなく，組織全体および職場集団全体にとって必要な仕事についても配慮することができるようになると考えられる。さらに，個々の職務知識の獲得および職務経験の連鎖が個人のキャリア発達に繋がると考えられるため，新規参入者が職務に関連する必要な情報を得ることによって，キャリアパフォーマンスの向上に資すると推察される。

　上記の議論を踏まえ，組織社会化学習内容と役割パフォーマンスに関する以下の仮説が設定された。

仮説3：新規参入者の組織社会化学習内容の組織次元が役割パフォーマンス（職務パフォーマンス，組織パフォーマンス，職場集団パフォーマンス，キャリアパフォーマンス）に対して有意な正の影響を及ぼすだろう。

仮説4：新規参入者の組織社会化学習内容の課業次元が役割パフォーマンス（職

務パフォーマンス，組織パフォーマンス，職場集団パフォーマンス，キャリアパフォーマンス）に対して有意な正の影響を及ぼすだろう。

3．職場における社会的サポート知覚と組織社会化学習内容，役割パフォーマンスとの関係

　既存研究において，職場における社会的サポート知覚のひとつである上司サポート知覚が組織適応結果に対して直接的に影響を及ぼす可能性が報告されている（Jokisaari & Nurmi 2009）。しかし，本研究におけるこれまでの仮説1と2の議論より，上司および同僚サポート知覚が新規参入者の組織社会化学習内容を促進すると考えることができ，また仮説3と4の議論より，新規参入者の組織社会化学習内容が役割パフォーマンスを高めると推察することができる。これらの議論を統合すると，上司・同僚サポート知覚が，直接的に新規参入者の役割パフォーマンスに影響を及ぼすばかりでなく，それらサポートが新規参入者の組織社会化に必要な情報の獲得を通して，新規参入者の役割パフォーマンスを高めるという媒介過程の可能性を指摘することができる。

　それゆえ，組織社会化学習内容を媒介とする上司および同僚サポート知覚と役割パフォーマンスとの関係について，以下の仮説5・6が設定された。

仮説5：組織社会化学習内容（組織次元と課業次元）が上司サポート知覚と役割パフォーマンスとの関係を媒介しているだろう。
仮説6：組織社会化学習内容（組織次元と課業次元）が同僚サポート知覚と役割パフォーマンスとの関係を媒介しているだろう。

　以上の議論を踏まえ，本研究の分析枠組みを示すと図表6-1のとおりである。

図表6-1　本研究の分析枠組み

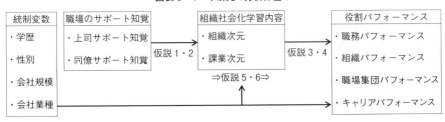

第2節　方　　法

1．調査対象・時期

　本研究では，日本企業の新卒採用者（新規学卒者）を対象とした以下の2回の縦断的調査が実施された。

　第1回目（Time 1，以下 T1）の調査では，4月に複数の調査対象企業に新規に採用された正規従業員を対象に集合一括調査を実施した。調査は，調査者が各企業に赴き，人事担当者から調査の了解を得た上で，被験者に調査趣旨を説明した。その上で，同意が得られた被験者に回答を依頼し，調査者が質問紙の回収を行った。結果的に全数の304名から有効な回答を得た。

　第2回目（Time 2，以下 T2）の調査は，T1調査から1年後の4月に郵送法により行われた。T2調査対象者は T1調査回答者の内，T2調査の協力が得られた207名である。T2調査の結果，171部（回収率：82.6%）を回収することができたが，T1調査と結合できないサンプルならびにすでに退職しているサンプルである34部を除いた137部（有効回収率：66.2%）を本研究の最終的な分析対象とした。

　T2調査に回答していない非回答（nonresponse）バイアスを検証するために，T2調査回答者（$n = 137$）と T2調査非回答者（$n = 167$）の間で年齢，学歴，性別，会社規模に統計的に有意な違いがあるのかの検討を行った。t検定の結果，2回目調査回答者と非回答者との間で年齢において有意な差が確認されなかった（$t = 1.523, p > .05$）。さらに，カイ二乗検定の結果，2回目調査回答者と非回答者で性別（$\chi^2 = 2.127, p > .05$），学歴（$\chi^2 = 7.624, p > .05$），会社規模（$\chi^2 = .101, p > .05$）における有意差が確認されなかった。これらの結果から，非回答バイアスの存在は低いといえる。

　最終的な分析対象となった回答者は，31社に勤務する新規学卒者（会社業種は，製造業が72.3%，非製造業が27.7%）で，属性（T1時点）として，平均年齢は19.9歳（$SD = 2.2$）であり，男女比では男性が61.3%であった。学歴構成比は，高校卒51.8%，専門学校卒14.6%，短期大学卒4.4%，大学卒（大学院修了含む）が29.2%であった。

2．測定尺度 [2)]

　以下の各変数に対する回答尺度は，各測定尺度の説明中に特段の記載がない場合，全て「1＝そう思わない」から「5＝そう思う」までの5段階評定を用いて測定している。

職場におけるサポート知覚　上司および同僚サポート知覚は，T2調査で設定され，Eisenberger, Armeli, Rexwinkel, Lynch & Rhoades (2001) による組織サポート知覚（perceived organizational support）を参考に，「組織」を「上司」，「同僚」に変更したそれぞれ4項目を用いた（それぞれ，αs＝.87, .88）。

　上記項目に対する確認的因子分析の結果，構成概念（上司サポート知覚と同僚サポート知覚）を形成する各項目が当該構成概念に因子寄与することを仮定した2因子モデルがデータとの高い適合性を有していることが明らかになった（IFI＝.95, TLI＝.92, CFI＝.95, SRMR＝.05）。したがって，以下の分析において職場でのサポート知覚として上司サポート知覚と同僚サポート知覚の2変数を設定し，検討を行っていく。

組織社会化学習内容　組織社会化学習内容の項目は，T2調査に設定され，Chao et al. (1994) の尺度を用いて「組織次元」と「課業次元」の項目を測定した。組織次元の項目について，Chao et al. (1994) における組織社会化学習内容の6下位次元の中で，Haueter et al. (2003) によって組織次元に該当すると考えられる下位次元（「歴史」と「社内政治」，「組織目標と価値観」）を構成する10項目を用いた。また，課業次元の項目について，同様に Chao et al. (1994) の下位次元の中で，Haueter et al. (2003) によって「課業次元」に該当すると考えられる下位次元（「熟達」と「言語」）を構成する8項目を用いた。

　これらの項目に対する確認的因子分析（2次高次因子分析）の結果，高次2因子モデル [3)] がデータとの高い適合性を有していることが明らかになった（IFI＝.90, TLI＝.87, CFI＝.90, SRMR＝.09）。また，信頼性係数は，組織次元がα＝.73，課業次元がα＝.85であり，尺度の妥当性および信頼性が確認された。

役割パフォーマンス　役割パフォーマンスに関する項目は，T2調査において設定され，Welbourne et al. (1998) を参考にした15項目である。具体的には，職務パフォーマンス4項目（α－.72），組織パフォーマンス3項目（α＝.75），集団パフォーマンス4項目（α＝.81），キャリアパフォーマンス4項目（α＝.84）である。なお，職務パフォーマンスの回答尺度のみ，「1＝平均より下」～「5＝

平均より上」の5段階評定を用いた。

　弁別妥当性を確認するために，本研究で役割パフォーマンスとして設定した4概念に対して各項目が因子寄与することを仮定した4因子モデルへの確認的因子分析を行った。その結果，4因子モデルとデータとの高い適合度が示され（IFI = .91, TLI = .89, CFI = .91, SRMR = .06），各概念の尺度構成化がなされた。

<u>統制変数</u>　学歴（1＝高校卒，2＝専門学校卒，3＝短期大学卒，4＝大学卒（大学院修了含む）），性別（「男性＝1」と「女性＝0」のダミー変数），会社規模（従業員数で「300人以上＝1」と「300人未満＝0」のダミー変数），会社業種（「製造業＝1」，「それ以外＝0」のダミー変数）を設定した。統制変数は，全てT1調査で設定された変数を用いた。

第3節　分析結果：仮説の検証

　本研究で用いられる全変数の記述統計と相関係数を示すと，図表6-2のとおりである。5段階評定によって被験者に回答を求めている各構成概念の平均値は，2.73（最小）から3.15（最大）の範囲内であり，床効果および天井効果はないと考えられる。また，相関係数についても極端に相関の高い概念間の関係性は確認されず，本研究で設定した分析枠組みをもとに仮説の検証を行っていくこととする。以下，仮説の検証結果を個別に検討していく。

　第1に，仮説1（「上司サポート知覚が組織社会化学習内容に対して有意な正の影響を及ぼすだろう」）と仮説2（「同僚サポート知覚が組織社会化学習内容に対して有意な正の影響を及ぼすだろう」）を検証するために，組織社会化学習内容の組織次元と課業次元を従属変数，統制変数と職場におけるサポート知覚（上司サポート知覚および同僚サポート知覚）を独立変数とする階層的重回帰分析を行った。

　その結果（図表6-3参照），上司サポート知覚の組織社会化学習内容の課業次元に対する有意な影響は確認することができなかったが，組織次元に対して有意な正の影響を及ぼしていることが明らかになった。さらに，同僚サポート知覚は，組織社会化学習内容の組織および課業次元の双方に対して有意な正の影響を及ぼしていることが示された。この結果は，上司からのサポートが高まることによって，新規参入者の組織に関する社会化学習内容が高まることを示すと同時

図表 6-2　本研究で用いられた全変数の記述統計と相関係数

変数	Mean	SD	1	2	3	4	5	6	7	8	9	10	11	12
1 学歴	2.11	1.32	1.00											
2 性別	.61	.49	.24**	1.00										
3 会社規模	.61	.49	-.19*	.23**	1.00									
4 会社業種	.72	.45	-.47***	-.22**	-.06	1.00								
5 上司サポート知覚	3.08	.72	.22*	.16†	.08	-.23**	1.00							
6 同僚サポート知覚	3.10	.67	.23**	-.09	-.07	-.25**	.31***	1.00						
7 組織次元（組織社会化学習内容）	2.89	.52	.20*	.08	.08	-.16†	.36***	.30***	1.00					
8 課業次元（組織社会化学習内容）	2.73	.67	-.16†	-.18*	.05	.04	-.03	.18*	.28**	1.00				
9 職務パフォーマンス	3.00	.63	-.08	-.07	.12	.18*	.13	.19*	.25**	.39***	1.00			
10 組織パフォーマンス	2.85	.74	.08	.00	.03	-.14	.42***	.39***	.49***	.33***	.42***	1.00		
11 職場集団パフォーマンス	3.15	.68	.02	-.01	.05	-.06	.29***	.38***	.38***	.26**	.47***	.71***	1.00	
12 キャリアパフォーマンス	2.82	.73	.12	.08	.19*	-.17*	.43***	.38***	.63***	.27**	.42***	.53***	.48***	1.00

N＝137

性別は、「0＝女性」、「1＝男性」のダミー変数、会社規模は、「0＝300人未満」、「1＝300人以上」のダミー変数、会社業種は、「0＝非製造業」、「1＝製造業」のダミー変数を用いている。

†$p < .10$, *$p < .05$, **$p < .01$, ***$p < .001$

図表6-3 職場でのサポート知覚が組織社会化学習内容次元に及ぼす影響（重回帰分析結果）

変　数	モデル1 組織社会化学習内容 組織次元			モデル2 組織社会化学習内容 課業次元		
	β	(SE)	p	β	(SE)	p
統制変数						
学歴	.12	(.04)		−.16	(.05)	
性別	.01	(.09)		−.13	(.13)	
会社規模	.09	(.09)		.07	(.12)	
会社業種	.02	(.11)		−.02	(.15)	
R^2_1	.03			.02		
職場でのサポート知覚						
上司サポート知覚	.27	(.06)	**	−.05	(.09)	
同僚サポート知覚	.20	(.07)	*	.23	(.09)	*
R^2_2	.15		***	.05		*
$\Delta R^2_{(1-2)}$	.12		***	.03		*

R^2_1, R^2_2 はそれぞれ第1ステップ，第2ステップでの調整済み決定係数を示す。
$\Delta R^2_{(1-2)}$ は，第1ステップから第2ステップへの調整済み決定係数の増分を示す。
$^*p < .05$, $^{**}p < .01$, $^{***}p < .001$

に，同僚からのサポートによって組織および仕事に関する社会化学習内容が高まることを意味するものである。この結果より，仮説1は部分的に支持され，仮説2は支持された。

　第2に，仮説3（「組織社会化学習内容の組織次元が役割パフォーマンスに対して有意な正の影響を及ぼすだろう」）と仮説4（「組織社会化学習内容の課業次元が役割パフォーマンスに対して有意な正の影響を及ぼすだろう」）を検証するために，役割パフォーマンスの各変数を従属変数，統制変数と職場のサポート知覚（上司サポート知覚・同僚サポート知覚），組織社会化学習内容の組織次元と課業次元を独立変数とする階層的重回帰分析を行った。

　その結果（図表6-4参照），組織社会化学習内容の組織次元は，組織パフォーマンスと職場集団パフォーマンス，キャリアパフォーマンスに対して有意な正の影響を及ぼしていることが明らかになった。しかしながら，職務パフォーマンスに対する組織社会化学習内容の組織次元が有意な影響力を及ぼしていることを確認することができなかった。また，組織社会化学習内容の課業次元は，職務

図表 6-4　職場におけるサポート知覚および組織社会化学習内容が役割パフォーマンスに及ぼす影響（重回帰分析結果）

変　数	モデル 1a 職務パフォーマンス β (SE) p	モデル 1b 職務パフォーマンス β (SE) p	モデル 2a 組織パフォーマンス β (SE) p	モデル 2b 組織パフォーマンス β (SE) p	モデル 3a 職場集団パフォーマンス β (SE) p	モデル 3b 職場集団パフォーマンス β (SE) p	モデル 4a キャリアパフォーマンス β (SE) p	モデル 4b キャリアパフォーマンス β (SE) p
統制変数								
学歴	.01 (.05)	.05 (.03)	-.07 (.05)	-.07 (.05)	-.09 (.05)	-.09 (.05)	.03 (.05)	-.01 (.04)
性別	-.05 (.12)	-.01 (.11)	-.02 (.13)	.00 (.12)	.01 (.12)	.02 (.12)	.00 (.12)	.01 (.10)
会社規模	.15 (.1) †	.12 (.11)	.01 (.12)	-.03 (.11)	.04 (.12)	.01 (.11)	.19 (.12) *	.14 (.10) *
会社業種	.27 (.1) **	.27 (.13) **	-.02 (.15)	-.02 (.13)	.03 (.14)	.03 (.14)	.00 (.14)	-.01 (.12)
R^2_1	.03	.03	-.01	-.01	-.02	-.02	.05 *	.05 *
独立変数：職場サポート知覚								
上司サポート知覚	.12 (.08)	.11 (.15)	.34 (.08) ***	.27 (.08) ***	.21 (.08) *	.15 (.08) †	.32 (.08) ***	.20 (.07) **
同僚サポート知覚	.22 (.09) *	.12 (.15)	.30 (.09) ***	.19 (.09) *	.34 (.09) ***	.27 (.09) **	.28 (.09) ***	.17 (.08) *
R^2_2	.09 **	.09 **	.22 ***	.22 ***	.15 ***	.15 ***	.25 ***	.25 ***
$\Delta R^2_{(1-2)}$	.06 **		.23 ***		.17 ***		.21 ***	
媒介変数：組織社会化学習内容								
組織次元		.10 (.08)		.29 (.11) ***		.22 (.12) *		.46 (.10) ***
課業次元		.34 (.08) ***		.21 (.08) **		.14 (.08)		.11 (.08)
R^2_3		.21 ***		.36 ***		.22 ***		.46 ***
$\Delta R^2_{(2-3)}$		.12 ***		.14 ***		.07 **		.21 ***

R^2_1, R^2_2, R^2_3 はそれぞれ第1ステップ、第2ステップ、第3ステップでの調整済み決定係数を示す。

$\Delta R^2_{(1-2)}$ 及び $\Delta R^2_{(2-3)}$ はそれぞれ、第2ステップおよび第3ステップにおける調整済み決定係数の前ステップからの増分を示す。

† p < .10, * p < .05, ** p < .01, *** p < .001

パフォーマンスと組織パフォーマンスに対して有意な正の影響を与えていることが示された。しかし，職場集団およびキャリアパフォーマンスに対する課業次元（組織社会化学習内容）の有意な影響力は確認されなかった。これらの結果から，仮説3と仮説4は部分的に支持されたといえる。

　第3に，仮説5（「組織社会化学習内容が上司サポート知覚と役割パフォーマンスとの関係を媒介しているだろう」）を検証するために，Baron & Kenny (1986) の手続きによる媒介効果の検討が行われた。Baron & Kenny (1986) では，独立変数と媒介変数，従属変数の関係において媒介効果が確認されるためには以下の4つの条件が満たされる必要性を指摘している。すなわち，(1)独立変数 (i.e., 上司サポート知覚) から媒介変数 (i.e., 組織社会化学習内容) への有意な直接効果，(2)媒介変数 (i.e., 組織社会化学習内容) から従属変数 (i.e., 役割パフォーマンス) への有意な直接効果，(3)独立変数 (i.e., 上司サポート知覚) から従属変数 (i.e., 役割パフォーマンス) への有意な直接効果が確認された上で，(4)上記(3)の重回帰モデルに媒介変数 (i.e., 組織社会化学習内容) を追加投入した時に，独立変数 (i.e., 上司サポート知覚) から従属変数 (i.e., 役割パフォーマンス) への有意な直接効果が非有意になる（完全媒介），あるいは有意な直接効果が弱まる（部分媒介）こと，の4条件である。

　上記の媒介効果の検証手続きに基づき検討した結果（図表6-3・図表6-4参照），①上司サポート知覚と組織パフォーマンスとの関係を組織社会化学習内容の組織次元が部分媒介，②上司サポート知覚と職場集団パフォーマンスとの関係を組織社会化学習内容の組織次元が完全媒介，③上司サポート知覚とキャリアパフォーマンスとの関係を組織社会化学習内容の組織次元が部分媒介していることが明らかになった。また，上記の媒介関係が示唆される3概念間の関係性において，有意な間接効果が確認されるのかについて，ブートストラップ法（サンプル数＝5000）を用いた間接効果検定を実施した。その結果（図表6-5参照），上記の媒介が示唆される関係性において，全て有意な間接効果があることが示された。これらの結果より，仮説5は部分的に支持されたといえる。

　最後に，仮説6（「組織社会化学習内容が同僚サポート知覚と役割パフォーマンスとの関係を媒介しているだろう」）を検証するために，仮説5の検証方法と同様の手続きによる検討を行った。その結果，①同僚サポート知覚と職務パフォーマンスとの関係を組織社会化学習内容の課業次元が完全媒介，②同僚サ

図表 6 - 5　間接効果分析結果（ブートストラップ法）

独立変数	媒介変数	従属変数	M	(SE)	95％信頼区間	
					下限	上限
上司サポート知覚	組織次元 （組織社会化学習内容）	組織パフォーマンス	.810	.039	.022	.180
上司サポート知覚	組織次元 （組織社会化学習内容）	職場集団パフォーマンス	.057	.033	.010	.146
上司サポート知覚	組織次元 （組織社会化学習内容）	キャリアパフォーマンス	.127	.052	.034	.242
同僚サポート知覚	課業次元 （組織社会化学習内容）	職務パフォーマンス	.073	.042	.006	.175
同僚サポート知覚	組織次元 （組織社会化学習内容）	組織パフォーマンス	.064	.039	.007	.163
同僚サポート知覚	課業次元 （組織社会化学習内容）	組織パフォーマンス	.051	.034	.003	.145
同僚サポート知覚	組織次元 （組織社会化学習内容）	職場集団パフォーマンス	.044	.029	.004	.129
同僚サポート知覚	組織次元 （組織社会化学習内容）	キャリアパフォーマンス	.100	.056	.004	.221

note: number of bootstrap resamples = 5000

ポート知覚と組織パフォーマンスとの関係を組織社会化学習内容の組織次元および課業次元が部分媒介，③ 同僚サポート知覚と職場集団パフォーマンスとの関係を組織社会化学習内容の組織次元が部分媒介，④ 同僚サポート知覚とキャリアパフォーマンスとの関係を組織社会化学習内容の組織次元が部分媒介していることが示された。また，上記の媒介関係が示唆される3概念間の関係性において，有意な間接効果が確認されるのかについて，ブートストラップ法（サンプル数＝5000）を用いた間接効果検定を実施した。その結果（図表6 - 5参照），上記の媒介が示唆される関係性において，間接効果が有意であることが明らかになった。これら一連の結果より，仮説6は部分的に支持された。

第4節　考　察

　本研究では，新規参入者の組織社会化過程において，職場における社会的サポート（上司・同僚サポート知覚）と組織社会化学習内容との関係性，およびそ

れら要因の役割パフォーマンスへの影響について独自の分析モデルを設定し，定量的検討を行ってきた。特筆すべきこととして，以下の諸点を指摘することができる。

　第1に，職場における上司・同僚サポート知覚が新規参入者の組織社会化学習内容を高めることを明らかにした点である。具体的には，上司サポート知覚が新規参入者の組織次元の組織社会化学習内容を高めることが示されるとともに，同僚サポート知覚が組織次元と課業次元双方の組織社会化学習内容を高めることが明らかになった。

　すでに述べたとおり，組織社会化研究のプロセスアプローチとコンテントアプローチは個別に検討がなされてきたため，両者を統合し，コンテントアプローチで検討されている組織社会化学習内容がいかなる要因によって高められるのかを明らかにする必要性が既存研究で指摘されている（e.g., Ashforth et al. 2007b）。とりわけ，組織社会化研究のプロセスアプローチにおいて新規参入者の組織適応結果を促進する要因として，その役割の解明が求められている「職場」要因については，組織社会化学習内容に対していかなる影響を及ぼすのかについての検討が既存研究で行われておらず，その経験的事実の蓄積が強く求められているといえる。そのような中，本研究において，上司サポート知覚および同僚サポート知覚によって新規参入者の組織社会化学習内容が高められることを明らかにした点は，組織社会化研究のプロセスアプローチとコンテントアプローチの統合化の議論に対して新たな知見を提供するものであり，既存研究に対する理論的貢献を示すといえよう。

　第2に，新規参入者の組織社会化学習内容が役割パフォーマンスに対して効果的な影響を及ぼすことが明らかになった点である。役割パフォーマンスの全ての次元への影響は確認されなかったが，組織社会化学習内容の組織次元は，組織パフォーマンスと職場集団パフォーマンス，キャリアパフォーマンスを促進することが示され，組織社会化学習内容の課業次元は職務パフォーマンスと組織パフォーマンスを高めることが明らかになった。この結果は大きく2つの含意を有すると考えられる。

　ひとつは，組織社会化学習内容が組織コミットメントや職務満足などの主として従業員態度を高めることが既存研究において示されてきたが（e.g., Chao et al. 1994；Takeuchi & Takeuchi 2009），本研究において職務や組織，職場集団，

キャリアなどの多様な役割パフォーマンスを高めることを明らかにしたことである。企業において新規参入者を含む従業員に対して，自己の職務範囲内の成果ばかりでなく，職務範囲を越えて組織や職場集団にとって効果的な影響を及ぼすために，多様な役割に対する積極的行動が求められている（e.g., Welbourne et al. 1998）。そのような中，組織社会化学習内容がそれら多様な役割パフォーマンスを高めることを明示化した点は，研究面ばかりでなく実践的な含意も有するといえる。

　もうひとつは，組織社会化学習内容と役割パフォーマンスとの関係において，組織パフォーマンスには組織社会化学習内容の組織次元と課業次元が共通して効果的な影響を及ぼす一方で，その他の役割パフォーマンスに対しては組織社会化学習内容の組織次元と課業次元でそれぞれ特異な影響を及ぼしていることが明らかになったことである。この結果から，新規参入者は組織社会化過程において，組織に関連する情報（組織社会化学習内容の組織次元）と職務に関連する情報（組織社会化学習内容の課業次元）のどちらか一方の獲得だけで十分ということでなく，双方をバランスよく学習し，高めていくことが，新規参入者のパフォーマンス発揮には必要であることを示唆するものである。

　第3に，上司・同僚サポート知覚と組織社会化学習内容，役割パフォーマンスの3概念間の関係性において，組織社会化学習内容が上司・同僚サポート知覚と役割パフォーマンスとの関係を介在する媒介要因であることを確認した点である。全ての次元間の関係性において確認されたわけではないが，上司および同僚サポート知覚と多くの役割パフォーマンス次元との関係性において組織社会化学習内容が媒介していることが示された。既存研究において，組織社会化過程における上司サポート知覚が新規参入者の組織適応結果に対して直接的に影響を及ぼす可能性が示されている（Jokisaari & Nurmi 2009）。そのような中，本研究において上司サポート知覚および同僚サポート知覚が組織社会化に必要な組織と職務の情報の獲得を通じて，本研究で設定した組織適応結果（i.e., 役割パフォーマンス）に影響を及ぼすことを確認した。この結果は，新規参入者の組織適応結果に対して職場における社会的サポートがどのようなメカニズムで効果的な影響を及ぼすのかについての一端を解明したという意味において既存研究への貢献を果たすものといえる。しかしながら，本研究では上司および同僚サポート知覚と組織適応結果との関係における組織社会化学習内容の役割が「完全」媒介ばかりで

なく，「部分」媒介も混在する結果であったため，上司・同僚サポート知覚が組織適応結果に及ぼす直接的影響も否定することができない。したがって今後，上司および同僚サポート知覚と新規参入者の組織適応結果との関係について，組織社会化学習内容以外の媒介変数も設定して媒介過程を慎重に検討することも必要であろう。

　以上，本研究結果より指摘することができる理論的および実務的貢献について述べてきたが，本研究はいくつかの限界も有している。最後に研究の限界を以下に述べ，終わりにしたい。第1に，本研究では職場要因として上司サポート知覚と同僚サポート知覚を設定し，検討を行ってきたが，そこでは上司および同僚からのサポートの多寡といった量的な側面に焦点を当てた検討であった。すなわち，上司や同僚からのサポートがより行われることによって，組織社会化学習内容および（組織社会学習内容を介して）役割パフォーマンスが高まることが示唆された。しかし，上司や同僚からのいかなるサポートが新規参入者の組織社会化学習内容および組織適応結果に影響を及ぼすのかという，質的な側面に踏み込んだ上司・同僚サポートの効果を検討することも，より詳細な解明には今後必要である。

　第2に，調査方法論上の問題点を挙げることができる。本研究で用いたデータは新規参入者に対して2回実施した縦断的調査に基づくものであるが，サンプル数が限定的である。また，概念間の関係性を検討した変数の多くは，2回目の調査に設定されており，自己評定による回答であるため，共通方法バイアス（common method bias）の問題（e.g., Podsakoff, MacKenzie, Lee & Podsakoff 2003）に対して必ずしも十分に対応できていない可能性を指摘することができる。したがって，今後新規参入者およびその直属上司等に対して大規模な縦断的調査を実施し，本研究で見出された概念間の関係性が再度確認されるかについての検討が求められる。

【注】

　1）新規参入者は，組織に新しく入ってくる従業員の総称を意味し，本来新規学卒就職者と中途採用者を包括する用語である。しかしながら，本研究では新規学卒就職者を対象に定量調査を実施しており，前者の新規学卒就職者に限定して新規参入者という用語を用いることとする。

　2）各測定尺度の具体的な項目例は，以下のとおりである。上司・同僚サポート知覚：「【上司・同僚】は，私個人の目標や価値観を色々と考慮してくれている」，「【上司・同僚】は，私の個人的な幸福について本当に気にかけてくれる」など。組織社会化学習内容：「私は会社の目標を理解している」（組織次元），「私は仕事上の言葉や専門用語の特別な意味について理解している」（課業次元）など。役

割パフォーマンス：「仕事の量」（職務パフォーマンス），「会社全体の利益を考え仕事をすることがで
きる」（組織パフォーマンス），「チームや職場集団の中での役割を認識し仕事をしている」（職場集団
パフォーマンス），「自身のキャリア目標を明確に持っている」（キャリアパフォーマンス）など。
3）この因子モデルは，各項目が当該下位構成概念（「歴史」，「社内政治」，「組織目標と価値観」，「熟
達」，「言語」）に因子寄与し，さらに各下位構成概念が当該各構成概念（「組織次元」，「課業次元」）
に因子寄与することを仮定したモデルのことを意味する。

【引用文献】

Ashford, S. J., and J. S. Black (1996), "Proactivity during Organizational Entry: A Role of Desire for Control," *Journal of Applied Psychology*, 81, pp. 199–214.

Ashforth, B. E., D. M. Sluss, and S. H. Harrison (2007a), "Socialization in organizational contexts," in G. P. Hodgkinson, and J. K. Ford (eds.), *International Review of Industrial and Organizational Psychology*, New York: Wiley & Sons, pp. 1–70.

Ashforth, B. E., D. M. Sluss, and A. M. Saks (2007b), "Socialization Tactics, Proactive Behavior, and Newcomer Learning: Integrating Socialization Models," *Journal of Vocational Behavior*, 70, pp. 447–462.

Baron, R. M., and D. A. Kenny (1986), "The Moderator-mediator Variable Distinction in Social Psychological Research: Conceptual, Strategic, and Statistical Considerations," *Journal of Personality and Social Psychology*, 51, pp. 1173–1182.

Bauer, T. N., T. Bodner, B. Erdogan, D. M. Truxillo, and J. S. Tucker (2007), "Newcomer Adjustment during Organizational Socialization: A Meta-analytic Review of Antecedents, Outcomes, and Methods," *Journal of Applied Psychology*, 92, pp. 707–721.

Buckley, M. R., D. B. Fedor, J. G. Veres, D. S. Wiese, and S. M. Carraher (1998), "Investigating Newcomer Expectations and Job-related Outcomes," *Journal of Applied Psychology*, 83, pp. 452–461.

Chao, G. T., A. M. O'Leary-Kelly, S. Wolf, H. J. Klein, and P. D. Gardner (1994), "Organizational Socialization: Its Content and Consequences," *Journal of Applied Psychology*, 79, pp. 730–743.

Cooper-Thomas, H. (2009), "The Role of Newcomer-insider Relationships during Organizational Socialization," in R. L. Morrison, and S. L. Wright (eds.), *Friends and Enemies in Organizations: A Work Psychology Perspective*, Basingstoke, UK: Palgrave Macmillan, pp. 32–55.

Cooper-Thomas, H. D., and N. Anderson (2002), "Newcomer Adjustment: The Relationship between Organizational Socialization Tactics, Information Acquisition and Attitudes," *Journal of Occupational and Organizational Psychology*, 75, pp. 423–437.

Eisenberger, R., S. Armeli, B. Rexwinkel, P. D. Lynch, and L. Rhoades (2001), "Reciprocation of Perceived Organizational Support," *Journal of Applied Psychology*, 86, pp. 42–51.

Griffin, M. A., A. Neal, and S. K. Parker (2007), "A New Model of Work Role Performance: Positive Behavior in Uncertain and Interdependent Contexts," *Academy of Management Journal*, 50, pp. 327–347.

Gross, C., M. E. Debus, Y. Liu, M. Wang, and M. Kleinmann (2021), "I am Nice and Capable! How and When Newcomers' Self-presentation to Their Supervisors Affects Socialization Outcomes," *Journal of Applied Psychology*, 106, pp. 1067–1079.

Haueter, J. A., T. H. Macan, and J. Winter (2003), "Measurement of Newcomer Socialization: Construct Validation of a Multidimensional Scale," *Journal of Vocational Behavior*, 63, pp. 20–39.

Jiang, W., Y. An, L. Wang, and C. Zheng (2021), "Newcomers' Reaction to the Abusive Supervision toward Peers during Organizational Socialization," *Journal of Vocational Behavior*, 128, 103586.

Jokisaari, M., & Nurmi, J. E. (2009), "Change in newcomers' supervisor support and socialization outcomes after organizational entry," *Academy of Management Journal*, 52, pp. 527-544.

Kammeyer-Mueller, J. D., Livingston, B. A., & Liao, H. (2011), "Perceived similarity, proactive adjustment, and organizational socialization," *Journal of Vocational Behavior*, 78, pp. 225-236.

Kammeyer-Mueller, J. D., and C. R. Wanberg (2003), "Unwrapping the Organizational Entry Process: Disentangling Multiple Antecedents and Their Pathways to Adjustment," *Journal of Applied Psychology*, 88, pp. 779-794.

Kammeyer-Mueller, J. D., C. R. Wanberg, A. Rubenstein, and Z. Song (2013), "Support, Undermining, and Newcomer Socialization: Fitting in during the First 90 Days," *Academy of Management Journal*, 56, pp. 1104-1124.

Kim, T. Y., A. H. Hon, and J. M. Crant (2009), "Proactive Personality, Employee Creativity, and Newcomer Outcomes: A Longitudinal Study," *Journal of Business and Psychology*, 24, pp. 93-103.

Lapointe, E., C. Vandenberghe, and J. Boudrias (2014), "Organizational Socialization Tactics and Newcomer Adjustment: The Mediating Role of Role Clarity and Affect-based Trust Relationships," *Journal of Occupational and Organizational Psychology*, 87, pp. 599-624.

Louis, M. R., B. Z. Posner, and G. N. Powell (1983), "The Availability and Helpfulness of Socialization Practices," *Personnel Psychology*, 36, pp. 857-866.

Morrison, E. W. (1993), "Newcomer Information Seeking: Exploring Types, Modes, Sources, and Outcomes," *Academy of Management Journal*, 36, pp. 557-589.

Podsakoff, P. M., N. P. Podsakoff, S. B. MacKenzie, and J. Y. Lee (2003), "Common Method Bias in Behavioral Research: A Critical Review of the Literature and Recommended Remedies," *Journal of Applied Psychology*, 88, pp. 879-903.

Richard, O. C., D. R. Avery, A. Luksyte, O. D. Boncoeur, and C. Spitzmueller (2019), "Improving Organizational Newcomers' Creative Job Performance through Creative Process Engagement: The Moderating Role of a Synergy Diversity Climate," *Personnel Psychology*, 72, pp. 421-444.

Rubenstein, A. L., J. D. Kammeyer-Mueller, and T. G. Thundiyil (2020), "The Comparative Effects of Supervisor Helping Motives on Newcomer Adjustment and Socialization Outcomes," *Journal of Applied Psychology*, 105, pp. 1466-1489.

Saks, A. M., J. A. Gruman, and H. Cooper-Thomas (2011), "The Neglected Role of Proactive Behavior and Outcomes in Newcomer Socialization," *Journal of Vocational Behavior*, 79, pp. 36-46.

Saks, A. M., K. L. Uggerslev, and N. E. Fassina (2007), "Socialization Tactics and Newcomer Adjustment: A Meta-analytic Review and Test of a Model," *Journal of Vocational Behavior*, 70, pp. 413-446.

Schein, E. H. (1978), *Career Dynamics: Matching Individual and Organizational Needs*, Reading, MA: Addison-Wesley.(二村敏子・三善勝代訳『キャリア・ダイナミクス』白桃書房, 1991年。)

Takeuchi, N., and T. Takeuchi (2009), "A Longitudinal Investigation on the Factors Affecting Newcomers' Adjustment: Evidence from Japanese Organizations," *International Journal of Human Resource Management*, 20, pp. 928-952.

Takeuchi, N., T. Takeuchi, and Y. Jung (2021a), "Making a Successful Transition to Work: A Fresh Look at Organizational Support for Young Newcomers from an Individual-driven Career Adjustment Perspective," *Journal of Vocational Behavior*, 128, 103587.

Takeuchi, T., N. Takeuchi, and Y. Jung (2021b), "Toward a Process Model of Newcomer Socialization: Integrating Pre- and Post-entry Factors for Newcomer Adjustment," *Human Resource Development Quarterly*, 32, pp. 391-418.

Vandenberghe, C., A. Panaccio, K. Bentein, K. Mignonac, P. Roussel, and A. K. B. Ayed (2019), "Time-based Differences in the Effects of Positive and Negative Affectivity on Perceived

Supervisor Support and Organizational Commitment among Newcomers," *Journal of Organizational Behavior*, 40, pp. 264-281.

Wanberg, C. R., and J. D. Kammeyer-Mueller (2000), "Predictors and Outcomes of Proactivity in the Socialization Process," *Journal of Applied Psychology*, 85, pp. 373-385.

Wanous, J. P., T. D. Poland, S. L. Premack, and K. S. Davis (1992), "The Effects of Met Expectations on Newcomer Attitudes and Behaviors: A Review and Meta-analysis," *Journal of Applied Psychology*, 77, pp. 288-297.

Welbourne, T. M., D. E. Johnson, and A. Erez (1998), "The Role-based Performance Scale: Validity Analysis of a Theory-based Measure," *Academy of Management Journal*, 41, pp. 540-555.

Zheng, Y., X. Zheng, C. H. Wu, X. Yao, and Y. Wang (2021), "Newcomers' Relationship-building Behavior, Mentor Information Sharing and Newcomer Adjustment: The Moderating Effects of Perceived Mentor and Newcomer Deep Similarity," *Journal of Vocational Behavior*, 125, 103519.

竹内倫和（2009），「新規学卒就職者の個人―環境適合が組織適応に及ぼす影響：個人―組織適合と個人―職業適合の観点から」『産業・組織心理学研究』22，97-114 頁。

竹内倫和・髙橋正泰（2010），「新卒採用者の入社前の職務探索行動と組織社会化に関する縦断的研究：職業的アイデンティティの役割」『Informatics』3，47-58 頁。

竹内倫和・竹内規彦（2011），「新規参入者の組織社会化過程における上司・同僚との社会的交換関係の役割：縦断的調査データによる分析」『組織科学』44，132-145 頁。

第 7 章

日本における自律型キャリア意識の現状

鄭　有希

はじめに

　近年，変化と競争の激しい経営環境に適応するために多くの企業では，組織の制度や施策の変革が行われてきた。このような企業の変革は，従業員のキャリアに影響を及ぼす人的資源管理諸施策の変化を伴う。特に，これまで新卒一括採用，年功賃金に基づく長期雇用，徹底した社員教育などが特徴であった日本企業においても，採用時期の柔軟化（中途採用，第二新卒採用，夏・秋採用など），雇用形態の多様化（契約社員，嘱託社員，派遣社員，請負社員など），雇用期間の短期化などの変化が見られている。このような組織の変化とともに，個人のキャリアに対する意識の変化も議論されている（e.g., Arthur, Khapova & Wilderom 2005；Briscoe & Hall 2006）。一時期よく聞かれたトヨタマンやソニーマンなど，いわゆる組織人としてひとつの企業内での昇進や昇給によるキャリア成長を追及する組織内における縦断的キャリア志向から，より会社と独立した関係をもつ職業人として，多様な職務経験やスキルの向上などを追及する組織間の横断的キャリア志向へとキャリアに対する個々人の意識が変化しているといわれている。例えば，転職希望者約 8 万人を対象とした転職理由の調査結果[1] によると，1 位となった「ほかにやりたい仕事がある」という仕事に関する理由は 2008 年以降右肩上がりに増加しているのに対して，「会社の将来性が不安」という組織に関する理由は右肩下がりに減少している。また，「専門知識・技術を習得したい」，「幅広い経験・知識を積みたい」というキャリア開発に関連する理由も 2008 年より 10 位以内に入っている。この調査結果が示しているのは，今まで組織に基づくキャリア開発を重視してきた個々人のキャリアに対する意識が，組織の境界を越えて自分の能力や可能性を広げることを重視するものへと変化して

いるという点である。

　Arthur, Claman & DeFillippi（1995）は，上記のようなキャリアに対する個々人の意識および価値観の変化を「新しいキャリア・パラダイム（new career paradigm）」と名付けた。特に，欧米を中心にプロティアン・キャリア（protean career, Hall 2004），バウンダレス・キャリア（boundaryless career, Arthur et al. 2005），カレイドスコープ・キャリア（kaleidoscope careers, Mainiero & Sullivan 2005）など，新しいキャリアに関する理論的概念が紹介され，個人主導の自律型キャリア志向性が個人のキャリアにおける意思決定や職場での態度や行動などに及ぼす影響について理論的実証的検討が活発に行われている。しかし，新しいキャリアの議論は欧米を中心として行われており，アジア地域における新しいキャリア志向が個人と組織に対してどのような影響を及ぼしているかについては未だ十分な研究が蓄積されていない（Hall, Yip & Doiron 2018）。

　そこで本章では，日本におけるキャリア観のパラダイムシフトの現状を新しいキャリアの代表的な概念である「プロティアン・キャリア」に対する日本の従業員の回答を手がかりに明らかにすることを目的とする。

第1節　プロティアン・キャリア

　Hall（1976）は個人と組織との間の心理的関係の変化に着目し，新しい心理的契約として，プロティアン・キャリア（protean career）を提唱した。本来，プロティアンは，ギリシャ神話で姿を変幻自在に変える海神であるプロテウスの名前から名付けられたものである。すなわち，プロティアン・キャリアとは，「変幻自在のキャリア」として，個人が環境に適応しながら変化を遂げていくことが重視される（Hall 2002）。図表7−1のプロティアン・キャリアと伝統的キャリアとの対比からもわかるように，プロティアン・キャリアは，組織によってではなく個人によって形成されるものであり，キャリアを管理するその人の価値観に見合うようにその都度方向転換されるものである。プロティアン・キャリアは，客観的側面が強調されている伝統的キャリアとは異なり，仕事に対する心理的満足感や専門的コミットメントなどの主観的側面がより重視されている。

　プロティアン・キャリアの概念が提唱されて以来，欧米を中心に数多くの理論的・実証的研究が行われてきた。実際，Google Scholar で「プロティアン・キャ

図表 7-1　伝統的キャリアと新しいキャリア

	伝統的キャリア	新しいキャリア (プロティアン・キャリア)
キャリアの主体	組織	個人
コアとなる価値観	昇格	自由・成長
組織間移動	低い	高い
キャリア成功指標	客観的 (高い職位・給与)	主観的 (キャリアに対する満足感)
重要な態度指標	組織へのコミットメント	職務満足 専門分野に対するコミットメント

出所：Hall (2004) p.4 をもとに筆者加筆修正。

図表 7-2　プロティアン・キャリア・メカニズム

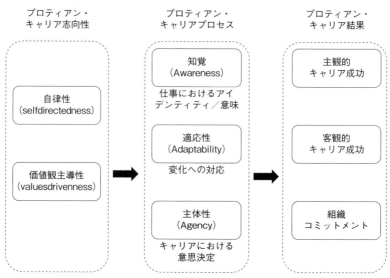

出所：Hall et al. (2018) p.134 をもとに筆者加筆修正。

リア」をキーワード検索すると，1996 年以降に発表された学術論文が 27,900 件
ヒットする。このようなプロティアン・キャリアに関する膨大な理論的・実証的
研究の蓄積を総括して，Hall et al. (2018) はプロティアン・キャリア・メカニ
ズムの包括的なフレームワークを提示した（図表 7-2 を参照）。この図表 7-2
で示すように，プロティアン・キャリア・メカニズムは，「プロティアン・キャ

リア志向性」，「プロティアン・キャリアのプロセス」そして「プロティアン・キャリア結果」から構成されおり，プロティアン・キャリア志向性が個人のキャリアと組織に及ぼす影響のプロセスを説明している。以下では，プロティアン・キャリア・メカニズムについて詳しく説明する。

1．プロティアン・キャリア志向性

　個人主導のキャリア観は，プロティアン・キャリア志向（protean career orientation）と呼ばれ，キャリアにおける「自律性（self-directed orientation）」と「価値観主導性（values-driven orientation）」の2つの側面が含まれる（Briscoe & Hall 2006）。自律性とは，外部からのコントロールや影響から個人が独立していることを指す。具体的には，自分のキャリアに関する意思決定や行動に責任を持ち，個人的な主体性を発揮することを表す態度及びキャリア上の課題や学習の要求に対し個人が適応する能力として定義される（Briscoe, Hall & DeMuth 2006; Segers, Inceoglu, Vloeberghs, Bartram & Henderickxet 2008）。価値観主導性は，人の内在的な価値観がキャリアの意思決定の指針となるものとして定義される（Briscoe & Hall 2006）。つまり，価値観主導性の高い人は，キャリアの指針と成功を自己の内的な価値観（自由，成長，仕事の意味など）に求める傾向が強く，給与や昇進がキャリアの成功の基準であった伝統的キャリアとは大きく異なる（Briscoe et al. 2006; Segers et al. 2008）。

　以下では，自律性と価値観主導性という2つの側面を持つプロティアン・キャリア志向性が，プロティアン・キャリアの3つのプロセス（知覚・適応性・主体性）を通じて，個人と組織にどのように影響を及ぼすかについて検討する。

2．プロティアン・キャリアのプロセス

　プロティアン・キャリア志向性と個人・組織成果との関係を説明するプロティアン・キャリアのプロセス（protean career process）は，「知覚（awareness）」，「適応性（adaptability）」，そして「主体性（agency）」に分類される。この3つのプロセスはそれぞれ，プロティアン・キャリア志向性が個人を動機づけ，キャリア行動につながる道筋を表している（Hall et al. 2018）。

　まず，仕事におけるアイデンティティや仕事の意味を知覚するプロセスは，不確実でダイナミックに変化する環境の中で，個人が自律的にキャリアを導き，開

発するために必要な「メタ・コンピテンシー（meta-competency）」もしくは「内的コンパス（internal compass）」として捉えられている（Hall 1996）。キャリアをマネジメントすることは本質的に，仕事を通じて自己概念を表現するプロセスであるため（Hall 2002；Super 1957），プロティアン・キャリア志向性の強い人，特にキャリア選択の指針となる個人の価値観が明確な人は，仕事においても明確に自己認識をしていることが考えられる（Briscoe & Hall 2006）。例えば，Herrmann, Hirschi & Baruch（2015）の研究では，アイデンティティ知覚を表す中核的自己評価（core-self evaluation）は，プロティアン・キャリア志向と正の相関であることが明らかとなり，プロティアン・キャリア志向性が「知覚プロセス」（i.e., 仕事における自己認識の向上）を通して，個人のキャリア成果だけではなく組織に対するコミットメントまで高めることが示唆された。

　次に，適応性は「環境の変化に応じて効果的に変化し，関連する障害に対処するために必要な行動をとる能力」と定義される（Hall et al. 2018: 139）。Hall & Mirvis（1995）では，プロティアン・キャリア志向性がキャリアの移行に不可欠な新しい環境や仕事への適応性（自律的学習など）と高い関連性を持つ可能性について議論されている。また，Fouad & Brynner（2008）は，VUCA（Volatility［変動性］，Uncertainty［不確実性］，Complexity［複雑性］，Ambiguity［曖昧性］）の水準が高い環境では，職業や労働市場の性質が変化するため，個人は常に自分の能力を見直し，再評価する必要があり，個人の適応性は重要なメタ・コンピテンシーであると主張した。実際，プロティアン・キャリア志向性は，複数のタイプのキャリア適応性と正の相関関係であることが実証的にも報告されている。具体的には，プロティアン・キャリア志向性は，キャリア変化への積極的な対処（Briscoe, Henagan, Burton & Murphy 2012）や，エンプロイアビリティ（De Vos & Soens 2008），積極的なジョブ・サーチ行動（Waters et al. 2014）に対して効果的であることが示唆された。

　キャリア目標を達成するためには，上述したキャリア・アイデンティティ知覚やキャリア適応性を持っているだけでは不十分である。つまり，キャリア目標を達成するためには，プロティアン・キャリア志向性（i.e., 自律性，価値観主導性）を，自身の最終的な価値を追求するための行動資源として十分に活用するための主体性が必要である（Hall et al. 2018）。「自分の行動によって意図的に物事を実現する能力」（Bandura 2001: 2）として定義される主体性は，積極的なキャ

リア行動やキャリアの自己管理，キャリア計画などで表現される。実際，先行研究では，プロティアン・キャリア志向性が積極性（Herrmann et al. 2015），キャリアの自己管理（De Vos & Soens 2008），キャリア計画（DiRenzo, Greenhaus & Weer 2015）と有意な正の相関関係であることが報告されており，このことからもプロティアン・キャリア志向性は主体性のプロティアン・キャリアのプロセスを通じてキャリア成功につながることが示唆される。

3．プロティアン・キャリア結果

　これまでのプロティアン・キャリア研究では，様々な個人および組織に関するプロティアン・キャリアの結果が検討されてきたが，それらは主観的および客観的キャリア成功と組織コミットメントという2つの大きなカテゴリーに分類される（Hall et al. 2018）。

　一般的にキャリア成功とは，「仕事の経験の結果として蓄積されたポジティブな心理的および仕事関連の成果」として定義される（Seibert & Kraimer 2001: 2）。キャリア成功は主観的キャリア成功と客観的キャリア成功に区別されるが，主観的キャリア成功とは，自分自身の目標や仕事に対する成功の心理的な経験を指す（Seibert & Kraimer 2001）。例えば幸福感やキャリア・仕事に対する満足感などが含まれる。主観的キャリア成功は，プロティアン・キャリア志向性によって予測されるが，価値観主導性よりも自律性の方がキャリア成功感に対してより効果的であることが示唆されている（Cerdin & Pargneux 2014；Enache, Sallan, Simo & Fernandez 2011；Kuron, Schweitzer, Lyons & Ng 2016）。　一方，客観的キャリア成功とは，給与，昇進，職位など，客観的に測定可能な成果を指す（Dries, Pepermans & Carlier 2008；Heslin 2005；Judge & Kammeyer-Mueller 2007）。主観的キャリア成功に比べて，プロティアン・キャリア研究では，客観的キャリア成功に注目することは比較的少ない。しかし，一部の研究では，プロティアン・キャリア志向性（特に，自律性）が，給与（Volmer & Spurk 2011）や職位（Briscoe, Hoobler & Byle 2010）と有意な正の相関関係であることが報告されている。

　近年，プロティアン・キャリア研究では，自身のキャリア関連の結果だけではなく，職場におけるプロティアン・キャリア志向性の影響について検討を始めている。例えば，プロティアン・キャリア志向性が情緒的組織コミットメン

ト（Fernandez & Enache 2008），転職意思（Supeli & Creed 2016），さらにタスク・パフォーマンス（Baruch 2014）を予測することが報告されている。本来，自律性と価値観主導性の側面を持つプロティアン・キャリアは，自己中心的で組織に対するコミットメントなどは持たないことが想定されてきたが，そのことは必ずしも組織目標に背いていることを意味するわけではない。特に，一部の研究では，プロティアン・キャリア志向性と組織コミットメントとの有意な正の相関が報告されており，内在的な価値観に焦点を当てた自己主導型の従業員は，より良い組織市民になる可能性があることが示唆されている（Hall et al. 2018）。

　以上のように，キャリア研究の分野では，理論的研究と実証的研究の両方が蓄積されており，プロティアン・キャリア志向性（i.e., 自律性，価値観主導性）がプロティアン・キャリアのプロセスを通じて個人や組織にどのような影響を与えるかについて理解が進んでいる。しかし，Hall et al. (2018) が示すように，プロティアン・キャリア研究（1996年から2018年まで公表されている査読付き研究論文）の75％は欧米地域に基づくもので，アジアの文脈から検討された研究論文は11％に過ぎないのが現状である。そこで本章では，Hall et al. (2018) で提示されたプロティアン・キャリア・メカニズムの包括的なフレームワークに着目し，日本における自律型キャリア志向の現状を実証的に検討する。

第2節　方　　法

1．サンプル

　本研究では，日本の民間企業（製造業）に勤務する従業員を対象にして筆者が実施した調査データに基づき分析を行う。具体的には，インターネット・リサーチ会社を通じて，製造業に分類される従業員100人以上の企業に勤務する20代から40代の正規社員に対し，ウェブ上で回答可能な質問票調査を実施し，931名（68.9％）の有効回答を得ることができた。

　サンプル特性に関して，まず年齢では20代（40.1％），30代（33.1％），40代（26.9％）の順で多く，男女比では男性（69.9％）が女性（30.1％）より多かった。学歴では，大卒の回答者（49.4％）が最も高く，以下大学院修了（修士・博士）（23.4％），高卒（15.4％），短大卒（11.8％）の順であった。平均勤続年数は10.3年（SD＝7.6）であり，職位では非管理職（79.6％）が管理職（20.4％）より多

かった。職種では，事務係（44.9％）に比べて，技術係（55.1％）の比率が若干高かった。企業規模では，従業員数300人以上1,000人未満の中堅企業（55.0％）が一番多く，以下従業員数10,000以上の大企業（27.8％），従業員数300人未満の中小企業（17.2％）の順であった。

2．測定尺度

　本研究で用いた尺度の原版はすべて海外で開発された英語版の尺度であったため，調査対象者の母国語である日本語に翻訳する必要があった。翻訳作業の過程ではSchaffer & Riordan（2000）の推奨にしたがい，逆翻訳法（back-translation method, Brislin 1980）に基づき日本語版を作成した。

　以下の測定尺度に含まれている各項目への回答は，全て「1＝全く当てはまらない」から「7＝非常に当てはまる」までの7段階評定によって求められた。

(1)　プロティアン・キャリア志向性

　Briscoe et al.（2006）によるプロティアン・キャリア志向性を測定する尺度を使用した。同尺度は，8項目からなる「自律性（self-directed orientation）」と6項目からなる「価値観主導性（values-driven orientation）」の2つのプロティアン・キャリア志向性の下位次元を提示するものである。具体的な質問項目は，図表7-3の通りである。

　プロティアン・キャリア志向性の自律性と価値観主導性との弁別妥当性の検討を行うため，確認的因子分析を行った。具体的には，自律性と価値観主導性が弁別されず，全ての項目がひとつの次元に収束していると考える「1因子モデル」と，Briscoe et al.（2006）の想定した2つのプロティアン・キャリア志向性（自律性，価値観主導性）がそれぞれ異なる次元を構成していると考える「2因子モデル」である。1因子モデルと2因子モデルの比較分析を行った結果，2つの構成概念が回答者に弁別されていることを示す2因子モデル（$\chi^2 = 605.16$, $df = 76$）の方が1因子モデル（$\chi^2 = 625.28$, $df = 77$）よりも有意に高いことが示された（$\Delta\chi^2 = 20.12$, $\Delta df = 1$, p<.001）。なお，信頼係数（α）を算出した結果，両変数ともに比較的高い内的整合性を示した（自律性：$\alpha = .82$, 価値主導性：$\alpha = .81$）。

図表7-3　プロティアン・キャリア志向性尺度の基礎統計量

	平均値	標準偏差
自律性		
1．会社からキャリア開発の機会が与えられなかった時は，自分自身でそれを捜し求めてきた。	4.05	1.11
2．私自身のキャリア上の成功や失敗は，自己の責任によるものだと思う。	4.78	1.11
3．概して私は，自律した，他人に依存しないキャリアを歩んできたと思う。	4.13	1.15
4．自分自身のキャリアの道筋を選ぶ自由というものを，自身の価値観の中で最も重要視している。	4.34	1.10
5．私は，自分自身のキャリアの責任者である。	4.80	1.36
6．最終的に，自分のキャリアを前進させるかどうかは自分次第である。	5.04	1.20
7．自身のキャリアのことに関して言えば，私はとても「自己中心的」だと思う。	4.16	1.23
8．過去に，新しい職（就職，転職）を探そうと考えたときに，他人よりも自分自身の考えを頼りにしてきた。	4.51	1.23
価値観主導性		
9．私は，会社のことよりも，私個人のことを優先して，自身のキャリアを考えるだろう。	4.48	1.16
10．私のキャリア上の選択について，他人がどのような評価をするかは，私には関係のないことだ。	4.28	1.15
11．私にとって最も重要なことは，他人が自分のキャリアについてどのように思うかではなく，私自身がどう思うかである。	4.75	1.12
12．もし自分の会社が，何か私の価値観に反するようなことをするよう求めてきたら，私は自分自身の良心に従って行動すると思う。	4.55	1.11
13．自身のキャリアについて，何が正しいかは，会社がどう考えるかよりも，私個人がどう考えるかが重要である。	4.71	1.09
14．私が同意しないようなことを会社がするよう求めた時，私は自分自身の価値観に沿って行動をした。	4.21	1.06

注：N＝931.

(2) 中核的自己評価

Judge, Erez, Bono & Thoresenet (2003) による中核的自己評価12項目を用いて測定した。項目例は，「私は，人生の中で自分にとってふさわしい成功を手に入れる自信がある」，「私は，今後自分の人生で起こる様々な出来事に対して決定することができる」などである。これら12項目の信頼性係数（α）は.84であった。

⑶　適応性

Griffin, Neal & Park（2007）による役割パフォーマンス尺度の「適応性」次元を採用して測定した。3項目からなる適応性の具体的な質問項目例は「私は，重要な業務（タスク）の変化に対して，うまく適応してきた」，「私は，重要な業務（タスク）の変化にうまく適応できるよう，新しい技術を身に付けてきた」などである。この適応性尺度の信頼係数（α）は.88であり，高い内的整合性を示していた。

⑷　キャリア自己管理

Sturges, Guest, Conway & Davey（2002）によるキャリア自己管理尺度を参考にした8項目を用いた。具体的な項目例として，「私のキャリアに影響を及ぼしうる人に自身の自己紹介をしたりする」，「たとえキャリア上のアドバイスがもらえなくても，いろんな人にアドバイスを求めてきた」などが含まれている。信頼係数（α）は.88であり，高い内的一貫性が確認された。

⑸　キャリア満足感

キャリア満足感は，Greenhaus, Parasuraman & Wormely（1990）が作成した5項目により測定した。項目例は，「私自身の昇進上の目標について，これまでの努力と進歩に満足している」，「私自身の全般についての，これまでの努力と進歩に満足している」などである。信頼係数（α）は.92であり，高い内的整合性を示していた。

⑹　情緒的組織コミットメント

Meyer, Allen & Smith（1993）による組織コミットメント尺度の「情緒的組織コミットメント」次元を採用して測定した。6項目からなる情緒的組織コミットメントの具体的な質問項目例は「私はこの会社に，愛情を感じていると思う」，「私は，自分の会社の一員なのだ，と強く感じることがある」などである。これら6項目の信頼性係数（α）は.90を示しており，高い内的一貫性が確認された。

⑺　コントロール変数

性別（1＝男性，2＝女性），年齢（1＝20代，2＝30代，3＝40代），学歴（1

＝高卒，2＝短大卒，3＝大卒，4＝大学院修了），職種（1＝事務係，2＝技術係），職位（1＝非管理職，2＝管理職），勤続年数（実数），会社規模（1＝従業員100〜299 人，2＝従業員 300〜9,999 人，3＝従業員 10,000 人以上）の 7 変数を設定した。本研究で用いた全変数の平均，標準偏差，及び相関は図表 7 - 4 に示す。

3．分析方法

　　第 1 ステップとして，日本のサンプルにおいて，プロティアン・キャリア志向性が，年齢，性別，職種，職位，勤続年数，企業規模などによりどのような差異があるかを検討する。平均の差の検討には，一元配置分析（ANOVA）ないしは t 検定を適用する。

　　第 2 ステップとして，Hall et al. (2018) で提示されたプロティアン・キャリア・メカニズムのフレームワークが日本の文脈に適応されるか否かについて検討を行う。具体的には，プロティアン・キャリア志向性（自律性，価値観主導性）とプロティアン・キャリア結果（キャリア満足感，組織コミットメント）における 3 つのプロティアン・キャリアのプロセス（中核的自己評価，適応性，キャリア自己管理）の媒介効果を検討するために，ブートストラップ法（リサンプリング数：5000）による媒介変数別の間接効果の有意性検定を行う。

第 3 節　結果と考察

1．個人属性とプロティアン・キャリア志向性

　　図表 7 - 4 の相関表から，一部の個人属性（学歴，勤続年数，職位）とプロティアン・キャリア志向性（自律性，価値観主導性）に有意な相関が見られた。まず，学歴における違いを検討した結果，学歴が高いほど自律性（$F(3, 927) = 4.25, p<.01$）と価値観主導性（$F(3, 927) = 4.58, p<.01$）が高いことが確認された。次に，職位におけるプロティアン・キャリア志向性については，自律性のスコアのみ，非管理職よりも管理職で統計的に有意に高いことが確認された（$t = -2.17, df = 929, p<.05$）。これらの結果は，Segers et al. (2008) の知見と一致し，高等教育と管理者としての実務経験が，キャリアにおける自律性を促進する可能性を示唆するものである。特に，プロティアン・キャリア志向性の開発の可能性について議論が続いている中（Hall et al. 2018），本研究の結果は，高等教育や管理

図表 7 - 4　各変数の基本統計量と相関関係

	Mean	SD	1	2	3	4	5	6	7	8	9	10	11	12	13
コントロール変数															
1 性別	1.30	.46													
2 年齢	1.87	.81	-.01												
3 学歴	2.81	.96	-.26***	-.22***											
4 職種	1.55	.50	-.36***	-.08*	.30***										
5 勤続年数	10.31	7.56	-.03	.76***	-.29***	-.07*									
6 職位	1.20	.40	-.21***	.48***	.09**	.00	.41***								
7 企業規模	1.39	.81	-.11***	.02	.16***	.15***	.10**	.07*							
プロティアン・キャリア志向性															
8 自律性	4.48	.79	.01	.03	.11***	.04	-.07*	.07*	.05						
9 価値観主導性	4.50	.79	.01	.05	.11***	.06	-.02	.05	.05	.77***					
プロティアン・キャリアのプロセス															
10 中核的自己評価	3.88	.69	-.03	.09**	-.03	-.07*	.07	.12***	.04	.17***	.09**				
11 適応性	4.53	.97	.07*	.11***	-.01	-.07*	.05	.12***	.05	.41***	.36***	.34***			
12 キャリア自己管理	3.58	.93	-.11***	-.09**	.06	-.01	-.13***	.08*	.04	.31***	.17***	.37***	.32***		
プロティアン・キャリア結果															
13 キャリア満足感	3.71	1.00	-.07*	-.04	.09**	.06	-.04	.07	.10**	.15**	.10**	.41***	.21***	.38***	
14 情緒的組織コミットメント	3.63	1.09	-.07*	.02	.06	.05	.08*	.09**	.12***	.02	-.07	.26***	.16***	.27***	.39***

注：N＝931

$*p<.05$; $**p<.01$; $***p<.001$.

職経験がプロティアン・キャリア志向性を高める可能性を示唆している点で注目に値する。興味深いことに，勤続年数については，ひとつの企業での勤続年数が長いほど，自律性が低くなることが確認された（図表 7 - 4）。すなわち，同じ組織に長く勤めるほど，自分のキャリアに対する自律性は低下し，その一方で，組織への依存度は高まることが伺える。

　一方，プロティアン・キャリア志向性に対する男女差（自律性：$t=-.30$, df $=929$, n.s., 価値観主導性：$t=-.24$, df $=929$, n.s.），年齢差（自律性：$F(2, 928)$ $=.47$, n.s., 価値観主導性：$F(2, 928)=2.08$, n.s.），職種差（自律性：$t=-1.10$, df $=799.7$, n.s., 価値観主導性：$t=-1.93$, df $=929$, n.s.）そして企業規模の差（自律性：$F(2, 928)=1.40$, n.s., 価値観主導性：$F(2, 928)=1.18$, n.s.）は確認されなかった。

2．プロティアン・キャリア・メカニズムのフレームワークの検討

　プロティアン・キャリア・メカニズムのフレームワークを検討するため，プロティアン・キャリア志向性の自律性と価値観主導性を説明変数，中核的自己評価・適応性・キャリア自己管理を媒介変数，キャリア満足感と情緒的組織コミットメントを目的変数とする媒介分析を行った（図表 7 - 5・図表 7 - 6）。媒介分析は説明変数から媒介変数，媒介変数から目的変数，説明変数から目的変数への各回帰係数を用いる Baron & Kenny（1986）の方法に基づき行われた。説明変数から媒介変数への回帰係数と媒介変数から目的変数への回帰係数の積によって間接効果を算出した。この際，プロティアン・キャリアのプロセスの 3 つの尺度を同時にモデルに組み込んだ。このモデルでは，他の媒介変数の効果を統制した個別の媒介変数による間接効果と，これらの和である媒介変数全体を介した間接効果が算出される（Hayes 2017）。本研究では性別，年齢，学歴，職種，職位，勤続年数，会社規模がキャリア満足感と情緒的組織コミットメントへの影響を統制した上で，プロティアン・キャリア志向性（自律性と価値観主導性）の各因子について，キャリア満足感と情緒的組織コミットメントへの直接効果と，中核的自己評価・適応性・キャリア自己管理に媒介された間接効果を算出した。間接効果の検定にはブートストラップ法による 95％信頼区間（CI）の推定を用い（リサンプリング数 $=5,000$），信頼区間が 0 を含まない場合には 5 ％水準で有意な間接効果があるものとした。

　まず，プロティアン・キャリア志向性の自律性（図表7-5）と価値観主導性（図表7-6）からは，3つのプロティアン・キャリアのプロセス（中核的自己評

図表7-5　「自律性」を説明変数としたプロティアン・キャリア・メカニズムのパス解析の結果

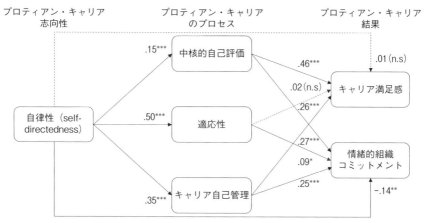

注：N＝931．すべての数値は，年齢，性別，学歴，勤続年数，職種，職位，企業規模をコントロールした後の非標準化パス係数を表す。
　　実線は非標準化係数が有意のパス，点線は非標準化係数が非有意のパスを示す。
　　$*p < .05; **p < .01; ***p < .001$

図表7-6　「価値観主導性」を説明変数としたプロティアン・キャリア・メカニズムのパス解析の結果

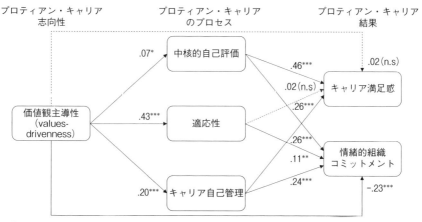

注：N＝931．すべての数値は，年齢，性別，学歴，勤続年数，職種，職位，企業規模をコントロールした後の非標準化パス係数を表す。
　　実線は非標準化係数が有意のパス，点線は非標準化係数が非有意のパスを示す。
　　$*p < .05; **p < .01; ***p < .001$

価，適応性，キャリア自己管理）すべてに有意な正の影響が見られ，中核的自己評価とキャリア自己管理からキャリア成功感に有意な正の効果が確認された。プロティアン・キャリアのプロセス全体を介した自律性（B=.17, 95% CI [.114, .225]）と価値観主導性（B=.09, 95% CI [.037, .153]）からキャリア成功感への間接効果は有意であり，個別の媒介変数では中核的自己評価とキャリア自己管理を介した間接効果が有意であった（図表 7-7）。間接効果の統制後，キャリア成功感に対する自律性（図表 7-5）と価値観主導性（図表 7-6）の直接効果は有意ではなかった。すなわち，プロティアン・キャリア志向性（自律性と価値観主導性）は，中核的自己評価とキャリア自己管理を通じてキャリア満足感を向上させることが伺える。

　次に，情緒的組織コミットメントに対しては，3 つのプロティアン・キャリアのプロセスいずれも有意な正の影響が確認された（図表 7-5・図表 7-6）。プロティアン・キャリアのプロセス全体を介した自律性（B=.17, 95% CI [.112, .239]）と価値観主導性（B=.12, 95% CI [.058, .178]）から情緒的組織コミットメントへの間接効果は有意であった（図表 7-7）。個別の媒介変数については，自律性の間接効果は中核的自己評価とキャリア自己管理を介して有意であり，価値観主導性の間接効果は中核的自己評価，適応性，キャリア自己管理のいずれを介しても有意であった（図表 7-7）。興味深い点として，自律性（図表 7-5）と価値観主導性（図表 7-6）から情緒的組織コミットメントへの直接効果は，間接効果を統制したうえでも有意であったが，両方とも負の効果が確認された（自律性：B=-.14, p<.01, 価値観主導性：B=-.23, p<.001）。すなわち，プロティアン・キャリア志向性は，中核的自己評価やキャリアの自己管理を通じて組織への情緒的コミットメントを高める可能性がある一方で，プロティアン・キャリアの強い自律性や価値観主導性は，組織へのコミットメントよりも，自分自身のキャリアへのコミットメントを高める可能性が伺える。

むすびにかえて

　本章は，これまで欧米の文脈で検証されてきた個人主導の自律型キャリア志向性（プロティアン・キャリア志向性）が東アジア地域においてどのように適応されているのかを把握することを目的に議論が展開された。具体的には，日本企業

図表7－7　キャリア満足感と組織コミットメントに対するプロティアン・キャリア志向性の間接効果

プロティアン・キャリア志向性（自律性） → プロティアン・キャリアのプロセス → プロティアン・キャリア結果	Estimate	Bias-corrected bootstrap 95% confidence	
		Lower bounds	Upper bounds
キャリア満足感に対する自律性の間接効果			
自律性→中核的自己評価（CSE）→キャリア満足感	.07	.036	.101
自律性→適応性（Adap）→キャリア満足感	.01	-.027	.055
自律性→キャリア自己管理（CSM）→キャリア満足感	.09	.057	.127
自律性→CSE/Adap/CSM→キャリア満足感	.17	.114	.225
情緒的組織コミットメントに対する自律性の間接効果			
自律性→中核的自己評価（CSE）→情緒的組織コミットメント	.04	.018	.068
自律性→適応性（Adap）→情緒的組織コミットメント	.04	-.004	.101
自律性→キャリア自己管理（CSM）→情緒的組織コミットメント	.09	.052	.128
自律性→CSE/Adap/CSM→情緒的組織コミットメント	.17	.112	.239
キャリア満足感に対する価値観主導性の間接効果			
価値観主導性→中核的自己評価（CSE）→キャリア満足感	.03	.003	.067
価値観主導性→適応性（Adap）→キャリア満足感	.01	-.025	.048
価値観主導性→キャリア自己管理（CSM）→キャリア満足感	.05	.023	.084
価値観主導性→CSE/Adap/CSM→キャリア満足感	.09	.037	.153
情緒的組織コミットメントに対する価値観主導性の間接効果			
価値観主導性→中核的自己評価（CSE）→情緒的組織コミットメント	.02	.001	.041
価値観主導性→適応性（Adap）→情緒的組織コミットメント	.05	.005	.100
価値観主導性→キャリア自己管理（CSM）→情緒的組織コミットメント	.05	.019	.080
価値観主導性→CSE/Adap/CSM→情緒的組織コミットメント	.12	.058	.178

注：N=931．ブートストラップ法によるリサンプリング数=5,000．
　　CSE（core self-evaluation），Adap（adaptibility），CSM（career self-management）はそれぞれ中核的自己評価，適応性，キャリア自己マネジメントを示す。

の従業員を対象に行った調査に基づき，(1)プロティアン・キャリア志向性に基本属性が与える効果，及び(2)プロティアン・キャリア志向性から結果に至るまでのプロティアン・キャリアのプロセスを検証した。本研究における結果の特筆すべき点は以下の3点である。

　第1に，本研究の結果よりプロティアン・キャリア志向性は，性別や年齢による影響をほとんど受けていないことが明らかとなった点である。この結果は日本

においても性別や年齢に関係なく，個人主導による自律型のキャリア志向性が，普遍的に受け入れられている可能性を示唆している。特に，プロティアン・キャリア志向性に対する性別の影響については未だ一貫した結果が蓄積されていない（Hall et al. 2018）。しかし，プロティアン・キャリア研究では，男性よりワーク・ライフ・バランスへのニーズが比較的に高い女性の方が，プロティアン・キャリア志向性がより強いと想定されている（Sullivan 1999）。実際，一部の研究では女性が男性よりも高いプロティアン・キャリア志向性であることが報告されている（e.g., Hofstetter & Rosenblatt 2016）。日本においても女性労働者の増加[2]に伴い，今後，プロティアン・キャリア志向性に性別の影響が見られる可能性もあるため，性別の影響については引き続き検討が必要であろう。

　第2に，本研究の媒介分析の結果より，プロティアン・キャリア志向性の下位概念である自律性と価値観主導性は中核的自己評価（自尊感情や自己効力感など）の向上とキャリアの自己管理を通じてキャリアに対する満足感を高めることが示された点である。これまで数多くの研究においてプロティアン・キャリア志向性とキャリア満足感との関係について実証的検討が行われてきたが，一貫性のない結果が報告されている。例えば，Herrmann et al.（2015）ではプロティアン・キャリア志向性（自律性・価値観主導性）とキャリア満足感の間に有意な正の相関を確認しているが，Kuron, Schweitzer, Lyons & Ng（2016）では主導性のみがキャリア満足感に有意な正の効果を及ぼすことを確認している。先行研究の一貫しない結果と本研究の結果を考慮すると，プロティアン・キャリア志向性は直接キャリア満足感を向上させるより，中核的自己評価（自尊感情，自信感，自己統制感など）及び自分のキャリア管理能力の向上を通してキャリアに対する満足感を高めることが推察される。

　第3に，本研究の媒介分析の結果，プロティアン・キャリア志向性は3つのプロティアン・キャリアのプロセス（中核的自己評価，適応性，キャリア自己管理）を通じて情緒的組織コミットメントを高めることが明らかとなった。この結果は，近年，プロティアン・キャリア研究で活発に議論されている「プロティアン・パラドクス（protean paradox, Takeuchi, Takeuchi & Jung 2021）」を支持するものである。具体的には，自律性が高く自身の価値観を重視するプロティアン・キャリア志向の人は，組織よりも自分自身のキャリアへのコミットメントが高いと認識される傾向がある。しかし，プロティアン・キャリア志向性は必ずし

も組織目標に反しているわけではなく，むしろ組織に対する高いコミットメントを持つ可能性についても指摘されている（Baruch 2004；Hall et al. 2018）。実際，一部の研究ではプロティアン・キャリア志向性と情動的組織コミットメントとの間に有意な正の相関が報告されている（e.g., Fernandez & Enache 2008）。一方で，本研究では，3つの媒介変数をコントロールした後，プロティアン・キャリア志向性が情緒的組織コミットメントに有意な負の直接効果を及ぼすことが確認された。本研究で確認された矛盾する結果について，既存研究においても論議されている。具体的には，プロティアン・キャリア志向性と組織コミットメントの関係に対する実証的検討は未だ十分に行われておらず，既存研究で報告されている結果にも一貫性が欠けている。特に，縦断的調査が少ない中，時系列データに基づくSupeli & Creed（2016）の研究では，プロティアン・キャリア志向性が組織コミットメントを低下させることが示唆された。したがって，プロティアン・パラドックスに関する議論をさらに深化させるためには，今後，縦断的調査デザインに基づく検証が必要であろう。

　今後の課題としては，① 定点観測による継続的な調査によりプロティアン・キャリア志向性が個人と組織に及ぼす影響を時系列で明らかにすること，② 分析レベルとして従業員レベルに加え，企業（組織文化やキャリア開発など人的資源管理施策）レベルの分析が可能な調査デザインを採用し，経営者や人事担当者の回答による検証を行うこと，③ また調査対象地域として，他の東アジア諸国・地域にも拡大することなどが挙げられる。

【注】
1）2008年3月～2018年3月に転職サービスDODAに登録した転職希望者約8万人を対象に，転職理由について行った調査結果（https://doda.jp/guide/reason/）。
2）総務省の労働力調査（2019年6月）によると，女性の就業者数（原数値）は3003万人と，比較可能な1953年以降で初めて3千万人を突破し，前年同月に比べて53万人増え，就業者全体の伸びの9割近くを女性が占めている。

【参考文献】
Arthur, M. B., P. H. Claman, and R. J. DeFillippi (1995), "Intelligent Enterprise, Intelligent Careers," *Academy of Management Perspectives*, 9 (4), pp. 7-20.

Arthur, M. B., S. N. Khapova, and C. P. Wilderom (2005), "Career Success in a Boundaryless Career World," *Journal of Organizational Behavior: The International Journal of Industrial, Occupational and Organizational Psychology and Behavior*, 26 (2), pp. 177-202.

Bandura, A. (2001), "Social Cognitive Theory: An Agentic Perspective," *Annual Review of Psychology*, 52 (1), pp. 1-26.

Baron, R. M., and D. A. Kenny (1986), "The Moderator-mediator Variable Distinction in Social Psychological Research: Conceptual, Strategic, and Statistical Considerations," *Journal of Personality and Social Psychology*, 51 (6), pp. 1173.

Baruch, Y. (2014), "The Development and Validation of a Measure for Protean Career Orientation," *The International Journal of Human Resource Management*, 25 (19), pp. 2702-2723.

Briscoe, J. P., and D. T. Hall (2006), "The Interplay of Boundaryless and Protean Careers: Combinations and Implications," *Journal of Vocational Behavior*, 69 (1), pp. 4-18.

Briscoe, J. P., D. T. Hall, and R. L. F. DeMuth (2006), "Protean and Boundaryless Careers: An Empirical Exploration," *Journal of Vocational Behavior*, 69 (1), pp. 30-47.

Briscoe, J. P., S. C. Henagan, J. P. Burton, and W. M. Murphy (2012), "Coping with an Insecure Employment Environment: The Differing Roles of Protean and Boundaryless Career Orientations," *Journal of Vocational Behavior*, 80 (2), pp. 308-316.

Briscoe, J. P., J. M. Hoobler, and K. A. Byle (2010), "Do "Protean" Employees Make Better Leaders? The Answer is in the Eye of the Beholder," *The Leadership Quarterly*, 21 (5), pp. 783-795.

Brislin, R. W. (1980), "Translation and Content Analysis of Oral and Written Materials," *Methodology*, pp. 389-444.

Cerdin, J. L., and M. Le Pargneux (2014), "The Impact of Expatriates' Career Characteristics on Career and Job Satisfaction, and Intention to Leave: An Objective and Subjective Fit Approach," *The International Journal of Human Resource Management*, 25 (14), pp. 2033-2049.

De Vos, A., and N. Soens (2008), "Protean Attitude and Career Success: The Mediating Role of Self-management," *Journal of Vocational Behavior*, 73 (3), pp. 449-456.

Dries, N., R. Pepermans, and O. Carlier (2008), "Career Success: Constructing a Multidimensional Model," *Journal of Vocational Behavior*, 73 (2), pp. 254-267.

Direnzo, M. S., J. H. Greenhaus, and C. H. Weer (2015), "Relationship between Protean Career Orientation and Work-life Balance: A Resource Perspective," *Journal of Organizational Behavior*, 36 (4), pp. 538-560.

Enache, M., J. M. Sallan, P. Simo, and V. Fernandez (2011), "Examining the Impact of Protean and Boundaryless Career Attitudes upon Subjective Career Success," *Journal of Management & Organization*, 17 (4), pp. 459-473.

Fernandez, V., and M. Enache (2008), "Exploring the Relationship between Protean and Boundaryless Career Attitudes and Affective Commitment through the Lens of a Fuzzy Set QCA Methodology," *Intangible Capital*, 4 (1), pp. 31-66.

Fouad, N. A., and J. Bynner (2008), "Work Transitions," *American Psychologist*, 63 (4), pp. 241-251.

Greenhaus, J. H., S. Parasuraman, and W. M. Wormley (1990), "Effects of Race on Organizational Experiences, Job Performance Evaluations, and Career Outcomes," *Academy of Management Journal*, 33 (1), pp. 64-86.

Griffin, M. A., A. Neal, and S. K. Parker (2007), "A New Model of Work Role Performance: Positive Behavior in Uncertain and Interdependent Contexts," *Academy of Management Journal*, 50 (2), pp. 327-347.

Hall, D. T. (1976), *Careers in Organizations*, Goodyear Publishing Company.

Hall, D. T. (1996), "Protean Careers of the 21st Century," *Academy of Management Perspectives*, 10 (4), pp. 8-16.

Hall, D. T. (2002), *Careers in and Out of Organizations*, Sage.

Hall, D. T. (2004), "The Protean Career: A Quarter-century Journey," *Journal of Vocational Behavior*, 65 (1), pp. 1-13.

Hall, D. T., and P. H. Mirvis (1995), "The New Career Contract: Developing the Whole Person at

Midlife and Beyond," *Journal of Vocational Behavior*, 47 (3), pp. 269-289.

Hall, D. T., J. Yip, and K. Doiron (2018), "Protean Careers at Work: Self-direction and Values Orientation in Psychological Success," *Annual Review of Organizational Psychology and Organizational Behavior*, 5, pp. 129-156.

Hayes, A. F. (2017), *Introduction to Mediation, Moderation, and Conditional Process Analysis: A Regression-based Approach*, Guilford publications.

Herrmann, A., A. Hirschi, and Y. Baruch (2015), "The Protean Career Orientation as Predictor of Career Outcomes: Evaluation of Incremental Validity and Mediation Effects," *Journal of Vocational Behavior*, 88, pp. 205-214.

Heslin, P. A. (2005), "Conceptualizing and Evaluating Career Success," *Journal of Organizational Behavior: The International Journal of Industrial, Occupational and Organizational Psychology and Behavior*, 26 (2), pp. 113-136.

Hofstetter, H., and Z. Rosenblatt (2017), "Predicting Protean and Physical Boundaryless Career Attitudes by Work Importance and Work Alternatives: Regulatory Focus Mediation Effects," *The International Journal of Human Resource Management*, 28 (15), pp. 2136-2158.

Judge, T. A., A. Erez, J. E. Bono, and C. J. Thoresen (2003), "The Core Self-evaluations Scale: Development of a Measure," *Personnel Psychology*, 56 (2), pp. 303-331.

Kuron, L. K., L. Schweitzer, S. Lyons, and E. S. Ng (2016), "Career Profiles in the "New Career": Evidence of Their Prevalence and Correlates," *Career Development International*, 21 (4), pp. 355-377.

Mainiero, L. A., and S. E. Sullivan (2005), "Kaleidoscope Careers: An Alternate Explanation for the Opt-out Revolution," *Academy of Management Perspectives*, 19 (1), pp. 106-123.

Meyer, J. P., N. J, Allen, and C. A. Smith (1993), "Commitment to Organizations and Occupations: Extension and Test of a Three-component Conceptualization," *Journal of Applied Psychology*, 78 (4), pp. 538-551.

Schaffer, B. S., and C. M. Riordan (2003), "A Review of Cross-cultural Methodologies for Organizational Research: A Best-practices Approach," *Organizational Research Methods*, 6 (2), pp. 169-215.

Segers, J., I. Inceoglu, D. Vloeberghs, D. Bartram, and E. Henderickx (2008), "Protean and Boundaryless Careers: A Study on Potential Motivators," *Journal of Vocational Behavior*, 73 (2), pp. 212-230.

Seibert, S. E., and M. L. Kraimer (2001), "The Five-factor Model of Personality and Career Success," *Journal of Vocational Behavior*, 58 (1), pp. 1-21.

Sturges, J., D. Guest, N. Conway, and K. M. Davey (2002), "A Longitudinal Study of the Relationship between Career Management and Organizational Commitment among Graduates in the First Ten Years at Work," *Journal of Organizational Behavior: The International Journal of Industrial, Occupational and Organizational Psychology and Behavior*, 23 (6), pp. 731-748.

Super, D. E. (1957), *The Psychology of Careers: An Introduction to Vocational Development*. New York: Harper & Row.

Sullivan, S. E. (1999), "The Changing Nature of Careers: A Review and Research Agenda," *Journal of Management*, 25 (3), pp. 457-484.

Supeli, A., and P. A. Creed (2016), "The Longitudinal Relationship between Protean Career Orientation and Job Satisfaction, Organizational Commitment, and Intention-to-quit," *Journal of Career Development*, 43 (1), pp. 66-80.

Takeuchi, N., T. Takeuchi, and Y. Jung (2021), "Making a Successful Transition to Work: A Fresh Look at Organizational Support for Young Newcomers from an Individual-driven Career Adjustment Perspective," *Journal of Vocational Behavior*, 128, 103587.

Volmer, J., and D. Spurk (2011), "Protean and Boundaryless Career Attitudes: Relationships with Subjective and Objective Career Success," *Zeitschrift für ArbeitsmarktForschung*, 43 (3), pp. 207-218.

Waters, L., J. P. Briscoe, D. T. Hall, and L. Wang (2014), "Protean Career Attitudes during Unemployment and Reemployment: A Longitudinal Perspective," *Journal of Vocational Behavior*, 84 (3), pp. 405-419.

第 8 章

経営幹部におけるダイバーシティが与える影響はどのように説明されてきたのか
——既存研究のレビューと今後の展望——

谷川　智彦

はじめに

　近年，企業を取り巻く環境の変化に伴い，ダイバーシティに注目が集まっている。ダイバーシティに対する関心は当初不平等や格差是正が中心であった（谷口 2008）。しかし今日では企業の労働力不足の解消や競争優位性の源泉としてのダイバーシティの役割に注目が集まっており，現在の企業経営においてダイバーシティはますます重要な位置を占めつつある。組織や戦略分野においてダイバーシティを扱った研究では上司—部下などの二者間の相違から組織全体の分布まで様々な分析対象が扱われてきた。しかし，企業の競争力を規定する戦略，そしてその結果である企業業績に対するダイバーシティの影響への注目の高まりを鑑みると，企業において戦略的意思決定を行う主体である経営幹部層，すなわちトップ・マネジメント・チーム（top management team，以下 TMT と略記）におけるダイバーシティに着目することは必要不可欠である。

　TMT におけるダイバーシティに関する研究は 1980 年代より 30 年以上にわたって盛んに研究されてきた（Hambrick & Mason 1984）。そこでは TMT ダイバーシティと様々な結果変数との関係性が検証されてきた。例えば，戦略や（e.g., Knight et al. 1999），CSR（e.g., Dahms, Kingkaew, & Ng 2022），財務業績（e.g., Cannella, Park, & Lee 2008；Tanikawa & Jung 2019）との関係性を扱った研究などが存在する。また，実証研究の蓄積に伴い，そうした実証研究の成果を定量的に統合するメタ・アナリシスも存在しており（e.g., Certo, Lester, Dalton, & Dalton 2006），TMT ダイバーシティに関する実証的知見は今日まで

十分に蓄積されていると評価可能である。

　しかし，その TMT ダイバーシティ研究において用いられる理論に関しては統合的評価を欠いているのが現状である。だが研究の多くは理論を通じて TMT ダイバーシティに関する現象の把握を試みており，また実証研究で検証される仮説の根底には理論的前提が存在している。したがって，既存研究において用いられてきた理論に関する知見を統合させることで理論の使用傾向が把握可能になり，そのことは今後の TMT ダイバーシティ研究の理論的拡張の方向性を論ずる上で重要である。

　以上の問題意識に基づいて，本章は TMT ダイバーシティを扱った既存の実証研究に対してレビューを行い，そこで用いられてきた理論を統合し，理論の使用に関する傾向を明らかにすると同時に，それらの傾向に基づいて今後の理論的議論の拡張の方向性を示すことを目的とする。具体的には，2010 年以降（i.e., 2010-2021）に組織と戦略分野における主要英文学術誌に掲載された定量的実証研究に対してレビューを行い，それらの研究に対して用いられた理論の傾向を把握後，その傾向から今後の TMT ダイバーシティ研究の理論的議論の方向性を提示する。

　本章が想定する学術的貢献としては，本章を通じて TMT ダイバーシティ研究における理論への注目が促される点に見出すことができる。上述の通り，TMT ダイバーシティ研究は四半世紀以上にわたって研究が蓄積されている分野であり，企業情報や財務情報，経営幹部に対するデータベースの整備などに伴い，数多くの研究蓄積が存在する。しかし，それらを理論的視点からレビューした研究は現在まで限定されており（e.g., Homberg & Bui 2013；Nielsen 2010），また直近の議論が反映されていない。そのため，本章のレビューに基づいて既存研究において用いられている理論の傾向を明らかし，今後の研究の方向性を示すことで，TMT のダイバーシティ研究の今後の研究実践に有効な参照点を提示することが可能となる。

　また，実務的にも本章の議論は既存の TMT ダイバーシティ研究において用いられてきた TMT ダイバーシティに関する現象を説明する際の「なぜ」に関する俯瞰的な知見を提供するという点で重要である。近年，データ・サイエンスやエビデンスに基づく意思決定の重要性が指摘されるのに伴い，定量的研究に基づく知見を経営実務に活用することへの関心はこれまで以上に高まっている。しか

し，実務に応用する際に重要なのは実証的エビデンスの理解だけでなく，変数間の関係がどのようなメカニズムによるものなのかを説明する理論的説明である。この理論的説明と実証的エビデンスが組み合わさることで，実務的に意義あるインプリケーションが導出可能になる。しかし，既存研究では個々の実証研究においては理論的メカニズムに関する説明が行われていても，研究間を横断した統合的な議論が実務家に提供されてこなかった。本章ではこうした既存研究における実務的インプリケーション上の空白を埋める形で研究間を横断した理論的議論を行い，統合的な評価を行う。したがって，本章の議論によって近年注目を集めているTMTダイバーシティという現象に対して実証的エビデンスの提供とは異なる視点である理論から実務家に新たな知見が提供可能になる。

第1節　レビューの方法

　本章では以下の手法を用いて本章のレビューの対象となる論文を特定した。

　まず本章におけるレビュー対象の論文を特定するにあたり，電子データベース「Web of Science」を活用した。具体的には，2010年以降（i.e., 2010-2021）に *Social Science Citation Index (SSCI)* に掲載されている査読付き英文学術雑誌を対象に "top management team" と "diversity (heterogeneity)" 双方をタイトルまたはアブストラクトに含む論文を検索した。その検索結果を経営学の領域に限定するためにWeb of Scienceが "Business" と "Management" の領域に分類する論文のみに限定した。その結果，134本の論文が抽出された。

　その後，今回のレビューの対象となる学術雑誌の特定を行った。今回は既存のレビュー論文においてレビュー対象となった学術雑誌を本章の対象とした。具体的には，2010年以降に *SSCI* のリストに含められている学術雑誌に掲載されたTMTを対象としたレビュー論文の内，レビュー対象となった学術雑誌名が掲載されている論文5本を参考にして選定した（Banerjee, Nordqvist & Hellerstedt 2020；Bergh et al. 2016；Homberg & Bui 2013；Kurzhals, Graf-Vlachy & König 2020；Nielsen 2010）。これら5本の論文の内，過半数である3本以上にてレビュー対象となった論文を今回のレビュー対象とした。その結果，*Academy of Management Journal* や *Strategic Management Journal* など21本の学術雑誌が対象となった。

　以上のプロセスを経た後，134 本の論文リストの中で上記の学術雑誌に掲載された論文を特定した。最後に一つずつ論文の内容を精査し，TMT ダイバーシティを扱った研究であるかどうかや，レビュー論文ではなく定量的な実証研究であるかの確認を行った。その結果，20 本の論文が特定され，この 20 本の論文を今回のレビュー対象として確定した。本章のレビュー対象となった論文は本章の最後の付録として記載されている。

第 2 節　レビューの結果

　上記の手法によって収集された論文に対してレビューを行った。本節ではレビュー対象となった論文において確認された傾向をまとめる。

1．ダイバーシティのタイプ

　まずは，ダイバーシティのタイプである。既存研究ではダイバーシティは「ワークユニットにおいて相互依存的なメンバー間に存在する個人的属性の分布」(Jackson, Joshi & Erhardt 2003: 802) と定義される。ここでの個人的属性には性別や人種 / 民族性，年齢，国籍，専門領域，在職期間など様々な個人的属性が該当する。既存研究では個人的属性の違いによって従属変数に対して与える影響が異なることが指摘されてきた (e.g., Jackson 1992；Nielsen 2010)。したがって，本章でもレビュー対象となった論文で用いられた個人的属性を確認することが重要である。

　本章のレビューの対象となった論文において用いられた個人的属性は以下の表 8-1 のとおりである。

　以上をまとめると，様々なタイプのダイバーシティが用いられてきたことがわかる。具体的には性別や国籍，専攻，職務的背景などのタイプが頻繁に用いられていることが明らかとなった (e.g., Crossland et al. 2014；Nadolska & Barkema 2014；Piaskowska et al. 2021)。また，一部の研究では複数のタイプを合成する形でダイバーシティを測定している研究も確認できた (e.g., Alexiev et al. 2010；Ndofor et al. 2015)。

　このように用いられるダイバーシティのタイプについてはダイバーシティの定義通り，様々なダイバーシティが用いられていることがわかる。しかし，ひと

図表 8-1　TMT ダイバーシティのタイプ

タイプ	本数	主な論文
国籍	4	Piaskowska et al.（2021），Boone et al.（2019）
性別	4	Corwin et al.（2022），Crossland et al.（2014）
アンケート	3	Knockaert et al.（2015），Heyden et al.（2013）
在職期間	3	Hambrick et al.（2015），Nadolska and Barkema（2014）
専攻	3	Nadolska and Barkema（2014），Crossland et al.（2014）
職務的背景	3	Qian et al.（2013），Nielsen and Nielsen（2013）
年齢	2	Crossland et al.（2014），Nielsen and Nielsen（2013）
合成変数	2	Ndofor et al.（2015），Alexiev et al.（2010）
認知	1	Wei and Wu（2013）
インセンティブ	1	Steinbach et al.（2017）
サンプル依存	1	Mihalache et al.（2012）

出所：筆者作成。

つのダイバーシティのタイプのみを用いた研究を見てみると，国籍や性別が多く扱われていることが明らかとなった（e.g., Bao, Fainshmidt, Nair & Vracheva 2014；Boone et al. 2019）。このことからもダイバーシティは広く議論の対象となってきたものの，ひとつのダイバーシティのタイプを扱う際には，従来まで注目を集めてきた性別や国籍が対象となる傾向にあることが明らかとなった。

2．ダイバーシティの用いられ方

　本章は TMT におけるダイバーシティを対象とした論文をレビュー対象としているが，それらの論文での用いられ方については論文選定の基準に含めていない。したがって，ダイバーシティが独立変数として用いられるのか，調整変数として用いられるのか，従属変数として用いられるのかによって異なる理論が用いられる可能性がある。したがって，今回レビュー対象となった論文においてダイバーシティがどのような変数として用いられているかを確認する必要がある。以下の図表 8-2 は今回対象となった論文において用いられた変数をまとめたものである。

　上記の図表 8-2 を見ると，既存研究においてはダイバーシティを独立変数として用いている研究が多く存在することが明らかとなった。この結果は今回レビュー対象となった論文の多くがダイバーシティに主たる関心を持っていること

図表 8-2　TMT ダイバーシティの用いられ方

用いられ方	本数	主な論文
独立変数	12	Boone et al. (2019), Knockaert et al. (2015)
調整変数	6	Piaskowska et al. (2021), Steinbach et al. (2017)
従属変数	3	Corwin et al. (2022), Crossland et al. (2014)

出所：筆者作成。

を暗示している。また，今回対象となった研究においては調整変数としてダイバーシティを用いている研究も 6 本確認された。最後に，3 本の研究において従属変数としてダイバーシティを用いていることが明らかとなった。

　上記のように今回レビュー対象となった論文においてダイバーシティは独立変数として用いられており，多くの研究においてダイバーシティが与える影響に強い関心を持つことが明らかとなった。しかし，論文の掲載年順に見ると，直近では独立変数として用いられるというよりも調整変数や従属変数として用いられる傾向にあることも確認された。

3．従属変数

　当然ながら用いられる理論は扱う従属変数によっても異なる。したがって，既存の TMT ダイバーシティ研究において用いられた理論を把握する前段階として用いられた従属変数を把握することが重要である。以下の図表 8-3 は今回レビューの対象となった論文において用いられた従属変数をまとめたものである。

　まず確認できる傾向として，企業の業績変数が最も多く従属変数として用いられていることである。とりわけ財務業績を従属変数として用いている研究が多く，それらの研究では従属変数として ROA (e.g., Hambrick et al. 2015) やトービンの Q (e.g., Ndofor et al. 2015)，ROS (e.g., Buyl, Boone, Hendriks & Matthyssens 2011) といった業績変数が従属変数として用いられていた。また，この他の業績変数としてはイノベーション (e.g., Boone et al. 2019) やアンケートによる主観的業績評価 (e.g., Wei & Wu 2013) を結果変数に採用している研究も確認された。また戦略的意思決定である買収や資源分配を従属変数として用いている研究も確認された (Crossland et al. 2014；Nadolska & Barkema 2014)。

　この他にも TMT 内部の影響を従属変数として用いた研究もいくつか確認され

図表 8-3　従属変数

従属変数の種類		本数	主な論文
業績	財務業績	9	Piaskowska et al. (2021), Hambrick et al. (2015)
	イノベーション	4	Boone et al. (2019), Qian et al. (2013)
	アンケートによる測定	2	Wei and Wu (2013), Ling & Kellermanns (2010)
戦略的意思決定	買収	1	Nadolska and Barkema (2014)
	資源分配	1	Crossland et al. (2014)
	戦略変更	1	Crossland et al. (2014)
TMT 内部	ダイバーシティ	3	Corwin et al. (2022), Crossland et al. (2014)
	メンバーの変更	2	Hambrick et al. (2015), Crossland et al. (2014)
	取締役の参加	1	Knockaert et al. (2015)
	CEO の行動	1	Heyden et al. (2013)
その他	法的リスク	1	Bao et al. (2014)

出所：筆者作成。

た。例えば，CEO の TMT 内外へのアドバイスの希求度合いを従属変数として採用した研究や（Heyden et al. 2013），上述のダイバーシティの用いられ方でも触れたように TMT ダイバーシティを従属変数とする研究（e.g., Corwin et al. 2022；Crossland et al. 2014）が確認された。

4．用いられた理論

　最後は本章の主たる関心である理論の使用である。本研究では対象となった論文に対して theory や perspective，view というキーワードを用いて論文において用いられている理論を抽出した。下の図表 8-4 は本研究のレビューにおいて用いられた理論をまとめたものである。なお，紙幅の都合上，ひとつの研究のみで用いられていた変数については割愛している。

　まず多くの研究において経営上層部理論（upper echelons theory）が用いられていることが確認された。今回レビューの対象となった論文の内，過半数以上の 11 本の研究において経営上部理論が用いられていた（e.g., Boone et al. 2019；Piaskowska et al. 2021）。また，今回のレビュー対象となった論文では組織行動論や応用心理学を中心に展開され，より下位の集団やチームを対象としたダイバーシティ研究（work group diversity, cf. van Knippenberg & Schippers

図表8-4　用いられた理論

理論	本数	主な論文
経営上層部理論	11	Piaskowska et al. (2021), Boone et al. (2019)
情報意思決定理論	6	Boone et al. (2019), Wei and Wu (2013)
ソーシャル・カテゴリー化理論	5	Boone et al. (2019), Wei and Wu (2013)
コンティンジェンシー理論	3	Steinbach et al. (2017), Knockaert et al. (2015)
ソーシャル・アイデンティティ理論	2	Corwin et al. (2022), Ndofor et al. (2015)
エージェンシー理論	2	Steinbach et al. (2017), Ling and Lellermanns (2010)

出所：筆者作成。

2007，以下職場におけるダイバーシティ研究）で用いられる理論であるソーシャ
ル・カテゴリー化理論（social categorization theory, e.g., Boone et al. 2019），
やソーシャル・アイデンティティ理論（social identity theory, e.g., Corwin et
al. 2022），情報意思決定理論（information decision making theory, e.g., Boone
et al. 2019）も頻繁に用いられる傾向にあることが確認された。

　その他として，調整効果を研究した研究では組織や集団の有効性を環境との適
合関係から考えるコンティンジェンシー理論を用いている研究も複数確認され
た。

　以上の理論に対するレビューから既存研究では経営上層部理論や職場における
ダイバーシティ研究で用いられる理論が頻繁に用いられていることがわかった。
次節では本研究のレビューにおいて多用されていた理論である経営上層部理論と
職場におけるダイバーシティ研究に関連する理論（i.e., ソーシャル・カテゴリー
化理論，ソーシャル・アイデンティティ理論，情報意思決定理論）を概説する。

第3節　既存研究で用いられた主要理論

　前節の議論にて既存の TMT ダイバーシティ研究において用いられてきた理論
の傾向が明らかとなった。本節では上記の議論に基づいて，既存研究において頻
繁に用いられてきた理論を概説する。具体的には経営上層部理論と職場における
ダイバーシティ研究に関連した理論を取り上げる。

1．経営上層部理論

　まずは経営上層部理論である。この理論は Hambrick & Mason（1984）によって提唱された理論であり，TMT ダイバーシティ研究のみならず経営幹部層における個人的属性を扱った研究では頻繁に言及されている理論である。その理由として，この経営上層部理論の登場によって企業行動やその業績を説明する際，経営幹部の個人的属性に着目することの妥当性が示されたためである。以下は谷川（2017: 45-50）に基づき経営上層部理論の概要をまとめたものである。

　経営上層部理論は組織論の文脈では複雑な意思決定の場面における行動要因の重要性を指摘したカーネギー学派（e.g., Cyert & March 1963）の延長線上に展開された理論である。Hambrick & Mason（1984）は経営幹部によってなされる戦略的選択がカーネギー学派の主張するような経済合理性というよりも彼／彼女らの行動要因によって決まるのであれば経営幹部が持つ個人的属性が戦略的選択に影響を与えることを主張した。具体的には経営幹部は経営上の意思決定を行う際，企業が置かれたコンテクストを自らの認知ベースや価値観を用いて解釈することを通じて把握する（Hambrick & Mason 1984）。そのため企業による意思決定を理解しようとする際，経営幹部の認知ベースや価値観を把握することが重要であるが，多忙を極める経営幹部の認知ベースや価値観を把握することは容易ではない。したがって，一定程度のノイズが含まれることは理解しつつも経営幹部の認知ベースや価値観の代理として経営幹部自身が持つ個人的属性を用いることを提案した。

　以上の議論によって企業による戦略的意思決定およびその成果である企業業績を経営幹部の認知ベースや価値観を代理する個人的属性から説明することの理論的妥当性が示された。経営上層部理論の登場以後，経営幹部の個人的属性と結果変数との関係性を定量的に扱った研究は激増した。なぜならば，経営幹部の個人的属性や企業業績は二次的データとして公表されており，企業外の第3者でも容易に入手可能だからである（Nielsen 2010）。従来であれば経営幹部の認知ベースや価値観にアクセスしようとする際，質問紙調査などを通じて心理的測定が必要であった。しかし，経営幹部層，特に大企業の経営幹部層は多忙であり，彼／彼女らを調査対象とすることは現実的に難しかった（Hambrick & Mason 1984）。だが，個人的属性を認知ベースや価値観の代理とすることで経営幹部層が戦略的意思決定やその結果である企業業績に与える影響に関する研究が可能に

なったのである。

2．職場におけるダイバーシティ研究に関連する理論

　2つ目は職場におけるダイバーシティ研究に関連する理論である。先述した通り，本研究においてレビュー対象となった論文のいくつかで，職場におけるダイバーシティ研究において用いられる理論が使用されていることが確認された（e.g., Boone et al. 2019；Nielsen & Nielsen 2013）。このことは TMT ダイバーシティに関する現象を説明する際，多くの研究が TMT メンバー間の相互作用を重視していることを示唆している。以下では職場におけるダイバーシティ研究において頻繁に用いられる理論を概説する。

　まずはソーシャルカテゴリー化理論（Tajfel 1981）である。この理論は集団内部において自分や自分と似た他者と，自分とは異なる他者とが個人的属性（e.g., 性別や国籍など）という基準で区別されることを指摘している。そのためこの理論によると集団内のダイバーシティの程度が高い場合，内集団と外集団という分断が生じやすく，コミュニケーションの不和による個人間のコンフリクトや不健全な政治活動などが生じやすくなり，結果として集団のパフォーマンスに対してネガティブな影響を与えることが指摘されている（Boone et al. 2019）。ソーシャル・アイデンティティ理論（Tajfel & Turner 1979）でも類似のことが指摘されており，個人はデモグラフィックな特徴に基づいて，内集団と外集団とを区別することを指摘している。

　以上の理論に基づくと，TMT 内部のダイバーシティの程度が高くなるとコミュニケーションの不和が生じ，結果として組織の成果に対してマイナスの影響を与えることが予想される。今回のレビュー対象となった論文においても上記の理論は TMT ダイバーシティが TMT 内部のコミュニケーションや意思決定に対してネガティブな影響を与える仮説を構築する際に用いられていた（e.g., Boone et al. 2019；Ndofor et al. 2015）。

　ダイバーシティの程度が高まることで組織の成果にネガティブな影響を与えることを指摘する一方で，ダイバーシティに対するポジティブな影響を説明する理論も存在する。それが，情報意思決定理論である。この情報意思決定理論では集団に存在するダイバーシティは価値ある相手やスキル，パースペクティブへのアクセスを可能にし，建設的な議論を生み出し，創造性を刺激し，結果としてより

良い意思決定が可能になるという前提に立っている（Boone et al. 2019）。その
ためこの理論に基づくと，TMT 内部でダイバーシティの程度が高まることは従
来とは異なる情報やパースペクティブがもたらされることを意味している。この
理論はそうした情報のプールの増大は戦略的な意思決定プロセスにおいて創造性
を向上させ，よりパフォーマンスを向上させることが前提とされている（Wei &
Wu 2013）。

　以上のように本章では職場におけるダイバーシティ研究において用いられる理
論であるソーシャル・カテゴリー化理論や情報 / 意思決定理論などが用いられて
いることが明らかとなった。これら理論は職場におけるダイバーシティ研究の理
論研究において統合が試みられており，当該研究領域ではひとつの理論的パッ
ケージとして認識されている（e.g., van Knippenberg, De Dreu & Homan 2004；
Williams & O'Reilly 1998）。そのため，本研究のレビュー対象となった研究にお
いても上記のダイバーシティ研究に関する理論をセットで用いている研究が散見
された（e.g., Boone et al. 2019；Nielsen & Nielsen 2013；Wei & Wu 2013）。

第 4 節　考　　察

　前節までの議論において，既存の TMT ダイバーシティ研究において頻繁に用
いられてきた理論について概説した。本節ではその議論を踏まえて既存研究にお
ける理論の用いられ方について，その傾向を指摘すると同時に今後の方向性につ
いて議論する。

1．既存研究の傾向

　本研究のレビューにおいて確認できた 1 つ目の傾向として，既存の TMT ダ
イバーシティ研究では経営上層部理論が中心的に用いられてきた点が挙げられ
る。実際，今回のレビュー対象となった論文の内，11 本の論文が経営上層部理
論を用いていた（e.g., Boone et al. 2019；Piaskowska et al. 2021）。そのため，
TMT ダイバーシティを扱った研究において経営上層部理論は今日でも重要な位
置を占める理論として認識されていることが明らかとなった。前節の経営上層部
理論の概説の通り，TMT 内部の個人的属性の分布であるダイバーシティを扱う
場合，それが企業の戦略的意思決定や業績に与える影響の理論的妥当性を示した

経営上部理論に依拠することは妥当である。しかし，経営上層部理論を使用した論文を見てみると，経営上層部理論それ自体が変数間の関係性を説明するために用いられているわけではないことが容易に確認できる。例えば Piaskowska et al. (2021) は論文の中で経営上層部理論を用いているが，あくまで本研究の関心である TMT メンバーの国際経験が買収に関する意思決定に影響を与えることを示唆する程度に留まっている。この論文では実際の仮説構築は経験学習理論（experiential learning theory）を用いて説明している。同様に，Qian et al. (2013) でも，冒頭において経営上層部理論について言及しているものの，仮説の構築過程においては経営上層部理論について明確には言及しておらず，個々の実証研究の成果などを援用しつつ仮説を構築している。これらの研究のように本研究のレビュー対象となった論文の多くが経営上層部理論を研究全体を支える理論として用いている傾向が確認された。前節で触れた通り個別のダイバーシティのタイプが結果変数に対して与える影響やある変数間の関係性を TMT ダイバーシティが調整することを説明する理論として経営上層部理論は具体性を欠いている。そのことが，経営上層部理論が研究全体を支える理論としての使用に留まり，個別の仮説構築の段階では別の理論を用いていることの最大の理由であると想定される。

　今回のレビューにおいて明らかになった 2 つ目の傾向としては，TMT ダイバーシティと成果との関係性を説明する際，職場におけるダイバーシティ研究において用いられてきた理論が使用されていたことである。具体的にはソーシャル・カテゴリー化理論やソーシャル・アイデンティティ理論，類似性アトラクション理論，情報意思決定理論などが該当する。これらの理論は先程の経営上層部理論とは異なり，実際の仮説を構築する際に用いられる傾向があった。例えば Wei & Wu (2013) は TMT における認知的なダイバーシティと企業業績との関係性を扱っているが，仮説構築の過程においてソーシャル・カテゴリー化理論と類似性アトラクション理論，情報意思決定理論を用いて説明している。また，Boone et al. (2019) も TMT の国籍におけるダイバーシティと企業のアントレプレナーシップとの関係性を調整する不均衡（社会階層化と多国籍企業の本社の国力の格差）の役割をソーシャル・カテゴリー化理論を用いて説明している。このように，TMT ダイバーシティと結果変数との具体的関係性を理論的に説明する際，下位の集団やチームの議論において用いられる理論を使用する傾向

にある。この傾向は，既存研究が TMT をチームのひとつの形態として捉え，社会心理学や組織行動論のように TMT メンバー間の相互作用の視点から TMT ダイバーシティの影響を考察することを強調してきたと解釈できる。さらに本章のレビューから職場におけるダイバーシティ研究の理論を使用する研究に存在する別の傾向性も確認できた。それは，それらの研究対象が比較的小規模な企業の TMT を対象としており，実際の TMT メンバーに対して質問紙調査を行っているという点である。例えば上で紹介した Buyl et al. (2011) はドイツとベルギーの IT 産業に属する企業 33 社から質問紙調査の回答を得ているが，この研究では対象企業をスクリーニングする際，従業員数が 20 名以下の中小企業を基準としている。こうした質問紙調査の手法が用いられた研究は TMT ダイバーシティ研究の対象となってきた巨大企業（例えば Fortune 1000 や S&P 1500 など）と比較すると歴史が浅く，小規模である。既存研究ではこうした質問紙調査が比較的容易な対象を扱った研究において職場におけるダイバーシティ研究において用いられてきた理論が使用されていることが明らかとなった。

２．今後の方向性

　上記の傾向を認識した後，本項では今後の TMT ダイバーシティ研究の理論的拡張の方向性を考察する。本章が示す今後の理論的議論の拡張の方向性は TMT におけるダイバーシティの影響を考察する際，企業の意思決定主体として企業内外と関係を持つ TMT の特性により焦点を当てることである。本研究のレビューから，① 経営上層部理論が研究全体を支える理論として用いられていること，② 具体的な仮説構築においては職場におけるダイバーシティ研究の知見に基づいていることが確認された。この傾向をあえて批判的に捉えると，既存の TMT ダイバーシティ研究では TMT の特性を考慮した議論が包括的な段階に留まっており，仮説構築などの具体的な議論では考慮されていないと指摘可能である。そのため，今後は TMT ダイバーシティの影響を考察する際，TMT の特性に着目しつつ理論的な議論が展開されることが望ましい。

　TMT は他の集団やチームとは質的に異なる性質を持つ。このことは既存研究でも数多く指摘されてきた。例えば TMT は他の集団やチームとは異なり企業を代表する存在であり，意思決定の結果が企業全体に影響を与える（Finkelstein, Cannella & Hambrick 2009）。そのため，下位の集団やチームとは異なり，

TMT は企業（組織）全体を象徴するような存在であり（Hambrick & Mason 1984），企業全体を代表しているが故に企業戦略や財務業績といったマクロな企業変数が TMT を扱った研究の結果変数として用いられる。この点は他の集団やチームにはない TMT の特性のひとつだと指摘することができる。また，TMT が企業最上位のチームとして組織内外の利害関係者との関わりを持つチームである点も特徴的である。一般的に TMT を構成するメンバーはそれぞれ担当する専門分野を持っており，それらの担当部署の利害を代表する人物として活動している（Finkelstein et al. 2009）。また組織外部との関係についても，TMT が持つ独自の社会的なネットワークは企業業績や企業戦略に影響を与えることが指摘されている（Collins & Clark 2003）。当然ながら既存の議論では一般の集団やチームにおいても個々のメンバーは外部環境と関わり合いを持っており，独自の社会的なネットワークを形成していることが指摘されている（Granovetter 1973）。しかし，上述の通り TMT は企業の最上位のチームであり，その影響が企業戦略や財務業績にまで波及する。したがって，TMT と組織内外との関係を考慮に入れることは特に重要である。

　以上の TMT が持つ性質を鑑みると，従来の TMT ダイバーシティ研究の傾向であった，TMT ダイバーシティが与える影響を TMT メンバー間の相互作用のみで説明することだけでは十分ではなく，TMT と組織内外との関係性の視点からも TMT ダイバーシティの影響を考察することが重要となる。その視点から，今後の理論的拡張の方向性として，TMT と組織内外との関係性を考慮した理論を用いることを指摘することができる。この方向性から TMT ダイバーシティ研究の拡張を試みる際，ひとつの有力な候補となる理論が資源依存パースペクティブ（resource dependence perspective）である。資源依存パースペクティブは Pfeffer & Salancik（1978）によって提唱された理論であり，外部環境が組織行動に与える影響および企業におけるマネジャーが環境からの不確実性と依存性を削減するために行動することが指摘されている（Hillman, Withers & Collins 2009）。この理論は組織と外部環境との依存関係を規定する際の経営幹部の役割を重要視しており，具体的には経営幹部が ① 様々な戦略的な分野で経験を積んだ人物からの専門知識やアドバイスのような特定の資源の提供や，② 外部の組織と企業との間で情報を伝達するためのチャネル，③ 社外の重要な要素からコミットメントやサポートを得るための支援，④ 正当性において重要な役割を担っ

ていることを指摘した（Hillman, Cannella & Paetzold 2000；Pfeffer & Salancik 1978）。この指摘と TMT ダイバーシティ研究の知見を組み合わせることで，従来の TMT 内部のダイナミクスに焦点を当てた説明とは異なる視点から TMT ダイバーシティの影響を説明することが可能になる。例えば，TMT が学歴，特に学閥という形で強固な社会的ネットワークを保有する大学や高校出身者を経営幹部に加えることは企業と外部環境との関係性に変化を与えると想定される。また，従来の経営幹部層の構成という点でマイノリティであった，女性や外国人などを TMT に加えることについても，企業に正当性を付与する需要な要素となる可能性がある。

　このように資源依存パースペクティブを用いることで本章のレビューにおいて確認された傾向である TMT 内部のダイナミクスを強調した視点とは異なる視点から TMT ダイバーシティの影響を考察可能となる。しかし，経営幹部層の研究において資源依存パースペクティブを含める議論は決して目新しい発想ではない。隣接領域である取締役研究では頻繁に資源依存パースペクティブを用いて議論が行われてきた（Hillman & Dalziel 2003）。例えば，Lu & Herremans（2019）は取締役における性別におけるダイバーシティと環境におけるパフォーマンスとの関係性を検証している。その中で，女性が取締役に加わることで ① アドバイスや相談，② 正当性，③ 情報のチャネルといった要素に独自の資源をもたらし，結果として企業の環境パフォーマンスの向上に寄与することを指摘した。

　資源依存パースペクティブを提唱した Pfeffer & Salancik（1978）では取締役の役割として上記の４つの役割を指摘したため取締役を扱った研究では頻繁に資源依存パースペクティブが用いられてきた。一方で，TMT を対象とした研究に対しては本研究のレビューが明らかにしたように用いられていない。この使用の差には TMT と取締役の役割の相違が考えられる。しかし，近年は取締役だけでなく TMT に対しても外部環境との結びつき役割を担うことのが指摘されており，TMT を扱った研究でも資源依存パースペクティブから説明を行っている研究が存在する。例えばある研究では TMT メンバーの一人である Chief Diversity Officer（CDO）を取り上げ，企業が CDO のポジションを採用することを資源依存パースペクティブ（他に制度理論，経営上層部理論）を用いて説明している（Shi, Pathak, Song & Hoskisson 2018）。以上のように TMT ダイバーシティ研究ではない他の TMT を扱った分野では資源依存パースペクティブを用

いて現象の説明を試みており，その点からも今後の TMT ダイバーシティ研究に
おいて資源依存パースペクティブを用いることの妥当性を導出することができ
る。さらに日本では取締役と TMT との役割区分が明確ではなく兼務している企
業も多いため，その妥当性はさらに高まるであろう。

むすびにかえて

　近年，企業の意思決定主体である TMT におけるダイバーシティを扱った実
証研究は盛んに展開されている。これら実証研究を俯瞰的視座から考察したレ
ビューは蓄積されている一方で（e.g., Certo et al. 2006），理論的視点に着目し
た議論は限られている。本章では以上の問題意識に基づいて直近において主要英
文学術誌に掲載された TMT ダイバーシティ研究に対してレビューを行い，そこ
で用いられている理論の傾向を明らかにすると同時に，今後の理論の拡張可能性
を検討した。その結果，既存の理論の用いられ方として経営上層部理論が研究
全体を支える理論として用いられる傾向にあること，TMT ダイバーシティが与
える影響に関する説明では職場におけるダイバーシティ研究の議論において用い
られてきた理論が用いられる傾向があることが明らかとなった。本章では以上の
傾向の確認に基づいて，今後の方向性として，TMT の特性に注目することを指
摘した。具体的には既存研究において十分に注目されていなかった TMT が企業
変数に与える影響や組織内外の環境との接続を重視する側面に注目し，資源依存
パースペクティブの視点から TMT ダイバーシティの影響を説明することの重要
性を指摘した。さらにそうした研究の例として隣接領域である女性取締役を扱っ
た Lu & Herremans（2019）を紹介した。

　以上が本章の結論である。本章の議論およびその結論が既存の TMT ダイバー
シティ研究に対してもたらす貢献としては以下の2点に見出すことができる。ま
ず1つ目は本章の議論において既存の TMT ダイバーシティ研究において用いら
れてきた理論の傾向が明らかになった点である。既存の TMT ダイバーシティ研
究では実証的な知見が蓄積されてきたが，理論的な議論については一部の研究
を除き十分に検討されていなかった（Nielsen 2010）。しかし，TMT ダイバーシ
ティに関する現象を理解するためには精緻な実証研究の蓄積だけでなく，理論
的な把握が重要となる。しかし，本章で指摘したように従来の TMT ダイバーシ

ティ研究では理論的側面に対する俯瞰的な議論が十分ではなかった。そのため，当該研究領域には理論的議論を俯瞰する議論が求められており，本研究はその課題に取り組んだという点において学術的意義を含んでいる。また，本研究における理論的議論の傾向において特筆すべき発見事項のひとつはより下位の職場におけるダイバーシティ研究で用いられる理論が TMT を対象とした議論においても用いられていた点である。このことは既存研究が TMT をチームの一形態として捉えていたことを暗示している。この発見事項は経営組織論や経営戦略論など企業が主体となり，企業レベルの変数が主に用いられる TMT ダイバーシティ研究において TMT メンバー間の相互作用の影響を強調する理論が用いられてきたという点で特筆すべき傾向である。こうした既存研究において不足していた理論的な議論を本研究において埋めることができた点は本研究が TMT ダイバーシティ研究に対してもたらした貢献のひとつであると指摘可能である。

　2点目は本章が理論的拡張を指摘する過程で他の研究領域の理論的議論との接合可能性を提示した点である。上述の傾向からも明らかな通り，既存研究では TMT ダイバーシティの影響を TMT メンバー間の相互作用を強調した職場におけるダイバーシティ研究で用いられる理論を使用しつつ説明していることが明らかとなった。だが本章が指摘するように TMT は他の集団やチームとは異なる性質を持つにも関わらず十分にその TMT が持つ特性に焦点が当てられていなかった。本章の議論はそうした TMT の特性を鑑み資源依存パースペクティブを援用することで従来とは異なる視点から TMT ダイバーシティの影響を説明可能になることを示した。この点において本章は今後の TMT ダイバーシティ研究に対して新たな研究展開の方向性を示した研究であると指摘可能であり，その点は本章が持つ重要な学術的貢献のひとつである。

　以上のような理論的貢献を本章は含む一方で本章の議論は実務的示唆も含んでいる。それは本章が TMT ダイバーシティに関する現象の説明に関する学術研究の傾向を示した点に見出すことができる。上述の通り，既存研究の TMT ダイバーシティ研究では実証的研究が数多く蓄積されていた一方で，理論的な知見に関しては統合的な議論が限られていた。このことは学術的側面においても重要な課題であったが，実務的にも理論的議論を整理することは重要な課題であった。なぜならば，TMT ダイバーシティに関する現象の理解を実務界で促すためには実証的エビデンスの指摘だけでなく，「なぜ」や「どのようなメカニズムで」と

いう疑問に答える理論的説明を含めることが不可欠だからである。そのため，本章が示した傾向性，すなわち経営上層部理論は研究全体を下支えする理論である一方で，具体的な影響の説明についてはより下位の集団やチームにおけるダイバーシティ研究で用いられる理論が用いられていることは学術的議論がTMTダイバーシティに関する現象をどのように説明しているのかの傾向を示すものである。本章の議論によって，従来の実証的エビデンスとは異なる視点からの学術的議論の現状を示した点は学術的議論を活用する実務家にとって有益な知見となるであろう。

　本章の限界として，本章の議論としてTMTを含むダイバーシティ研究で近年注目を集めている不平等や格差等に関する理論の適応可能性については検討することができなかった点に見出すことができる。本章はレビューを通じて既存のTMTダイバーシティ研究で用いられてきた理論の傾向を把握した上で，今後の研究の方向性を提示した。その際，既存研究では経営上層部理論を用いた抽象的言及に留まっていたTMTの特性に着目し，TMTメンバーと外部環境との接続を意識した理論，特に資源依存パースペクティブの適応可能性を指摘した。一方で，今後の方向性に関して，近年のTMTを含むダイバーシティを扱った研究において再注目されている不平等や格差の議論を含めることができなかった。ダイバーシティを扱った研究において不平等や格差に関する議論は中心的な課題であった（谷口 2008）。しかし，ダイバーシティに関する研究が発展・精緻化する中で，格差や不平等の視点が縮小され，本章のようなダイバーシティとその成果を考察するアプローチが台頭した。だが，直近においてそれまでのアプローチへの反省から今一度ダイバーシティの議論において差別や不平等に注目することを促す指摘がなされている（Nkomo, Bell, Roberts, Joshi & Thatcher 2019）。このように直近のダイバーシティを扱った研究では不平等や格差の議論に再注目する一方で，本章ではこの視点を今後の方向性に含めることができなかった。しかし，TMTを対象とした研究においても格差や不平等に関する研究が存在しないことはない。特に，社長（CEO）とその他のTMTメンバー間の収入の格差が与える影響は盛んに研究されており（e.g., Lee, Cho, Arthurs & Lee 2019；Siegel & Hambrick 2005），こうしたTMTメンバー間に存在する格差の視点から議論を深めることは可能である。したがって本章において格差や不平等の視点からの理論的議論の拡張可能性を検討することができなかった点は本章が持つ限

界のひとつである。

　以上のような限界を本章は含んでいるが，そのことは本章の貢献を無にするものではない。企業の意思決定主体である TMT のダイバーシティに関する現象を理解するためには，厳密な実証研究の蓄積と合わせて，理論的な議論を深めることが不可欠である。本章を通じて TMT ダイバーシティに関する理論の概観と今後の方向性が明確となった。今後は本章が示した方向性に基づいて理論的な議論を深めることで TMT を対象としたダイバーシティに関する現象の理解がより深まるであろう。

【参考文献】

Alexiev, A. S., J. J. P. Jansen, F. A. J. Van den Bosch, and H. W. Volberda (2010), "Top Management Team Advice Seeking and Exploratory Innovation: The Moderating Role of TMT Heterogeneity," *Journal of Management Studies*, 47 (7), pp. 1343-1364.

Banerjee, A., M. Nordqvist, and K. Hellerstedt (2020), "The Role of the Board Chair: A Literature Review and Suggestions for Future Research," *Corporate Governance-an International Review*, 28 (6), pp. 372-405.

Bao, S., S. Fainshmidt, A. Nair, and V. Vracheva (2014), "Women in Upper Echelons of Management, Tenure and Legal Risk," *British Journal of Management*, 25 (2), pp. 388-405.

Bergh, D. D., H. Aguinis, C. Heavey, D. J. Ketchen, B. K. Boyd, P. Su, C. L. L. Lau, and H. Joo (2016), "Using Meta-analytic Structural Equation Modeling to Advance Strategic Management Research: Guidelines and an Empirical Illustration via the Strategic Leadership-performance Relationship," *Strategic Management Journal*, 37 (3), pp. 477-497.

Boone, C., B. Lokshin, H. Guenter, and R. Belderbos (2019), "Top Management Team Nationality Diversity, Corporate Entrepreneurship, and Innovation in Multinational Firms," *Strategic Management Journal*, 40 (2), pp. 277-302.

Buyl, T., C. Boone, W. Hendriks, and P. Matthyssens (2011), "Top Management Team Functional Diversity and Firm Performance: The Moderating Role of CEO Characteristics," *Journal of Management Studies*, 48 (1), pp. 151-177.

Cannella, A. A., J.-H. Park, and H.-U. Lee (2008), "Top Management Team Functional Background Diversity and Firm Performance: Examining the Roles of Team Member Colocation and Environmental Uncertainty," *Academy of Management Journal*, 51 (4), pp. 768-784.

Certo, S. T., R. H. Lester, C. M. Dalton, and D. R. Dalton (2006), "Top Management Teams, Strategy and Financial Performance: A Meta-analytic Examination," *Journal of Management Studies*, 43 (4), pp. 813-839.

Collins, C. J., and K. D. Clark (2003), "Strategic Human Resource Practices, Top Management Team Social Networks, and Firm Performance: The Role of Human Resource Practices in Creating Organizational Competitive Advantage," *Academy of Management Journal*, 46 (6), pp. 740-751.

Corwin, E. S., H. Loncarich, and J. W. Ridge (2022), "What's it Like Inside the Hive? Managerial Discretion Drives TMT Gender Diversity of Women-led Firms," *Journal of Management*, 48 (4), pp.1003-1034.

Crossland, C., J. Zyung, N. J. Hiller, and D. C. Hambrick (2014), "CEO Career Variety: Effects on Firm-level Strategic and Social Novelty," *Academy of Management Journal*, 57 (3), pp. 652-674.

Cyert, R. M., and J. G. March (1963), *A Behavioral Theory of the Firm*, Englewood Cliffs, NJ: Prentice-Hall.

Dahms, S., S. Kingkaew, and E. Ng (2021), "The Effects of Top Management Team National Diversity and Institutional Uncertainty on Subsidiary CSR Focus," *Journal of Business Ethics*, 177 (3), pp.699-715.

Dezso, C. L., and D. G. Ross (2012), "Does Female Representation in Top Management Improve Firm Performance? A Panel Data Investigation," *Strategic Management Journal*, 33 (9), pp. 1072-1089.

Finkelstein, S., A. A. Cannella, and D. C. Hambrick (2009), *Strategic Leadership: Theory and Research on Executives, Top Management Teams, and Boards*, New York, NY: Oxford University Press.

Granovetter, M. S. (1973), "The Strength of Weak Ties," *American Journal of Sociology*, 78 (6), pp. 1360-1380.

Hambrick, D. C., and P. A. Mason (1984), "Upper Echelons: The Organization as a Reflection of its Top Managers," *Academy of Management Review*, 9 (2), pp. 193-206.

Hambrick, D. C., S. E. Humphrey, and A. Gupta (2015), "Structural Interdependence within Top Management Teams: A Key Moderator of Upper Echelons Predictions," *Strategic Management Journal*, 36 (3), pp. 449-461.

Heyden, M. L. M., S. van Doorn, M. Reimer, F. A. J. Van Den Bosch, and H. W. Volberda (2013), "Perceived Environmental Dynamism, Relative Competitive Performance, and Top Management Team Heterogeneity: Examining Correlates of Upper Echelons' Advice-seeking," *Organization Studies*, 34 (9), pp. 1327-1356.

Hillman, A. J, and T. Dalziel (2003), "Boards of Directors and Firm Performance: Integrating Agency and Resource Dependence Perspectives," *Academy of Management Review*, 28 (3), pp. 383-396.

Hillman, A. J, M. C. Withers, and B. J. Collins (2009), "Resource Dependence Theory: A Review," *Journal of Management*, 35 (6), pp. 1404-1427.

Hillman, A. J., A. A. Cannella, and R. L. Paetzold (2000), "The Resource Dependence Role of Corporate Directors: Strategic Adaptation of Board Composition in Response to Environmental Change," *Journal of Management Studies*, 37 (2), pp. 235-256.

Homberg, F., and H. T. M. Bui (2013), "Top Management Team Diversity: A Systematic Review," *Group & Organization Management*, 38 (4), pp. 455-479.

Jackson, S. E. (1992), "Consequences of Group Composition for the Interpersonal Dynamics of Strategic Issue Processing," in P. Shrivastava, A. Huff, and J. Dutton (eds.), *Advances in Strategic Management*, Vol. 8, London, UK: JAI Press, pp. 345-382.

Jackson, S., A. Joshi, and N. Erhardt (2003), "Recent Research on Team and Organizational Diversity: SWOT Analysis and Implications," *Journal of Management*, 29 (6), pp. 801-830.

Kaczmarek, S., and W. Ruigrok (2013), "In at the Deep End of Firm Internationalization," *Management International Review*, 53 (4), pp. 513-534.

Knight, D., C. L. Pearce, K. G. Smith, J. D. Olian, H. P. Sims, K. A. Smith, and P. Flood (1999), "Top Management Team Diversity, Group Process, and Strategic Consensus," *Strategic Management Journal*, 20 (5), pp. 445-465.

Knockaert, M., E. S. Bjornali, and T. Erikson (2015), "Joining Forces: Top Management Team and Board Chair Characteristics as Antecedents of Board Service Involvement," *Journal of Business Venturing*, 30 (3), pp. 420-435.

Kurzhals, C., L. Graf-Vlachy, and A. König (2020), "Strategic Leadership and Technological Innovation: A Comprehensive Review and Research Agenda," *Corporate Governance: An International Review*, 28 (6), pp. 437-464.

Lee, G., S. Y. Cho, J. Arthurs, and E. K. Lee (2019), "CEO Pay Inequity, CEO-TMT Pay Gap, and Acquisition Premiums," *Journal of Business Research*, 98, pp. 105–116.

Ling, Y., and F. W. Kellermanns (2010), "The Effects of Family Firm Specific Sources of TMT Diversity: The Moderating Role of Information Exchange Frequency," *Journal of Management Studies*, 47 (2), pp. 322–344.

Lu, J., and I. M. Herremans (2019), "Board Gender Diversity and Environmental Performance: An Industries Perspective," *Business Strategy and the Environment*, 28 (7), pp. 1449–1464.

Mihalache, O. R., J. J. J. P. Jansen, F. A. J. Van den Bosch, and H. W. Volberda (2012), "Offshoring and Firm Innovation: The Moderating Role of Top Management Team Attributes," *Strategic Management Journal*, 33 (13), pp. 1480–1498.

Nadolska, A., and H. G. Barkema (2014), "Good Learners: How Top Management Teams Affect the Success and Frequency of Acquisitions," *Strategic Management Journal*, 35 (10), pp. 1483–1507.

Ndofor, H. A., D. G. Sirmon, and X. He (2015), "Utilizing the Firm's Resources: How TMT Heterogeneity and Resulting Faultlines Affect TMT Tasks," *Strategic Management Journal*, 36 (11), pp. 1656–1674.

Nielsen, B. B., and S. Nielsen (2013), "Top Management Team Nationality Diversity and Firm Performance: A Multilevel Study," *Strategic Management Journal*, 34 (3), pp. 373–382.

Nielsen, S. (2010), "Top Management Team Diversity: A Review of Theories and Methodologies," *International Journal of Management Reviews*, 12 (3), pp. 301–316.

Nkomo, S. M., M. P. Bell, L. M. Roberts, A. Joshi, and S. M. B. Thatcher (2019), "Diversity at a Critical Juncture: New Theories for a Complex Phenomenon," *Academy of Management Review*, 44 (3), pp. 498–517.

Pfeffer, J., and G. R. Salancik (1978), *The External Control of Organizations: A Resource-dependence Perspective*, New York, NY: Harper & Row.

Piaskowska, D., G. Trojanowski, R. Tharyan, and S. Ray (2021), "Experience Teaches Slowly: Non-linear Effects of Top Management Teams' International Experience on Post-acquisition Performance," *British Journal of Management*, https://doi.org/10.1111/1467-8551.12544

Qian, C., Q. Cao, and R. Takeuchi (2013), "Top Management Team Functional Diversity and Organizational Innovation in China: The Moderating Effects of Environment," *Strategic Management Journal*, 34 (1), pp. 110–120.

Shi, W., S. Pathak, L. J. Song, and R. E. Hoskisson (2018), "The Adoption of Chief Diversity Officers among S&P 500 Firms: Institutional, Resource Dependence, and Upper Echelons Accounts," *Human Resource Management*, 57 (1), pp. 83–96.

Siegel, P. A., and D. C. Hambrick (2005), "Pay Disparities within Top Management Groups: Evidence of Harmful Effects on Performance of High-technology Firms," *Organization Science*, 16 (3), pp. 259–274.

Steinbach, A. L., T. R. Holcomb, R. M. Holmes, C. E. Devers, and A. A. Cannella (2017), "Top Management Team Incentive Hheterogeneity, Strategic Investment Behavior, and Performance: A Contingency Theory of Incentive Alignment," *Strategic Management Journal*, 38 (8), pp. 1701–1720.

Tajfel, H. (1981), *Human Groups and Social Categories*, New York, NY: Cambridge University Press.

Tajfel, H., and J. C. Turner (1979), "An Integrative Theory of Intergroup Conflict," in W. G. Austin, and S. Worchel (eds.), *The Social Psychology of Intergroup Relations*, Monterey, CA: Brooks/Cole, pp. 33–48.

Tanikawa, T., and Y. Jung (2019), "CEO Power and Top Management Team Tenure Diversity: Implications for Firm Performance," *Journal of Leadership & Organizational Studies*, 26 (2), pp.

256-272.

van Knippenberg, D., and M. C. Schippers (2007), "Work Group Diversity," *Annual Review of Psychology*, 58 (1), pp. 515-541.

van Knippenberg, D., C. De Dreu, and A. Homan (2004), "Work Group Diversity and Group Performance: An Integrative Model and Research Agenda," *Journal of Applied Psychology*, 89 (6), pp. 1008-1022.

Wei, L.-Q., and L. Wu (2013), "What a Diverse Top Management Team Means: Testing an Integrated Model," *Journal of Management Studies*, 50 (3), pp. 389-412.

Williams, K., and C. O'Reilly (1998), "Demography and Diversity in Organizations: A Review of 40 Years of Research," in B. M. Staw, and L. L. Cummings (eds.), *Research in Organizational Behavior*, Vol. 20, Greenwich, CT: JAI Press, pp. 77-140.

谷川智彦 (2017),『TMTダイバーシティと企業業績との関係性』2017年度明治大学経営学研究科博士学位請求論文.

谷口真美 (2008)「組織におけるダイバシティ・マネジメント」『日本労働研究雑誌』50 (5), pp. 69-84。

付録　本章におけるレビュー対象となった論文の詳細

No.	論文	ダイバーシティのタイプ	使用変数	従属変数	理論	サンプル
1	Corwin et al (2022)	性別	従属変数	性別のダイバーシティ	Gender role theory Similarity-attraction theory Social identity theory Strategic choice theory Trickle-down theory	S&P1500を構成する企業 (N=1149) (最も変数の多いモデル)
2	Piaskowska et al. (2021)	国籍	調整変数	クロスボーダーの買収後の業績	Upper echelons theory Experiential learning theory	ロンドン証券取引所に上場するイギリス企業 (N=408)
3	Boone et al. (2019)	国籍	独立変数	多国籍企業のイノベーション	Upper echelons theory Social categorization theory Information decision-making perspective	OECD加盟国に本社を置く多国籍企業。それぞれの産業において欧州市場で売上高が上位10社 (N=250)
4	Steinbach et al. (2017)	インセンティブ	独立変数	買収投資買収のアナウンスに対する投資家の反応	Contingency theory Compensation theory Agency theory	S&P1500を構成する企業 (N=2392)
5	Ndofor et al. (2015)	合成（年齢,在職期間, 職務的背景）	調整変数	業績（トービンのQ）	Upper echelons theory Social identity theory	北米産業分類システムおよび標準産業分類において the in vitro diagnostic substance manufacturing industry に該当する上場企業 (NAICS: 325413; SIC: 2835) (N=49)

6	Knockaert et al. (2015)	アンケート（職務的背景，業界，創業年数，国際経験を平均化）	独立変数	取締役のサービスへの参加	Self-efficacy theory Social network theory Cognitive perspective Resource-based view perspective Contingency perspective	ノルウェーの大学および公的研究機関（N＝117）
7	Hambrick et al. (2015)	在職期間	独立変数	TMT メンバーの退職業績（ROA）	Upper echelons theory Shared-fate perspective	標準産業分類でコンピュータソフトウェア（SIC: 737）とハードウェアに属する企業（SIC: 357）（N＝109）
8	Nadolska & Barkema (2014)	在職期間 専攻	調整変数	買収の数	Transfer theory Organizational learning theory Strategic momentum theory	アムステルダム証券取引所に上場する非金融企業（N＝25）
9	Crossland et al. (2014)	年齢 在職期間 専攻 性別	従属変数	資源再配分 戦略変更 戦略の独自性 TMT メンバーの変更 ダイバーシティ	Upper echelons theory	Fortune 250 を構成する企業（N＝183）
10	Bao et al. (2014)	性別	独立変数	法的リスク（継続中の訴訟の数）	Theory of broad and narrow socialization Evolutionary perspective	Fortune 1000 に含まれるアメリカのリテール産業（N＝48）
11	Wei & Wu (2013)	認知	独立変数	業績とイノベーション（アンケートを通じた主観的評価）	Information perspective Social categorization perspective Similarity-attraction theory	広東省と湖南省の企業名簿から抽出した中国企業（N＝118）
12	Qian et al. (2013)	職務的背景	独立変数	イノベーション（アンケート調査）	Upper echelons theory	山東省，広東省，四川省にある中国企業（N＝122）
13	Nielsen & Nielsen (2013)	国籍 職務的背景 専攻 年齢	独立変数	業績（ROA）	Upper echelons theory Institutional theory Social categorization theory Information-processing theory	32の産業に属するスイスの上場企業（N＝146）

14	Kaczmarek & Ruigrok (2013)	国籍	独立変数 従属変数	国籍のダイバーシティ 業績 (ROA)	Upper echelons theory Value in diversity perspective	2005 年時点でオランダ, スイス, イギリスの各証券取引所において時価総額上位 100 社に入る企業 (N=246 (最も変数が多いモデル))
15	Heyden et al. (2013)	アンケート (専門知識や背景, 経験, スキル)	独立変数	CEO の内部 / 外部へのアドバイスの希求	Upper echelons theory Social categorization theory Information system perspective	無作為抽出されたオランダ企業 (N=372)
16	Mihalache et al. (2012)	情報 (専攻, 職務経験に基づいたアンケート)	調整変数	企業の革新性 (アンケート)	Upper echelons theory Contingency perspective	無作為抽出されたオランダ企業 (N=276)
17	Dezso & Ross (2012)	性別	独立変数	業績 (トービンの Q)	Social categorization Information processing	S&P 1500 を構成する企業 (N=21790 (観察数))
18	Buyl et al. (2011)	職務的背景	独立変数	業績 (ROS)	Attraction-selection-attrition theory Upper echelons theory Information-processing view	ドイツとベルギーの IT 産業に属する中小企業 (N=33)
19	Ling & Kellermanns (2010)	家族経営に関係する属性 (経営している世代, 家族の雇用数, 雇用している世代の数) をアンケート	独立変数	競合他社との比較 (アンケート)	Agency theory	ニューイングランド (アメリカ) の中小企業 (N=158)
20	Alexiev et al. (2010)	合成 (デモグラフィック, 専門知識, 経験, スキル, 専攻) をアンケート	調整変数	探索的なイノベーション (アンケート)	Upper echelons theory	オランダの中小企業 (N=104)

第三部

さまざまな組織研究の視点

第 9 章

意味の学習としての組織研究パースペクティブ

鈴村　美代子

はじめに

　本章は，社会的文脈に埋め込まれた組織や個人がシンボルを介した意味の解釈によって主体的行為を形成していく様態を組織における意味の学習とし，これを射程とした研究パースペクティブについて組織学習論の観点から概説することを目的としている。

　組織は置かれた環境に影響を受け，組織メンバーは自らが置かれた状況に関係づけられる。こうした埋め込まれた社会的文脈のなかで，組織や個人は制度，表象，言語などを媒介し，その過程において（既存の）意味を獲得していく。一方，近年の組織論において，組織やそのメンバーが新しい形態や慣行を創造し，組織を変革していく様態や価値創造に関心が寄せられているが，現状の枠組みを逸脱し，新たな価値や組み合わせを創造していくことは容易ではない。

　上述のような観点を踏まえたうえで，本章では組織を「社会的相互作用と集団的意味生成が出現するダイナミックに進行中の作用」（Hatch & Cunliffe 2013: 訳178）であると捉え，組織学習の観点から言語，表象，制度などを介した意味の解釈によって組織や個人の行為が形成されていく過程について考察する。まず次節において，組織学習に関する諸理論を概説する。また，埋め込まれた文脈における解釈の活動によって，組織や人間が現実を構築していくプロセスについて提示する。後半は，組織や人々が社会的文脈に影響を受けながらも多様な行為を形成し，あるいは既存のコトモノを書き換えていく主体的行為について理論的に検討する。

第1節　組織研究における学習の射程

　従来，学習するのは個人であると考えられてきたが，1960年代にCyert &
March（1963）の『企業の行動理論』を契機として，学習する主体を組織とす
る組織学習という考え方が登場した。その後，組織学習への関心は1980年代後
半から1990年代半ばに飛躍的に高まっていった（安藤 2001: 23）。組織学習論
に位置づけられる著名な諸研究は，Argyris & Schön（1978）のシングル・ルー
プ学習とダブル・ループ学習，Hedberg（1981）のアンラーニング，Nelson &
Winter（1982）やLevitt & March（1988）の組織ルーティン，March（1991）
やLevinthal & March（1993）の知の探索と深化，Senge（1990）の学習する組
織，Nonaka & Takeuchi（1995）の知識創造，Mintzberg et al.（1998）の創発
的学習など数多い。

　他方，こうした多くの研究蓄積と多彩なアプローチが採用されているがゆ
えに，組織学習という概念を一義的に捉えることは非常に難しい。例えば，安
藤（2001: 39-83）は，研究関心や論点の相違により，組織学習研究をArgyris
& Schön（1978）を起点としたHedberg系，Argyris系，March系の3系統に
類型する。Hedberg系（e.g., Hedberg 1981；Daft & Weick 1984）は，不要に
なった古い知識や価値観を棄却するアンラーニングという現象に着目する学派
とされる。Argyris系（e.g., Senge 1990；Argyris & Schön 1978）は，組織能
力を高めるために組織介入などを通じた組織変革を追求する。Hedberg系およ
びArgyris系は，組織学習の発生プロセスに関心を寄せている点において共通
項がみられるが，その論点が相違する。一方，March系（e.g., Levitt & March
1988；March 1991；Huber 1991；Levinthal & March 1993）は組織学習の定着
や収束に関心を寄せ，学習結果としての組織ルーティンの変化，淘汰，定着に重
きを置く。とりわけMarch系は，「学習とは，組織が情報や知識を獲得し，異な
る情報源からの情報を共有し，それによって新しい情報や理解が導かれ，将来
の利用のために組織の記憶として知識が保持されていくプロセス」（Huber 1991:
90）であるとみなしている。すなわち，組織学習は知識の獲得，情報の分配，情
報の解釈，組織記憶で構成される情報処理のプロセスであると捉えられ，それら
のどの段階レベルに着目するかによって研究の相違がみられてきた。

　このことについて，ミクロな視点に依拠して Lave & Wenger（1991: 訳 22）は，学習に関する従来の説明では，知識が「発見される」にせよ，他人から「伝達される」にせよ，あるいは他者との「相互作用の中で経験される」にせよ，そのような知識が内化する過程を学習とみなしていたと論じる。それは「内側」と「外側」についての明瞭な二分法を確立し，知識とは概ね頭の中にあるものとし，個人を分析の単位とすることを自明とみなす。さらに，学習を内化とみなすことは，学習を所与の吸収であり，あとはそれが伝達によるか同化によるかの問題になるものとみなされると指摘する。知識が内化される様態を学習とするならば，組織における社会的相互作用のなかで新たな価値が創造されることを十分に説明することができない。

　主に March 系に見られる組織学習の見解は，知識の獲得，情報の分配，情報の解釈，組織記憶という様々な研究領域からの知見を体系的に捉えることを可能とする一方，情報を処理して保管する入れ物としての組織がイメージされ，組織学習とはそのような入れ物に知識や情報を蓄積していくことと同義として考えられる（青木 2005: 181）。そのうえ，組織において情報や知識が獲得され，分配され，組織に蓄積・保持されることが計算可能性を伴って形式合理的に処理されること，多くの情報を組織の意思決定能力によって処理することが求められる。しかしながら，こうした情報処理システムとしての組織学習観では，組織のなかで共有されたものの見方，集団の目に見えない圧力，集団や組織の規範などの認識過程への影響力が考慮できない（加護野 1988: 55-58）。組織における情報の解釈という側面をより詳しく検討していくのであれば，意味が社会的につくられるプロセスにまで研究の対象が向けられる必要がある。なぜなら，ある情報が解釈され，そこに意味が付与されるというプロセスは，純粋に個人的な事柄ではありえず，常に社会的な文脈において成り立つからである（青木 2003: 178）。

第2節　意味論とシンボリック・パースペクティブ

　米国の心理学者 Jerome Bruner は 1990 年に著出した『意味の復権』において，既存の手続きやルールなど予め確立されている意味カテゴリーを必要とする情報処理システムとしての組織観または人間観から，意味の問題へと立ち帰る必要があると主張している。

　1950年代の認知革命後の学術領域では，意味の構成から情報の処理へと重点の移行が始まり，支配的な認知のメタファーとして計算操作が導入され，良き理論モデルの決め手となるのに必要な規準として計算可能性という考えが導入された（Bruner 1990: 訳5）。情報処理において情報が扱うことのできる意味は，コード化されたアドレスに従って，貯蔵された語彙情報にアクセスすることに限られる。そのため，このシステムでは明確に定義され恣意性を持った登録情報を超えるようなものや，あいまいで多義性を持つものや，比喩的で含みのある結びつきを持つものなどを扱うことができない（Bruner 1990: 訳6-7）。

　換言すると，情報処理や計算可能性は，実行すべき課業が単純明快で，環境が安定しており，同じ製品を繰り返し生産し，正確さが至上命題で，人間という機械部品が従順で設計通りに動くという条件下において（奥村 2001: 15；Morgan 1997），または，組織に客観的な基準を設け，標準化していくことには有効とされる。こうした組織観は，環境は組織の境界の外に存在する客観的実体であり，組織は環境内の需要に応じて製品ないしサービスを生産するための道具とされるモダン・パースペクティブに基づいている（Hatch & Cunliffe 2013: 訳94）。

　モダン・パースペクティブは，因果関係の説明に関心を向けている（Hatch & Cunliffe 2013: 訳13）。このパースペクティブでは，競争優位および収益性を創出するためにマネジャーが組織の問題を診断し解決策を探索すること，組織が内外からの圧力の均衡を図ること，コア・コンピタンスを作ること，そして変化に適応することなどが推奨される。これらは全て，稀少資源の利用を最小化してくれる効率の達成をもたらしやすくする（Hatch & Cunliffe 2013: 訳47）。しかしながら，モダンな組織観では，手段の合理性を達成する目的の形成に関心が寄せられるがゆえに，非人格性が追求された既存の制度への準拠が強調され，行為主体性が削ぎ落されていくという指摘がされている（Reed 2009: 575）。また，モダンな視点では，多様な合理性，非合理性や，認知的，主観的な現実の側面は言及されてこなかった。

　こうしたモダン・パースペクティブの限界を打破，ないし補完しようとするのが，シンボリック・パースペクティブである。シンボルとは，「文化のパターンに織り込まれ，特定の意味を持った記号」（高橋 1998: 4）や物象のことであり，表象，言語，制度などを表す。人間の相互作用は，シンボルの使用，解釈，または他者の行為の意味の推定によって媒介されている。これは，人間の行動では

刺激と反応の間に解釈の過程をはさむことと同義である（Blumer 1969: 訳 102）。シンボリック・パースペクティブの立場は，解釈プロセスを通して，我々はどのように組織の現実を構築しているかという主観的経験や解釈プロセスに関心を寄せる。具体的には，文化，制度と制度化，社会的実践，シンボルの活用，ナラティブ，意味形成などに注目し，自らを理解しようとしている人達が作った状況に身を置き，彼らが関心を持つ現象をどのように定義し，相互作用し，解釈しているのかを探究する（Hatch & Cunliffe 2013: 訳 13-14）。また，シンボリック・パースペクティブを採用する研究者は，環境をイナクトメント，認知マップ，センスメイキング（Weick 1995）によって社会的に構築されてくるもの，あるいは，それらの中に社会的に構築されるものとして捉える（Hatch & Cunliffe 2013: 訳 118）。

　シンボリック・パースペクティブを基礎づけるシンボリック相互作用論は，以下の 3 つの前提に立脚している。

　第一の前提は，人間はものごとが自分に対して持つ意味に基づいて，そのものごとに対して行為するということである。Blumer（1969）は，現代の社会科学や心理学の思考と実践のほぼすべてが，この視点を過小評価しているがゆえに，意味は所与のものとされ，重要ではないとして傍らに押しのけられていると指摘する。人間行動が，それを生み出していると見られる特定の要因の結果として結論づけるならば，行動を始動させる要因と，結果としての行動とを特定化すれば良いため，それに対して人間が行為するものごとの意味を考察する必要はない。しかし，行動を生み出しているとされた要因のために人々が行為するものごとの意味を無視することは，行動の形成に果たす意味の役割を無視することになる（Blumer 1969: 訳 3-4）。

　第二の前提は，このようなものごとの意味は，個人がその仲間と一緒に参加する社会的相互作用から導き出され，発生するということである。意味の起源には，2 つの伝統的な説明がある。ひとつは，意味を，その意味を持つものごとに内在的なもので，そのものごとの客観的な構成の自然的な部分をなしているものとみなす。その意味を持つものごとに内在的であるため，意味は単にその意味を持った客観的なものごとを観察することで，そこから取り出されればよいということになる。これは実在論の立場を反映したものであり，ここで必要とされることは，ものごとの中にある意味を認識することだけである。もうひとつの主要な

見解では，意味は特定の個人によって，心理的に付加されたものとみなされる。この心理的な付加物は，その個人の心，精神，または心理的な構成要素が表現されたものであるとされる。あるものごとの意味とは，特定の心理的な要素が表現されたものでしかない。そしてこの心理的な構成要素とは，そのものごとの知覚とともに作用するようになったものである。このように，ものごとの意味を心理的な構成要素の中に位置づけることは，意味の生成過程を限定することになる。つまり，どんな過程であれ，その意味を生み出す特定の心理的な要素を生じさせた過程に，それを限定することになる。一方，シンボリック相互作用論は，意味を人々の相互作用の過程で生じたものと考えるがゆえに，これらの支配的な見解とは異なる源泉を持つ。ある個人にとって，ものごとの意味とは，そのものごとに関して，他者がその個人に対して行為する，その行為の様式の中から生じてくる。また，シンボリック相互作用論では，意味は相互作用する人々の定義という活動の中で，またこの活動によって，形成される社会的な産物であるとされる（Blumer 1969: 訳4-5）。

　そして，第三の前提は，このような意味は，個人が自分の出会ったものごとに対処する中で，その個人が用いる解釈の過程によって扱われたり，修正されたりするということである。ものごとの意味は，社会的な相互作用の文脈の中で形成され，人々によってその文脈から引き出される。人々による意味の使用は，導き出された意味を単に適用するだけでない。個人がその行為の中で意味を使用することには，解釈の過程も含む。行為者による意味の使用は，ひとつの解釈の過程を通して生じる。行為者は，自分が置かれた状況と自分の行為の方向という見地から，意味を選択したり，検討したり，未決定にしたり，再グループ分けしたり，変形させたりする。したがって，解釈はすでに確立された意味を単に自動的に適用することとして認識されるべきではなく，行為に指針を与えて形成していく道具としての意味が，その中で使用されたり改変されたりする，ひとつの形成的な過程として認識されるべきである。意味は，自己との相互作用の過程を通して，行為の中でその役割を果たすものと考えなくてはならない（Blumer 1969: 訳6-7）。

　現実は，人間が解釈したり意味を付与しないと生成されない。すなわち，社会的現実とは，人間の知識によって媒介された構築物である（Berger & Luckmann 1967）。そして，意味は，前もって存在している共有シンボルの体系

に依拠している文化的に媒介された現象である（Blumer 1969）。こうした視点において，知識は体験に意味を与える文脈を通してのみ作られ，理解できるものであるとされる。つまり，人間は体験時に直面している状況，あるいはその状況についての記憶や期待に基づいて，何が起こったのか意味づける。それゆえに，同じ場所と時間に共存している現実に対して，各々によって異なる理解と解釈が存在する可能性が生じる（Hatch & Cunliffe 2013: 訳19）。

　このように，人間は意味に適応するだけではなく，主体的な解釈により意味を書き換えていく。前述の第三の前提において示されたように，解釈はすでに確立された意味を単に自動的に適用することとして認識されるべきではなく，行為に指針を与えて形成していく道具としての意味が，その中で使用されたり改変されたりする，ひとつの形成的な過程として認識される。このことは，意味が社会的文脈においてシンボルを媒介して形成されたり，学習されることを提示する。ここで重要な観点は，組織や人間は社会的文脈に埋め込まれた存在として，そこで生成されたシンボルを媒介し，意味づけられるだけでなく，主体的に既存の意味を書き換えていく行為をするということである。

第3節　組織研究における意味の学習

　したがって，意味が交渉される社会的文脈や社会的実践（practice）から，知識を切り離すことはできない（Brown & Duguid 1991: 47）。学ぶこと，理解すること，解釈することとは，社会的文脈において展開し，構築される（Brown & Duguid 1991: 48）。また，行為の担い手（i.e., 組織や組織メンバー）が自らの生活や未来を自らの力で築いたり創り変えたりするような能力，能動的な働きを意味する行為主体（Engeström 2016, 訳12）は，埋め込まれた社会的な文脈の中で言語，表象，制度などを媒介し，その過程において意味を獲得していく。こうした社会的実践における意味交渉や媒介過程が，意味の学習といえる。

　しかしこのことは，主体が埋め込まれた社会的な文脈に拘束されることを過度に提示しているわけではない。何か新しいことが外在化され，それを受容し利用することを通じて客観化され，そして内在化されたとき，社会的に構築された現実は変化する。安定と変化は，新しいシンボルが古い意味と結びついたり，古いシンボルが新たな意味を手に入れたりと，時が経つにつれて絡み合っていく

(Berger & Luckmann 1967；Hatch & Cunliffe 2013: 訳 56)。

　これに近接した議論として，宇田川（2015）は社会構成主義に基づく組織研究を概説し，社会的実践における媒介の重要性を主張している。宇田川（2015）によれば，Weick は常に流転し続け，多様な解釈が可能な世界（i.e., 多義性）の中で，なぜ組織では特定の差異のみ焦点が当てられ，戦略策定や問題解決の行動がされるのかを明らかにしようとしたという。Weick（1979）は，組織化のプロセスを通じて意味が生成されることをセンスメイキングと呼んでいる。組織メンバーは組織が実践の中で構築したフレームを手掛かりにしながら状況の差異を認知し，それに基づいて行為を形成（イナクトメント）し，組織の記憶として保持され，それは他の状況に対しても用いられるようになる。組織メンバーが組織の記憶と異なるイナクトメントが不可能となると，組織は環境との適応不全を引き起こす。つまり，Weick（1979）は組織が徐々に特定の差異の認知フレームに縛られるようになる問題を指摘し，一段上のフレームの再構築をすることの重要性を提示した。また，Morgan（1986）は，メタファーとはまさに「差異を作り出す差異」であり，いかなるメタファーによって我々がものごとの差異を認知するようになるのかということと，それによって我々が認知できる差異がいかに限定されてしまうのかという点が議論の中心であったと論じる（宇田川 2015: 17-18）。しかしながら，こうした諸研究は(1)フレームが変化することの重要性は説明できても，それがどのように変わるのかを十分に説明できない，(2)一連の意味やモノが連鎖しながら現実を生成していくプロセスへの考察がない，そして(3)我々の行為が他の主体や道具によって媒介され変転していく実践における媒介の重要性が十分に議論されていないと指摘する（宇田川 2015: 19-21）。

　意味の学習としての組織研究は，意味論，社会構成理論，センスメイキング，実践共同体，状況的学習，文化－歴史的活動理論，新制度派組織論，構造化理論などが理論的拠り所となりうるが，分析レベルの相違こそあれども，文化－歴史的活動理論における拡張的学習，および新制度派組織論における制度的企業家や制度変革の議論は，こうした側面を考慮している枠組みであると考えられる。

1．文化－歴史的活動理論を基盤とした拡張的学習

　社会的文脈や実践の概念を取り入れ，1990 年以降の組織学習論において新たな議論を展開した状況的学習論（e.g., Lave & Wenger 1991；Wenger 1998；

Brown & Duguid 1991）は，学習を社会的実践の文脈から切り離すことに懐疑し，すべての知識はそれが生成される文脈としての社会的実践に埋め込まれており，そこへの参加こそが学習として不可欠であると主張する。状況的学習論では，徒弟制や学習を「実践共同体への参加の度合いの増加」（Lave & Wenger 1991: 訳25）とみなし，参加を通じてあるテーマに関する関心や問題を共有し，その分野の知識や技能を持続的な相互交流を通じて獲得していくプロセスを正統的周辺参加（legitimate peripheral participation：LPP）という学習として提示した。こうした見解は，行為主体が社会的文脈という状況に埋め込まれながら意味を学習していく様態を捉える。

　しかしながら，正統的周辺参加の枠組みに見られるような「参加」や「獲得」に基づくアプローチは，学習を基本的に有能でない状態から有能な状態への一方向的な動きとして描いている。そのため，学習とは経験的な知識と概念の獲得・保持，または伝達と維持のプロセスであるとされ，変革や創造を十分に提示できない（Engeström 2016: 訳36；鈴村・髙木 2019: 16）。また，完全な教授によるコントロールの仮説は，例えば普遍理論を持っているならば，自身のデータや事例にそれを当てはめがちになり，結果として自分の理論が実践の中で機能すると確認する証拠を発見することになったり，介入を導く学習の最適なプロセスについて強い普遍的な理論を持っているならば，それを学習者に押しつけようとする可能性があり，知らずに自己成就的予言（Merton, 1968）のかたちをとってしまう（Engeström 2016: 訳15）。こうした限界を乗り越えようと試みるのが，文化－歴史的活動理論を基盤とした拡張的学習（expansive learning）である。

　Engeström（1987, 2016）は，「拡張」というメタファーを拠り所とし，「学び手は実践共同体の新たな対象と概念を構築し，その新しい対象と概念を実践の中で実行する」（Engeström 2016: 訳37）という拡張的学習を提唱した。彼は拡張性を，与えられた情報を越えていく学習者の潜在力としてではなく，事物や文化の観点から，新しい物質的な対象，実践，そして活動のパターンを生み出す学習の本来的な潜在力であるとし，拡張性を認めることは，学習が教授者の手を離れて，学習それ自身によって方向づけられていくことであるという（Engeström 2016: 訳10）。また，拡張的学習の理論は移行のメカニズムを，学習の対象，すなわち転換される活動に固有の矛盾が段階を追って進化する中に見る（Engeström 2016: 訳27）。矛盾が拡張的学習の実際の原動力となるのは，新

しい対象の創発に気づき，動機へと変わっていくように扱われる時である。集団的活動の動機が個人にとって有効なものとなるのは，人格的な意味付与によってである。意味付与は，活動の動機が行為の直接的な目標とどのように関係しているのかを表している（Engeström 2016: 訳47）。

　換言すると，拡張的学習は，活動システムにおいて歴史的に進化する矛盾が撹乱，葛藤，ダブルバインド（人間が2つの矛盾したメッセージの間に拘束された状況に置かれること，二重拘束）をもたらし，それらが行為者たちの中で新しい種類の行為のきっかけになることにより生み出される（Engeström 2016: 訳71）。そのため，新しい活動構造の拡張的生成には，ダブルバインドの直感的，あるいは意識的な習得を必要とする。ダブルバインドは，バラバラな個人的行為だけでは解決されえない，社会的な，社会にとって本質的なジレンマとして再定式化される。そのジレンマの中でこそ，共同の協働的行為は歴史的に新しい活動の形態を出現させることができる（Engeström 1987: 訳198）。

　このように，拡張的学習理論は断片化された個々人の内的矛盾を結び合わせ，対象という目的に向かって制度や行為を転換ないし創造し，新たな活動の構造を生成させるという，既存の枠組みを越えて学習を拡張させていく社会的実践における意味交渉と社会的に構築された現実の変化を主眼とする。

2．新制度派組織論における制度的企業家

　新制度派組織論は，Berger & Luckmann（1967）を理論的拠り所とし，制度を主体とは別にある実体としてではなく，人々が実践を通じて物象化した社会的構成物として捉えている（松嶋・高橋 2015: 13）。新制度派組織論を提唱したMeyer & Rowan（1977）は，組織の公式構造は合理性に基づいて意図的に形成されるのではなく，社会からの正当性を獲得するために制度的影響への順応を目指す結果として形成されるという。制度化されたルールは，制度的神話と呼ばれる広く社会に浸透しているシンボルを表わしている。例えば，カンパニー制や成果主義は必ずしも組織の技術的合理性を保証するわけではないが，制度化された基準として広く社会に浸透しているがゆえに，社会からの支持を得るために採用される。DiMaggio & Powell（1983）もまた，多くの組織が現代社会に存在するにも関わらず，なぜ組織構造が類似しているのかを議論の起点とし，その問題を解決のための中心的な概念として組織フィールドの出現と構造化を提唱

している。組織が置かれたフィールドは，主要な供給者，資源や製品の消費者，規制機関，類似のサービスや製品を生産する一連の組織によって定義づけられる（DiMaggio & Powell 1983: 148）。彼らは，組織間の相互作用から現れる組織フィールドを参照し，組織が同型化を示すように構築されていくことを論じている。

　しかしながら，これらの諸研究は制度的文脈の影響を強調しているがゆえに，個々の組織の特有な行動よりも，組織が環境に適応するという議論を繰り返している（Hirsch & Lounsbury 1997）。また，新しい社会的実践の出現によって制度が生成されるプロセスに着目した制度ロジックの理論においても，支配的なロジックが別のロジックへと平易に転換しているように描かれているがゆえに，制度の安定性と過剰社会化の側面が強調され，制度の複雑性や行為主体の実践を見逃しているという批判が寄せられている（e.g., Greenwood, Raynard, Kodeih, Micelotta & Lounsbury 2011）。

　こうした問題について，DiMaggio（1988）は，自己利益を実現するために新しい組織形態や慣行を創造し，変換する行為者である「制度的企業家」の行動に焦点を当てることで解決しようとした。このことは，制度化されたアクターがどのように制度を変えていくのかを問う「埋め込まれたエージェンシーのパラドックス」の議論に繋がる（Seo & Creed 2002；Garud, Hardy & Magure 2007）。これは，組織フィールドを再定義するものである。すなわち，組織フィールドは，共通の技術や産業を中心に形成されるのではなく，異なる目的を持った様々なフィールドの構成員が集う問題を中心に形成される（Hoffman 1999: 352）。組織フィールドは安定しているわけではないが，事前に設定されており，どのような問題が出てくるかによって参加者が現れる。さらに，そこには多様な解釈が存在し，行為主体による正当性獲得のための実践が生じる。つまり，制度ロジックの概念は，行為主体の解釈と正当性の獲得を論じるものである（Suzumura, Takagi & Otsuki 2020: 6）。

　このように，新制度派組織論は間主観的に共有されたシンボルと認知によって現れる環境に基礎を置く。また，Berger & Luckmann（1967）を援用し，制度を単に現実に関する意味や概念の共有として捉えるだけでなく，繰り返される行為を伴うものとして捉えている（Hatch & Cunliffe 2013: 訳121）。つまり，新制度派組織論は，社会的文脈において物象化された制度が組織的行為を意味づける

こと，そして制度的な枠組みに埋め込まれながらも新たな主体的行為が創出される多様な諸実践が示されると考えられる。

むすびにかえて

　本章では，組織学習の観点から，制度，表象，言語などを介した意味の解釈によって組織や個人の行為が形成されていく組織における意味の学習について検討してきた。

　拡張的学習理論は，組織ないし集団内の人々の相互作用という実践共同体における社会的実践を通じた意味の学習を射程とする。他方，組織的行為の文脈において意味の学習を説明しうる理論的枠組みが，新制度派組織論である。これらは対象次元レベルが相違するが，いずれも社会的実践における意味の学習に着目しているという点において共通する。また，埋め込まれた社会的文脈に影響を受ける状況のなかで，組織や個人が既存の枠組みを超越し，新たな価値や組み合わせを創造していく側面に重要な示唆を与えることが出来る。

　こうした意味の学習としての組織研究は，March 系の組織学習論における情報の解釈という側面をより詳しく検討していくために，意味が社会的につくられるプロセスへと研究領域を拡大したものと位置づけられる。あるいは，既存の知識や価値を書き換えるための学習棄却に着目する Hedberg 系や組織変革を追求する Argyris 系とも紐づけられるであろう。

【参考文献】
Argyris, C., and D. A. Schön (1978), *Organizational Learning: A Theory of Action Perspective*, Reading, MA: Addison-Wesley.
Berger, P., and T. Luckmann (1967), *The Social Construction of Reality: A Treatise in the Sociology of Knowledge*, New York: Doubleday and Co.（山口節郎訳『現実の社会的構成：知識社会学論考』新曜社，2003 年。）
Blumer, H. (1969), *Symbolic Interactionism: Perspective and Method*, Prentice-Hall Inc.（後藤将之訳『シンボリック相互作用論：パースペクティブと方法』勁草書房，1991 年。）
Brown, J. S., and P. Duguid (1991), "Organizational Learning and Communities of Practice," *Organization Science*, 2 (1), pp. 40-57.
Bruner, J. (1990), *Acts of Meaning: Four Lectures on Mind and Culture*, Cambridge, Massachusetts: Harvard University Press.（岡本夏木・仲渡一美・吉村啓子訳『〔新装版〕意味の復権：フォークサイコロジーに向けて』ミネルヴァ書房，1999 年。）
Cyert, R. M., and J. G. March (1963), *A behavioral Theory of the Firm*, Prentice-Hall.（松田武彦監訳・井上恒夫訳『企業の行動理論』ダイヤモンド社，1967 年。）

Daft, R. L., and K. Weick (1984), "Toward a Model of Organizations as Interpretation Systems," *Academy of Management Review*, 9, pp. 284-295.

DiMaggio, P. J. (1988), "Interest and Agency in Institutional Theory," in L. G. Zucker (ed.), *Institutional Patterns and Organizations*, Cambridge, MA: Ballinger, pp. 3-22.

DiMaggio, P., and W. Powell (1983), "The Iron Cage Revisited: Institutional Isomorphism and Collective Rationality in Organizational Field," *American Sociological Review*, 48 (2), pp. 147-160.

Engeström, Y. (1987), *Learning by Expanding: An Activity Theoretical Approach to Developmental Research*, Helsinki: Orienta-Konsultit.(山住勝広他訳『拡張による学習―活動理論からのアプローチ―』新曜社，1999 年。)

Engeström, Y. (2016), *Studies in Expansive Learning What is not Yet There*, Cambridge University Press.(山住勝広監訳『拡張的学習の挑戦と可能性―いまだここにないものを学ぶ―』新曜社，2018 年。)

Garud, R., C. Hardy, and S. Maguire (2007), "Institutional Entrepreneurship as Embedded Agency: An Introduction to the Special Issue," *Organization Studies*, 28 (7), pp. 957-969.

Greenwood, R., M. Raynard, F. Kodeih, E. R. Micelotta, and M. Lounsbury (2011), "Institutional Complexity and Organizational Responses," *Academy of Management Annals*, 5 (1), pp. 317-371.

Hatch, J. M., and A. L. Cunliffe (2013), *Organization Theory: Modern, Symbolic, and Postmodern Perspectives*, 3rd ed., Oxford University Press.(大月博司・日野健太・山口善昭訳『Hatch 組織論―3 つのパースペクティブ』同文舘出版，2017 年。)

Hedberg, B. (1981), "How Organizations Learn and Unlearn," in P. C. Nystrom, and W. H. Starbuck (eds.), *Handbook of Organizational Design*, Vol. 1, New York: Oxford University Press, pp. 3-27.

Hirsh, P. M., and M. Lounsbury (1997), "Putting the Organization Back into Organization Theory: Action, Change, and the "New" Institutionalism," *Journal of Management Inquiry*, 6 (1), pp. 79-88.

Hoffman, A. J. (1999), "Institutional Evolution and Change: Environmentalism and the U.S. Chemical Industry," *Academy of Management Journal*, 42 (4), pp. 351-371.

Huber, G. P. (1991), "Organizational Learning," *Organization Science*, 2, pp. 88-115.

Lave, J., and E. Wenger (1991), *Situated Learning Legitimate Peripheral Participation*, Cambridge University Press (佐伯胖訳『状況に埋め込まれた学習』産業図書，1993 年。)

Levinthal, D. A., and J. G. March (1993), "The Myopia of Learning," *Strategic Management Journal*, 14, pp. 95-112.

Levitt, H. J. and J. G. March (1988), "Organizational Learning," *Annual Review of Sociology*, 14, pp. 319-340.

March, J, G, (1991), "Exploration and Exploitation in Organizational Learning," *Organization Science*, 2, pp. 71-87.

Merton, R. K. (1968), Social Theory and Social Structure, New York: Free Press (enlarged edn.).(森東吾・森好夫・金沢実・中島竜太郎訳『社会理論と社会構造』みすず書房，1961 年。)

Meyer, J. W., and B. Rowan (1977), "Institutionalized Organizations: Formal Structure as Myth and Ceremony," *American Journal of Sociology*, 83, pp. 340-363.

Mintberg, H., B. Ahlstrand, and J. Lampel (1998), *Strategy Safari*, New York: Free Press.(齋藤嘉則訳『戦略サファリ』東洋経済新報社，1999 年。)

Morgan, G. (1986), *Images of Organization*, Sage.

Morgan, G. (1997), *Images of Organization*, 2nd ed., Sage.

Nelson, R. and Winter, S. (1982), An Evolutionary Theory of Economic Change, Harvard University Press.(後藤晃・角南篤・田中辰雄訳『経済変動の進化理論』慶應義塾大学出版社，2007 年。)

Nonaka, I., and H. Takeuchi (1995), *The Knowledge-Creating Company: How Japanese Companies*

Create the Dynamics of Innovation, New York: Oxford University Press.(梅本勝博訳『知識創造企業』東洋経済新報社，1996年。)

Reed, M. (2009), "Bureaucratic Theory and Intellectual Renewal in Contemporary Organization Studies," in P. S. Adler (ed.), *The Oxford Handbook of Sociology and Organization Studies*, Oxford University Press, pp. 560-585.

Senge, P. M. (1990), *The Fifth Discipline: The Art and Practice of the Learning Organization*, New York: Doubleday.(守部信之・飯岡美紀・石岡公夫・内田恭子・河江裕子・関根一彦・草野哲也・山岡万里子訳『最強組織の法則：新時代のチームワークとは何か』徳間書店，1995年。)

Seo, M. G., and W. D. Creed (2002), "Institutional Contradictions, Praxis, and Institutional Change: A Dialectical Perspective," *Academy of Management Review*, 27 (2), pp. 222-247.

Suzumura, M., T. Takagi, and H. Otsuki (2020), "Construction of Dominant Logic and Emergence of Various Action: The Case of Japanese Agricultural Cooperatives, *Proceedings of the 34th Annual British Academy of Management Conference in the Cloud*," British Academy of Management, pp. 1-16.

Weick, K. E. (1979), *The Social Psychology of Organizing*, 2nd ed., Reading, MA: Addison-Wesley.(遠田雄志訳『組織化の社会心理学　第二版』文眞堂，1997年。)

Weick, K. E. (1995), *Sensemaking in Organizations*, Thousand Oaks: Sage.(遠田雄志・西本直人訳『センスメーキング イン オーガニゼーションズ』文眞堂，2001年。)

Wenger, E. (1998), *Communities of Practice, Learning, Meaning, and Identity*, Cambridge University Press.

青木克生 (2003)，「組織文化と組織学習」大月博司・高橋正泰編『経営組織』学文社，165-183頁。

青木克生 (2005)，「組織学習における実践アプローチ」岩内亮一・高橋正泰・村田潔・青木克生『ポストモダン組織論』同文舘出版，179-204頁。

安藤史江 (2001)，『組織学習と組織内地図』白桃書房。

宇田川元一 (2015)，「生成する組織の研究」『組織科学』49 (2)，15-28頁。

奥村哲史 (2001)，「合理性から見る組織」大月博司・藤田誠・奥村哲史『組織のイメージと理論』創成社，11-20頁。

加護野忠男 (1988)，『組織認識論』千倉書房。

鈴村美代子・髙木俊雄 (2019)，「大学学部教育におけるPBLプログラムと拡張的学習：徳島県海陽町における地方創生をテーマとした学びを通じて」『日本情報経営学会誌』39 (4)，15-22頁。

高橋正泰 (1998)，『組織シンボリズム―メタファーの組織論―』同文舘出版。

松嶋登・高橋勅德 (2015)，「制度的企業家のディスコース」桑田耕太郎・松嶋登・高橋勅德編『制度的企業家』ナカニシヤ出版，5-29頁。

第10章

組織学習と「遊び」

寺本 直城

はじめに

　本章の目的は，組織学習という概念およびその研究に対して，遊び概念を用いることの意義について論じることである。

　組織学習という概念が注目されるようになったのはそれほど最近のことではなく，1980年代までさかのぼることができる。経営組織と学習を結びつけた研究が注目されるようになった背景には，現代社会における知識への注目が挙げられる。Bell（1974）は，工業社会がより発展してくると，情報や知識が重要な役割を果たすことになると予言した。社会全体のことを引き合いに出すまでもなく，経営体において知識が重要な競争優位の源泉となることは，Drucker（1993）の指摘にもあるように，異存のないところであろう。そういった社会的背景あるいは経営学の背景から，経営組織がいかに知識を学習するのかに焦点を当てた研究が進展することになった。

　他方で，ここ数年において経営組織に関する実務的視点からも学術的見地からも，「遊び」の概念が注目されるようになっている。定常業務から離れ，組織成員それぞれが各自の興味関心にしたがって，好きなことを行うということを，その組織の業務に取り込むことが，モチベーションやイノベーションにつながるというのが，その注目の背景である。

　古くから教育学や心理学さらには社会学において学習と遊びは，密接に関係するものと捉えられてきた。学習に対して，遊び的な要素を取り込むことによって，学習へのモチベーションを維持したり，さらには学習者の創造性を引き出したりすることができると考えられてきたのである。

　しかしながら，こと経営学，経営組織研究においては，組織における学習と遊

びを関連づけて議論されてこなかった。教育学や心理学といった諸分野において
焦点が当てられてきた学習と遊びの関係を，経営学・経営組織研究にて展開すれ
ばどのような意義があると考えられるのか。これが，本章の問題意識である。そ
れゆえに，組織学習という概念やその研究に対して，遊びを用いる，あるいは議
論することの意義について議論することを本章の目的する。

　本章では以下のように議論を進める。第 1 節では，経営組織と学習と遊びの諸
関係について理解する。本節でも簡単に触れているが，組織における学習，組織
における遊び，そして学習と遊びのそれぞれの関係について，その背景とともに
議論する。第 2 節では，組織学習の概念およびその議論について整理する。組織
学習とは何を指す言葉で，どのような研究分野が存在し，そこでは何が明らかに
なってきたのかについて議論する。第 3 節では，組織学習における遊びの意義に
ついて議論する。第 2 節の組織学習についての知見の整理を用いて，組織学習論
において遊びの概念あるいは現象を議論することの意義について論じる。

第 1 節　経営組織と学習と遊びの諸関係

　本節では，本章における重要概念である経営組織および学習そして遊びのそれ
ぞれの関係について整理する。経営組織における学習，あるいは学習する組織と
いった経営組織と学習の概念を組み合わせた研究は 1960 年代から議論が開始さ
れ，1980 年代から 2000 年代にかけて広く議論されるようになった。他方で，前
節でも簡単に触れたように，経営現場においては「遊び」的要素が導入される例
も見られる。また，実務的な取り組みばかりでなく，学術的にも経営組織研究と
遊び概念の接近が近年見られるようになってきた。

　このように，経営組織と学習，あるいは，経営組織と遊びとを結びつけた研究
が発展していく一方で，遊び概念やその機能は，古くから教育や学習を研究する
分野において議論されてきた。子どもが社会に受け入れられる準備段階として遊
びを位置づけ，子どもの発達と遊びの関係や遊びが子供の発達に与える影響など
について多くの議論がなされてきた。

　このように，経営組織，学習そして遊びは，相互に関連づけられて議論されて
きたといえる。本節では，それぞれどのように関連付けられて議論されてきたの
かについて概観する。

1．経営組織と学習

　組織学習論とは経営組織論の一分野であり，Easterby-Smith, Crossan & Nicolini（2000）は，「組織学習論は今や一つの確立された研究フィールドである」（Easterby-Smith et al. 2000: 783）と評している。具体的には，Cyert & March（1963）から始まり，Argyris & Schön（1978）や Hedberg（1981）といった諸議論により成長を迎え，その後1980年代後半から1990年代に入って，Senge（1990）や Levitt & March（1988）などに代表されるような諸研究が，学術的にも実務的にも注目され，隆盛を極めるようになった分野である（安藤 2001）。

　経営組織がいかに学習するかという関心に対して，4人の理論家たちのアイデアが非常に強い影響を与えたと Easterby-Smith & Lyles（2011）は述べている。第一に John Dewey であり，Dewey の経験を通した学習というアイデアは，経営組織における個人の学習のモデルへとつながっていった。さらに，Dewey の学習は社会的相互作用を通じて行われるのであって，あたかもそれが客観的な実在物のように人から人へ受け渡すことはできないというアイデアもまた，社会構成主義的なアプローチに対して大きな影響を及ぼしている。第二に Michel Polanyi であり，Polanyi の暗黙知と形式知の議論は，組織の知識の性質についての議論へと結びついた。特に暗黙知の議論は，組織における競争優位の源泉としての知識を理解しようとする組織研究に影響を及ぼしている。第三に Edith Penrose であった。Penrose は企業における内部資源の重要性を認識していたが，それを経済過程において知識の増大が果たす支配的な役割と表現した。Penrose はかなり早い段階から経営組織が探索活動を行うのに足るスラック資源の必要性や，イノベーションを引き起こす経営組織が持つ過剰資源の重要性を認識していた。このように経営組織の重要な資源としての知識とその学習，さらには学習の在り方に対する Penrose のアイデアは今なお組織学習論に大きな影響を与えている。最後に，Frederick Hayek である。Hayek は経済における重要な問題のひとつは，異なる個人に分散している知識を，経営組織あるいは社会全体にとってよりよい意思決定をもたらすようにいかに利用するかということであった。そういった意味で，Hayek のアイデアは，特に経済学的なパースペクティブからの経営組織における学習や知識へのアプローチに対して大きな影響を及ぼした。

　さて，経営組織が学習するというコンセプトを明示化した最初の成果は Cyert & March（1963）であった（安藤 2001；Easterby-Smith & Lyles 2011）。Cyert

& March（1963）は，Simon の意思決定論の系譜をひく議論である。Cyert
&March（1963）によれば，企業（特に大企業）は，マネジャーや株主や従業員
やサプライヤー等といった個人あるいはグループの連合体であるとみなされる。
これらの企業を構成するグループが参加して企業の目標設定と意思決定が行われ
る。その際に行為者たちは満足化基準と限定合理性に従い行動をとることを前提
に議論が組み立てられたことから，一般的には彼らの議論は Simon 流の意思決
定論と見られる。

　しかしながら，組織学習という視点から見ると Cyert & March（1963）の議
論はまた異なった側面が見える。Cyert & March（1963）は，企業の環境への適
応行動を組織の学習と捉えていた。また企業は環境に適応するだけでなく，自
らの経験から学ぶことがあるとの指摘もあり，Easterby-Smith & Lyles（2011）
はシングルループ－ダブルループ学習の原型を見ることができると評している。
また，安藤（2001）は，Cyert & March（1963）は「組織学習」ではなく「組織
適応」という言葉を用いてはいるものの，どちらかといえば短期適応よりも長期
適応について議論しているものと見られることから，組織学習論の原点と捉えら
れると指摘する。Cyert & March（1967）以降の組織学習の諸議論については，
次節にて詳述する。

　組織学習の議論が開始されて，すでに 50 年が経とうとしているが，今なお，
組織学習の重要性は色あせていない。組織学習論に対して影響を与えた 4 人の理
論家とそのアイデアは，今なお議論の途上であり，最終的な結論が出たとは言え
ない。組織にとって知識はかけがえのない資源でありながら，物的な客観物のよ
うに扱うことはできない。それゆえに，Dewey が言うように，物的資源と同様
の方法である人からある人へ受け渡すように，知識を学習することはできない。
この困難が，組織学習を議論するうえで非常に重要でありつつ，経営組織論にお
いて組織学習が重要なトピックであり続ける所以であるといえる。

2．経営組織と遊び

　経営現場におけるイノベーションや創造性が重要視される現在，経営現場にお
ける遊びの考え方も変遷してきた。本来ならば，経営現場において遊びは労働や
効率性を阻害するものであって，それゆえに経営現場において持ち込まれるべき
ものではないと捉えられてきた。しかしながら，現在では遊びは場合によっては

積極的に取り入れるべきものへと変化している。

　アウトドア用品メーカーとして知られるスノーピークは，アウトドアの楽しみ，延いては遊びを提案していくために，従業員が遊び，楽しむことを奨励している。もちろん，社長が先陣を切って楽しむという姿勢を見せている（山井2014）。

　　　「スノーピークで働く以前に，私（スノーピーク社長　山井太）は外資系の
　　　会社で働き，社会人としてのスタート地点から完全に週休 2 日だった。それ
　　　が，父の会社に入社したとたん休みは日曜日だけになり，『何だ，これは…』
　　　と驚いたことを覚えている。アウトドアの楽しさ，遊びを提案していく会社に
　　　もかかわらず，週休 1 日では遊べない』と，父に訴えて，週休 2 日に変更して
　　　もらった」（山井 2014: 143）。

　スノーピークは遊びを重視している企業のひとつといえるが，イノベーションを重視する経営組織において「遊び」的な要素を業務の一環として取り入れることは，すでに新しい現象ではなくなりつつある。遊び的な要素が組織の膠着状態を打破し，創造性やイノベーションあるいは変革の端緒となることが経営現場においては期待されている。

　他方で，経営学・経営組織論の学術的分野においても，遊びの概念は評価されつつある。March（1976）は，組織の日常のルールをわざと一時的に緩めることを「遊び」と捉え，組織における遊びが新しい価値観や方法を組織に取り込む可能性を秘めていることを指摘している。

　20 世紀における経営学・経営組織研究において「遊び」の概念は部分的に論じられることはあれど，それが主眼に議論されることはなかったといえる。しかしながら，21 世紀に入り経営学・経営組織研究において「遊び」を主題とした研究も現れるようになった。Kavanagh（2011）や West（2015）は，経営学において「遊び」概念がいかに議論されてきたかをレビューしたうえで，今後の経営学・経営組織研究やイノベーション研究における遊び研究の今後の展開について議論している。2014 年には，組織シンボリズムの国際的な研究グループである Standing Conference on Organizational Symbolism（SCOS）で，2015 年にはヨーロッパにおける最大の経営組織研究者団体である European Group for

Organizational Studies（EGOS）で，それぞれ「遊び（play）」を題材とした統一論題が設定された国際研究発表大会が開催された。

　経営学・経営組織研究における遊び研究は，多くは海外に見られるが，我が国においても若干の広がりをみせつつある。例えば，服部（2017）はイノベーションや創造性とは異なる文脈である企業の採用活動における遊び的要素の分析を行っている。

　この経営学・経営組織研究と遊びの結びつきは，経営組織論と学習との結びつきに関する社会的背景と関連しているといえる。組織学習や学習する組織の諸理論が，基本的に知識社会の原理を背景とするものであったように，経営学・経営組織研究と遊びを結びつけた研究もまた，組織における知識の創造やイノベーションに関する文脈で多く議論されてきた。経営組織にとって効率性を含めた客観的な合理性と同様か，それ以上に組織にとって，さらには社会にとって新しい知識を創造することが，経営組織の競争優位にとって重要となっているという背景のもと，経営現場においても，学術の分野においても「遊び」の概念が重要視されるようになったと考えられる。

3．学習と遊び

　「遊び」は教育学において広く議論されてきた。森田（1986）が指摘するように，18 世紀頃のドイツ語圏で隆盛を誇っていた啓蒙主義的教育思想やロマン主義的思想に基づいた教育論において，その機能や実践について議論が始まった。近現代における遊びの教育学的な研究は Shiller（1975/1950）の遊びが子供の人間形成に及ぼす役割についての議論がその端緒であるといえる。

　このように古くから，遊びは子供が大人の社会に出ていくための準備段階にとって必要な要素として，つまり社会化の手段として考えられてきた。子どもは遊びを通して学び，大人の仲間入りを果たしていくのである。Shiller（1975/1950）は美学・啓蒙主義的教育思想からそれを説明したが，Freud（1905/1952）やFreud の考えを受け継いだ Klein（1984）などは，子どもの遊びについて子どもの発達と心理の関係から議論を進化させた。同様に，Piaget（1969）も心理学をベースに子どもの成長と遊びの関係について議論した。Piaget（1969）は，遊びによって子供はただ社会化されるのではなく，創造性を発揮する存在として描かれる。他方で，Mead（1934）はシンボリック相互作用論の立場から遊びの機能

を明らかにしている。子どもは遊びの中で社会を自らの中に作り出し，組織化された役割を相互作用によって獲得し，現実社会へと社会化されていくと述べている。

　このように，遊びは子どもの学習と関連づけて多く議論されてきた。今までの議論の中で，遊びと学習の関係についての議論には 2 つの要点を指摘することができる。第一に，遊びは子どもを社会化する手段であったということである。遊びを通じて，子どもたちは社会に出る準備を行う。言い換えれば，子どもたちが将来出ていく現実社会を，遊びから学ぶのである。第二に，遊びの中で子どもは創造性を発揮するという点である。遊びは，あくまで自発的行為であって，誰かからの強制（子どもの場合，多くの場合，大人からの強制）があった場合，それは真に遊びとは言えない。遊びは，子ども同士の自発的な協働を引き出すものであり，自分たちの世界を作り出す営為である。これらの 2 つの観点から，子どもは遊びを通じて学習し，大人となっていくのである。

4．経営組織と学習と遊びの諸関係

　以上に見てきたように，経営組織と学習，経営組織と遊び，そして学習と遊びの 3 つの関係は，今までに認識され，そして議論されてきた。しかしながら，経営組織における学習，つまり組織学習と遊びの関係については，明示的に関連づけられて議論されてこなかった。

　経営組織と遊びを関連づけた研究の中には，学習と遊びを関連づけた研究や議論から影響を受けたものもいくつか散見される。例えば，Kavanagh（2011）は経営組織・マネジメント研究における遊び概念の受容過程を Klein（1984）の対象関係論をもとに議論している。Klein の対象関係論とは，子どもの成長過程を，「妄想－分裂ポジション」から「抑うつポジション」への移行と見るものである。さらに Klein（1984）は，子どもは遊びを通して不安を言語化し解釈できるようになり，その結果「妄想－分裂ポジション」から「抑うつポジション」への移行が可能となると論じた。Kavanagh（2011）は，経営学も同様に「遊び」という概念との関係について，その発達に応じて「妄想－分裂ポジション」から「抑うつポジション」に移行したために，「遊び」という概念が経営学に受け入れられるようになっていったと論じた。その意味で，Kavanagh（2011）は，子どもの発達と遊びの関係について論じた Klein の議論を経営学に当てはめて，経営学

と遊びの関係の変遷について論じたと見ることができる。しかし，残念ながら，Kavanagh（2011）の議論は Klein の子どもの発達における遊びの機能についての議論まで参照することはなされていない。何より，Kavanagh（2011）は，経営学全体における遊び概念の受容過程についての議論に留まり，直接的に経営組織の学習と遊びの関係について議論しているわけではない。

上田・中原（2015）は，組織における学習のひとつであるワークショップにおける学習と遊びについて議論している。この議論の中では，学習理論と遊びの関係についてレビューが行われるとともに，ワークショップの参加者の創造性を最大限に引き出す方法として遊び的要素を活用した学習の方法（プレイフル・ラーニング）とその成果，そして未来のワークショップや学びの在り方について議論している。これは組織における学習と遊びの関係についての議論として考えてみれば，本研究の視点とも合致し，またその意味で非常に先進的な議論であるといえる。他方で，本研究の焦点とは異なり，組織学習という概念そのものと遊びの接点が焦点化された議論とはなっていない。

以上のように，経営組織と学習と遊びの諸関係について，部分的にはそれらを関連づけた議論は存在するものの，組織学習と遊びの関係について焦点化した理論的な議論は見られない。しかしながら，本来，学習と遊びは密接に関係するものとされてきたことは上述の通りである。組織学習と遊びとの関係を明らかにすることは，特に組織学習概念やその方法論の拡張が可能であるかもしれない。

第 2 節　組織学習論——貢献と限界——

いまや組織学習は，経営組織論においても非常に影響力のある分野となった。しかしながら，組織学習という概念自体は，明確な定義についてコンセンサスが取れておらず，またその捉え方や組織学習に対するアプローチも非常に多様である。また，その整理の仕方についてもコンセンサスがとられていない状況である。これについて，安藤（2001）によれば，組織学習論という分野は，既存研究を整理するために，各論者が比較的独立的に，様々な次元を設定してきたため，全体像を把握するのが非常に困難になっていると指摘している（安藤，2001: 29-31）。

本節では，混沌としている組織学習および組織学習論について簡単に整理を行

う。経営学および経営組織研究において行われてきた組織学習についての研究における「遊び」概念の可能性を論じるために組織学習概念および組織学習論を，その着眼点・アプローチについてを議論したい。そのために本節では，第一に組織学習の概念について概観する。そのうえで，第二に，組織学習論の主だった議論について，それらの研究の着眼点・アプローチなどについて，議論・整理する。

1．組織学習

　組織学習論は 1960 年代に Cyert & March（1963）を嚆矢として，1980 年代には大いなるムーブメントを引き起こしていたが，「組織学習とは何か」といった組織学習そのものの概念，「それはいかにして発生するか」といった原則，ないし，数多くある組織学習論についての共通の原則については 80 年代後半までほとんど議論されてこなかった（Fiol & Lyles 1985；Dodgson 1993）。このような問題意識から，Dodgson（1993）は，組織学習という概念について整理した最初期の研究といえよう。

　Dodgson（1993）は，組織学習という概念が多様化した背景には，「学習」という概念の捉え方が，基盤とする学術的分野の視点によって，すなわち，経済学的な視点，経営管理理論的・イノベーション論的な視点，および組織論・心理学的な視点などの様々な視点によって異なっていることに起因していると指摘している。経済学的な視点からすれば，「学習」とは，ただ単なる活動における定量化可能な改善ないし，抽象的な漠然と定義されたポジティブな成果と捉えられている。他方で，経営管理理論の視点からは，「学習」とは競争優位への効率を維持することと同義であり，イノベーション論的な視点からは，競争優位につながるイノベーションを促進することと同義である。また，組織論・心理学的な視点からすれば，「学習」についての議論は，企業と関連するものとされ，学習の過程と学習の成果の両方に焦点を当てている。それゆえに，当該分野の視点からは，「学習」とは，組織がその活動の周辺やその文化に内包される知識やルーティンを創造し，捕捉し，組織化する方法であり，組織が組織メンバーの幅広いスキルの利用についての改善を通して組織のより高い効率性を達成することと捉えられる。

　このように組織学習についてのアプローチの違いから，組織学習の概念自体が

多様化しているのであるが，その中にも「学習」についての共通の前提がいくつか見られることも，Dodgson（1993）は指摘している。その前提とは，① どのアプローチにおいても，一般的に学習はポジティブな結果をもたらしうる。② 学習は組織の個人を基礎としているが，それが組織全体に波及する。③ 学習は組織における全ての活動中で起こり，事後的に議論されるといった3点に要約されるとしている（Dodgson 1993：376-377）。

　以上のような，共通する前提は存在するものの，基本的には異なるアプローチにはそれぞれ異なる基本的な仮定が存在する。そのため組織学習の成果やそのプロセスへの焦点の当て方は全く異なるものにならざるを得ない。本章は，経営組織論をディシプリンとしたものであり，経営組織論における「組織学習」概念について同定する必要がある。

　さて，経営組織研究における「組織学習」概念は，Huber（1991）の組織学習に関する要素とプロセスを解明しようと試みる議論によって整理されている。Huber（1991）によれば，組織学習は，意図的に行われることもあれば，意図せざる結果として生じる場合もある。あくまで，① 知識の獲得　② 情報の分配　③ 情報の解釈　④ 組織的記憶の4つの要素から構成されるプロセスとして捉えられるものが組織学習であるとしている（Huber 1991）。すなわち，① 組織がなんらかの情報や知識を獲得する。② その情報が，組織内の様々な部門に分配される。この情報の分配をとおして，組織内において旧知の事柄と新しい情報が結びつき，新たな知識や新たな理解が生じることもある。そのように情報が分配されたり，分配を通して新旧の情報とが結びついたりすると，③ それらの情報に解釈が付与されるプロセスが生じる。そして，一度解釈された情報は，④ 組織全体で記憶され，参照されるようになる。このような一連のプロセスを「組織学習」と考えることができる。

2．組織学習論の概要

　ここまで述べてきたように，組織学習論は概念自体もそのアプローチも，多様に存在する。そのため，十把一絡げにひとつの組織学習論として概要を述べることは不可能である。また，いくつかのレビュー論文を見てみても，既存の組織学習論の成果を分類するタイポロジーもまた完全に一致しない。例えば，安藤（2001）は，Hedberg系，March系，Argyris系といった3つに分けて分類して

いる。他方で，Easterby-Smith et al. (2000) や青木 (2003a) は，組織学習論を，「認知－行動に関する議論」，「シングルループとダブルループの議論」，「学習棄却の議論」「学習する組織の議論」という 4 つに分類している。

　安藤 (2001) は，1993 年以降の組織学習論に関するレビュー論文 7 本に，引用されている論文を調査している。この調査から，すべてのレビュー論文に共通して引用されている論文は存在しないことが明らかになっている。ここから，安藤 (2001) は，組織学習論に対して「インパクトのある研究が相対的に少ない」という分析を行っている。いわばすべてのレビュー論文に引用される論文であれば，それが組織学習論に対して「インパクトを与える論文」であると結論づけることができるはずであるが，それがないのである。それほどまでに組織学習論には，多くのバリエーションが見られるということである。

　安藤 (2001) は，1990 年代以降，組織学習論は理論的停滞期に入っていると評価している。しかしながら，実際にはちょうど 1990 年代から 2000 年代にかけて新しい潮流として「実践ベースの学習」という概念が出現していた。実践ベースの学習論は，組織学習の実践論的な転回 (Practice turn) であり，組織学習の概念の前提からの見直しを迫るものであった。

　本章は，その数多く分類される，あるいは数多くのバリエーションがある組織学習論を一つ一つ論うことを目的とはしていない。そのため，組織学習の実践論的な転回を基準に，初期の議論と実践コミュニティによる学習という 2 つに分けて，それぞれの特徴を概観したうえで，組織学習の概要とその限界について議論する。

(1)　初期の議論

　経営組織研究において組織学習を議論するうえで，Fiol & Lyles (1985) による議論がその前提としてコンセンサスとなっていると，安藤 (2001) は指摘している。Fiol & Lyles (1985) によれば，組織学習は「よりよい知識や理解を通して行為を改善するプロセス (Fiol & Lyles 1985: 803)」としている。この定義のもと，組織学習の議論においては，組織が環境に適応し，それによって組織が変革されることだけでなく，またそれ以上に，組織が根本的な価値観や枠組みを変化させ，それによって組織自体も変革が起き，それが長期にわたって継続することが重視されることとなる (安藤 2001: 16)。

　組織学習についての過去の議論として，Fiol & Lyles（1985）の「認知−行動アプローチ」。Argyris & Schön（1978）の「シングルループ−ダブルループの議論」，Hedberg（1981）の「学習棄却論」，そして Senge（1990）の「学習する組織論」の4種類の議論を上げることができる。

　組織学習の初期的かつ代表的な議論であり，また，組織学習という概念の基盤を作ったのが，Argyris & Schön（1978）の「シングルループ−ダブルループの議論」であろう。安藤（2001）は，いくつかの系統に分けることのできる組織学習論の土台となった業績こそが，Argyris & Schön（1978）であると述べている。組織学習論は Argyris & Schön（1978）の業績を土台としながらも，その知見を精緻化することによって発展してきたとも考えられるのである。

　「シングルループ−ダブルループの議論」は，組織学習をシングルループ学習とダブルループ学習の2種類に分類したことで知られている。この2種類の学習は，Bateson（1973）の「学習Ⅰ（あるいは「原学習」）」と「学習Ⅱ（あるいは「二次学習」）」に対応している。シングルループ学習とは，既存の組織構造や価値観の枠組み内で行われる学習を指し示す。シングルループ学習では，組織は外的な刺激から様々なことを学習するが，組織の構造や価値観を見直すということはなく，それらは全て既存の組織構造や価値観を所与のものとして考えるのである。それゆえに，シングルループ学習では，組織は様々な事柄を学習したり，手段や行動を修正したり，問題を解決したりすることが可能であるが，組織そのものの見直しは行われない。

　それに対して，ダブルループ学習は「様々な組織活動の内容とその結果を評価するのに既存の論理の妥当性を検討し，それが妥当性を失っているならば新しいものに書き換えるプロセス」（Argyris & Schön 1978: 19）である。いわば，ダブルループ学習は既存の組織構造や価値観そのものを再検討し，見直しを企図する学習である。

　Argyris & Schön（1978）の「シングルループ−ダブルループの議論」が組織学習論にとってその基盤となる理論であると評価される点は，このダブルループ学習の重要性を認識していた点にある。ダブルループ学習は，例えば，Fiol & Lyles（1985）でも「高次学習」という同様の概念が提示されており，その重要性が議論されている。また，Hedberg（1981）の「学習棄却論」は，ダブルループ学習や高次学習の方法として学習棄却の重要性を主張している。既存の組織の

知識や価値観を見直すことが重要であるとしても，そもそも組織は既存の知識や価値観によって経営されるのであって，それをいかに見直すかということが問題となる。それに対して，Hedberg（1981）では，学習棄却（アンラーニング）のプロセスが重要であると議論した。Senge（1990）は，組織学習を実現するための具体的な方法として，学習する組織を作るための法則を議論している。このように，組織学習では，ただ外部刺激への反応としての学習（＝シングルループ学習）だけではなく，自らを見直すという意味で「学習のための学習（＝ダブルループ学習）」に注目したことに意義があったといえる。このシングルループ学習とダブルループ学習という 2 種類の学習への注目を通して，外部環境への適応としての組織の変革だけでなく，組織の自発的な内部の価値観や構造の変革を捉えようとしたのである。

(2)　実践コミュニティによる組織学習

　以上のように 1960 年代に出現し，1980 年代から 90 年代にかけて広く議論されてきた組織学習論であったが，1990 年代後半になると今までとは全く異なるアプローチがなされるようになる。「知識」のパースペクティブの変化と社会科学における実践論的転回に影響を受け，実践コミュニティによる組織学習論が新たに議論されるようになったのである。

　Blackler（1995）は，伝統的に経営組織論において，知識（knowledge）は具現化されたり，埋め込まれていたり，頭に浮かんだり，文化化したり（ある文化の中で身に付けたり），記号化されたりするような，いわゆる客観的な事物であることがイメージされてきたと指摘する。そのうえで，実際には知識（もっと正しく言えば knowing）は仲介されたり，状況的であったり，仮の姿であったり，プラグマティックであったり，争われたりする動的な過程であり，経営組織論においてもそういったものとして分析されるべきであると主張した。いわば，「学習」といったときに，従来はあたかも静的で客観的な知識が所与として存在し，それを獲得したり，活用したり，あるいは探索したりすることが想定されていた。しかしながら，実際には知識は静的で客観的なものではなく，あくまで動的で主観的であり，その視点から見れば「学習」も知識の動的な過程の一側面であるということもできるのである。

　そういった知識についての前提理解の変化に伴い，組織学習においても「実

践」が注目されるようになった。組織における行為者の実践という視点から学習を解明しようとする潮流を生み出したのが Lave & Wenger（1991）の議論であったろう。Lave & Wenger（1991）は学習を状況に埋め込まれた活動と見なし，学習者は必ず実践者の共同体に参加するものであると考えた。学習者は，新参者である間は実践者の共同体に正統的周辺参加という形態で参加するが，そのうち共同体の社会文化的実践の十全参加へと移行していく中で，知識や技能を習得していくのである。この参加の形態変化の中で，学習者たちはただ知識を獲得するのではなく，「実践の文化」を学ぶことになる。学習者は実践者たちのコミュニティに正統的な周辺性に長くいることで，次第にコミュニティの実践を構成しているものについての一般的な全体像を作り上げるのである。

　Lave & Wenger（1991）の議論にも「実践コミュニティ（実践共同体)」なる用語は見られるが，彼ら自身が述べるように彼らの議論の中では「直観的な概念のままになっている（Lave & Wenger 1991: 訳18)。」Lave & Wenger（1991）の議論を経営組織に向けたのが Wenger, McDermott & Snyder（2002）であった。Wenger et al.（2002）は，実践コミュニティを直観的な概念として放置せず，「あるテーマに関する関心や問題，熱意などを共有し，その分野の知識や技能を，持続的な相互交流を通じて深めていく人々の集団」（Wenger et al. 2002: 4, 訳33）と定義した。Wenger et al.（2002）では，実践コミュニティを意図的に企業に導入したことによる成功事例が紹介されており，その有効性についても議論が及んでいる。とはいえ，青木（2003b）は，実践コミュニティの導入を高い経営効果と結びつけることについて，第一に実践コミュニティ研究から得られる知見の多くが漏れ落ちること，第二に理想的なコミュニティの構築といったユートピア的幻想を煽り立てることになることの2点から危惧を表明している。

第3節　組織学習における「遊び」

　本節では組織学習論の中で遊びを関連づけて議論することによって得られる貢献や限界について議論する。第1節にて述べたように，もともと学習論と遊びは密接な関係にある。遊びは学習の重要な手段となり得るし，また遊びそのものが学習そのものにもなり得る。そのように密接に関係していることが明らかになっているにも関わらず，こと組織学習に関しては，遊びとの関係に焦点を当てて議

論されてこなかった。本節では組織学習論において遊び概念を援用することによって，どのような議論が可能になり得るのか議論する。

１．初期の組織学習論と遊び

　第2節で述べたように，一言で初期の組織学習論といっても，いくつかの分類が存在し，しかもその分類の方法もまた統一されていない。しかしながら，初期の組織学習論の基盤ともいえる議論は，Argyris & Schön（1978）の「シングルループ−ダブルループの議論」であることもまた確認した。本章では，初期の組織学習論と遊びの可能性として，Argyris & Schön（1978）の「シングルループ−ダブルループの議論」に遊び概念を適用することによる貢献と限界の可能性について議論したい。

　「シングルループ―ダブルループの議論」の肝要は，組織学習をシングルループ学習とダブルループ学習の2種類の様態からなるものと規定した点にある。この点を勘案するに，初期の組織学習論と遊びの関係について議論するには，シングルループ学習と遊びの関係，およびダブルループ学習と遊びの関係という2つの関係について議論する必要があるということになろう。

　シングルループ学習とは，既存の組織の価値観や理論を基にエラーを感知し，組織の内部環境や外部環境に対応していく形の学習である。このような形態における遊びは，「社会化の手段としての遊び」となる。社会化の手段としての遊びとは，遊びを教育手段として見なすものである。例えば，それは Mead（1934）のいうゲームを通した社会化にあたるものと考えられる。子どもは遊びの段階を経てより高度な遊びであるゲームの段階に至ったときに現実の社会へと社会化されていくと Mead は主張する。ゲームの中では，他者との相互作用の中から自らの役割を把握することが求められるようになり，その過程で子どもは大人へと成長していくのである。

　しかしながら，注意すべき点は，シングルループ学習は，既存の組織の価値観や形態を参照して行われるという点である。ここでは，既存のルールに対する見直しは行われない。その意味で，シングルループ学習は Mead の主張する遊び・ゲームによる社会化よりもさらに限定された形をとり得る。ここ10年くらいゲーミフィケーションを学習に活用しようとする考え方が見られるようになっている。これは，学習したい，あるいはさせたい物事をあらかじめゲームとして

設計しておき，学習者がそのゲームを行うことによって学習が進捗するというシステムである。特にこのようなあらかじめ設計されたゲームを行う形での遊びを通した学習が，シングルループ学習となり得る。組織の既存の価値観やルールがあらかじめゲーム内に設計され，またそこにはその組織なりの正解がある。学習は，この正解を探る形で実行され，既存の価値観やルールが見直されることはない。シングルループ学習への遊びの適用は，あらかじめ設計された既存の価値観やルール自体を学んだり，それらを実際に起こるであろう問題への対応方法といった学習事項を，いかに効率的に遊びを通して学習可能となるかといったことが主な論点になるだろう。

　他方で，ダブルループ学習とは，組織の既存の価値観やルールの見直しを検討する学習であった。ダブルループ学習と遊びの関係についての議論は，まさに経営学および経営組織研究において遊びが注目されるに至った経緯のひとつと合致している。

　Weick（1979）は「遊びの意味するところは，ある種の二次学習である」（Weick 1979: 322）と述べている。遊びによって，何か新しい技能を習得することができるから遊びが重要なのではなく，活動のレパートリーを新しく組み替えることができるから遊びは組織化にとって重要なのであるとWeick（1979）は述べている。また，March（1976）も経営組織の行動ががんじがらめになってしまう前に，日常的なルールを一時的に緩めること（＝遊び）を組織に導入することの重要性を認識していた。

　ダブルループ学習と遊びの関係は，直接的に組織学習と遊びの関連で議論されてはこなかったが，March（1976）やWeick（1979）をはじめとした組織の創造性についての議論の中にそのエッセンスは見られる。それらを組織学習，特にダブルループ学習に統合していけば，すなわち，遊びはダブルループ学習の契機となり，また，その手段となり得る。遊びは，日常業務から離れ，組織に新しい何かを持ち込み，組織に既存の価値観やルールの見直しを迫る機会を持ちうるのである。

　以上に見てきたように，遊びと初期の組織学習については，シングルループ学習にせよ，ダブルループ学習にせよ，遊びは組織学習の手段であり，組織学習はその結果であるという関係に要約できる。あらかじめ学習すべき内容が決定されている状態で，学習者にその効果的な学習を促すための手段としての遊びが，シ

ングループ学習に関係する。他方で，組織の定常業務から離れ，組織の既存の価値観やルールの再検討を迫るための手段としての遊びが，ダブルループ学習に関係している。

2．実践コミュニティとしての遊び

　実践コミュニティによる組織学習の肝要は，学習者はコミュニティへの参加によって学習するということであった。学習者は，あるコミュニティにおいて新参者である間は正統的周辺参加という，いわばそのコミュニティにおいて正統性が認められつつも，あくまで周辺的な業務に携わる。これが，徐々にそのコミュニティにとって核心的な業務に携わるようになっていったとき，つまり十全参加へと移行していったとき，その新参者はすでにコミュニティにおいて新参者ではなく，一人前となっている。そういった意味で，学習は状況に埋め込まれているのである。

　ここで問題となるのは，実践コミュニティはどのような形態があり得るかということである。Brown & Duguid（1991）は，実践コミュニティの例としてOrr（1996）のコピー機の修理工のコミュニティを挙げている。Orr（1996）によれば，Orrが研究対象としたコピー機の修理工達が直面する問題はマニュアル化されたルーティンワークによっては解決ができない。そこで，彼らが参照するのが，修理工間で語られる過去の経験の逸話＝戦争物語であり，このストーリーこそが修理工達が直面する問題の解決，ひいては学習に大きく貢献していることが観察された。また，こういったストーリーを語ることができるということが，そのコミュニティにおける一人前のメンバーとして認められるということにつながるのである。こういったOrr（1996）の観察・研究を基に，Brown & Duguid（1991）は，修理工達が必要とする知識は高度に状況に埋め込まれており，それゆえに公的なマニュアルによる一方向的な学習アプローチではなく，コミュニティのメンバーとの相互作用とコミュニティへの参加を通した学習の必要性を主張した。

　とはいえ，実践コミュニティはインフォーマルな組織を意味するのではないことに留意しなければならない。Lave & Wenger（1991）は実践コミュニティの実例として5種類の徒弟制を事例として議論を進めている。そこで，「徒弟制は必ずしも常に『インフォーマル（非公式）』とは限らない（むしろ，希なくら

いである）」（Lave & Wenger 1991: 訳45），あるいは「徒弟制での学習は，イン
フォーマルな学習の類型化された見方でみなされるような『仕事に突き動かされ
た（work-driven）』ものではない」（Lave & Wenger 1991: 訳78）と彼らが実践
コミュニティの実例として挙げている徒弟制について述べている。青木（2003b）
は，Lave & Wenger（1991）からは組織をフォーマル組織とインフォーマル組
織という伝統的二分法からアプローチすることの限界への認識という示唆を得る
ことができると評している（青木 2003b: 208）。

　実践コミュニティは時に自然発生的に時に何らかの意図をもって形成される。
そして，実践コミュニティは時に非公式な形態でありながら，しかし公式な組織
に対して確実に何らかの影響を及ぼしている。ところで，Huizinga（1956）は遊
びの特徴として，第一に自由な活動，第二に隔離された活動，第三に完結したか
つ移動，第四に不確実性によって支えられた活動，第五に特有の規則を有してい
る活動であることを挙げている（Huizinga 1956: 18-19, 訳28-29）。これらの諸特
徴を見るに，実践コミュニティは遊び的要素を持っているということができる。
あるいは，実際に経営組織においてみられる遊びにこそ，実践コミュニティの要
素が見られるともいえる。それゆえに，組織で行われる遊びは実践コミュニティ
になり得るし，実践コミュニティは組織にとっての遊びになり得るという意味
で，実践コミュニティとしての遊びが成り立つのである。

　また実践コミュニティの議論が，フォーマル－インフォーマル組織という伝統
的二分法の限界を認識し，それを超えようとしていたのと同様に，経営組織にお
ける遊びの研究もまた，フォーマル組織における公式な業務－インフォーマル組
織における遊びという二分法の限界を認識している。March（1976）は，遊びは
組織の知性，すなわち客観的に合理性にとって代わるべきものではなく，知の補
完物として捉えるべきであると述べている（March 1976: 77）。遊びとしての実
践コミュニティの研究は，実践コミュニティ内での学習や関係性が実践コミュニ
ティを越えた実践に対してどのように補完していくのかが理解可能となると考え
られるのである。

むすびにかえて

　本章では，組織学習論において遊びを議論することの意義について議論してき

た。伝統的な組織学習論においても，また比較的最近議論されるようになった実践アプローチの組織学習論においても，それらの中で遊びを議論することに意義を見出すことができた。

　とはいえ，本章には非常に多くの問題点が存在する。問題点の多くは，本章があくまで理論的な議論を進めたに過ぎないということに起因するだろう。組織学習に対する遊びの意義が有無やその程度は実証にかかっている。今後，組織学習が行われる現場において，本当に遊び的な要素がどのように学習に影響を及ぼすか，あるいは学習していく中で遊び的要素がいかに活用されるのか等々といった研究を進めていく必要がある。そのためには，実行可能な研究方法についても議論をしなければならない。組織学習と遊びの研究は，今まさに始まったばかりであるといえるのである。

【参考文献】

Argyris, C. and A. Schön (1978), *Organizational Learning: A Theory of Action Perspective*, Reading, Mass: Addison-Wesley.

Bateson, G. W. (1972), *Steps to an Ecology of Mind*, New York: Ballantine. (佐藤良明他訳『精神の生態学』思索社，1990年。)

Bell, D. (1974), *The Coming of Post-Industrial Society*, New York: Harper Colophon books. (内田忠夫他訳『脱工業社会の到来—社会予測の一つの試み—』ダイヤモンド社，1975年。)

Blackler, F. (1995), "Knowledge, Knowledge Work and Organizations: An overview and Interpretation," *Organization Studies*, 16 (6), pp. 1021-1046

Brown, J. C. and P. Duguid (1991), "Organizational Learning and Communities-of-Practice: Toward a Unified View of Working, Learning and Innovation," *Organizational Science*, 2 (1), pp. 40-57.

Cyert, R. M. and J. M. March (1963), *A behavioral Theory of the Firm*, 2nd ed., Englewood Cliffs, New Jersey: Prentice-Hall.

Dodgson, M. (1993), "Organizational Learning: A Review of Some Literatures," *Organizational Studies*, 14 (3), pp. 375-394.

Drucker, P. F. (1993), *Post-Capitalist Society*, New York: Harper Collins. (上田惇生・佐々木美智男・田代正美訳『ポスト資本主義社会—21世紀の組織と人間はどう変わるか—』東洋経済新報社，1993年。)

Easterby-Smith, M., M. Crossan and D. Nicolini (2000), "Organizational Learning: Debates Past, Present and Future," *Journal of Management Studies*, 37 (6), pp. 783-796.

Easterby-Smith, M. and M. A. Lyles (2011), "The Evolving Field of Organizational Learning and Knowledge Management" in M. Easterby-Smith and M. A. Lyles (eds.), *Handbook of Organizational Learning & Knowledge Management Second Edition*, West Sussex: A John Wiley & Sons, pp. 1-22.

Fiol, C. M. and M. A. Lyles (1985), "Organizational Learning," *Academy of Management Review*, 10 (4), pp. 803-813.

Glover, I. (2013), *Play as You Learn: Gamification as a Technique for Motivating Learners*, Proceedings of World Conference on Educational Multimedia, Hypermedia and Telecommunications 2013, AACE, Chesapeake, VA, 1999-2008.

Hedberg, B. L. T. (1981), "How Organizations Learn and unlearn," in P. C. Nystrom and W. H. Starbuck (eds.), *Handbook of Organizational Design*, Vol. 1, New York: Oxford University Press, pp. 3-27.

Huber, G. P. (1991), "Organizational Learning: The Contributing Processes and Literatures," *Organizational Science*, 2 (1), pp. 88-115.

Huizinga, J. (1956), *Homo Ludens: vom Ursprung der Kultur im Spiel*, Reinbek bei Hamburg: Rowohlt. (高橋英夫訳『ホモ・ルーデンス―人間文化と遊戯―』中央公論社, 1963 年。)

Kavanagh, D. (2011), "Work and Play in Management Studies: A Kleinian Analysis," *Ephemera*, 11 (4), pp. 336-356.

Klein, M. (1984), *Envy and Gratitude, and Other Works, 1946-1963*, New York: Free Press.

Lave, J. and E. Wenger (1991), *Situated Learning*, Cambridge University Press. (佐伯胖訳『状況に埋め込まれた学習―正統的周辺参加―』産業図書, 1993 年。)

Levitt, B. and J. G. March (1988), "Organizational Learning," *Annual Review of Sociology*, 14, pp. 319-340.

March, J. G. (1976), "The Technology of Foolishness," in J. G. March and J. Olsen (eds.), *Ambiguity and Choice in Organizations*, Bergen, Norway: Universitetsforlaget. (遠田雄志・アリソン・ユング訳「テクノロジー・オブ・フーリッシュネス」『組織におけるあいまいさと決定』有斐閣選書, 1986 年。)

Mead, G. H. (1934), *Mind, Self, and Society*, from the standpoint of a social behaviorist, Chicago: The University of Chicago Press. (河村望訳『デューイ＝ミード著作集 6　精神・自我・社会』［有］人間の科学社, 1995 年。)

Orr, J. E. (1996), *Talking about Machines: An Ethnography of a Modern Job*, NY: Cornell University Press.

Piaget, J. (1969), *Psychologie et Prdagogie*, Paris: Gonthier. (竹内良知・吉田和夫訳『教育学と心理学』明治図書出版株式会社, 1975 年。)

Schiller, F. V. (1795/1950), *Ueber die ästhetische Erziehung des Menschen in einer Reihe von Briefen*, Tokyo: Sansyusha. (小栗孝則訳『人間の美的教育について』法政大学出版局, 2003 年。)

Senge, P. M. (1990), *The Fifth Discipline*, Currency and Doubleday. (守部信之訳『最強組織の法則』徳間書店, 1995 年。)

Weick, K. E. (1979), *The Social Psychology of Organizing*, 2nd ed., Reading, MA: Addison-Wesley. (遠田雄志訳『組織化の社会心理学［第 2 版］』文眞堂, 1997 年。)

Wenger, E., R. McDermott and W. M. Snyder (2002), *Cultivating Communities of Practice*, Harvard Business School Press. (櫻井祐子訳『コミュニティ・オブ・プラクティス』翔泳社, 2002 年。)

West, S. (2015), "Playing at Work: Organizational Play as a Facilitator of Creativity," *Department of Psychology*, Lund University.

青木克生 (2003a),「組織学習における実践ベース・アプローチ」岩内亮一・高橋正泰・村田潔・青木克生『ポストモダン組織論』同文舘出版, 179-204 頁。

青木克生 (2003b),「実践コミュニティと組織分析」岩内亮一・高橋正泰・安藤史江 (2001),『組織学習と組織内地図』白桃書房。

上田信行・中原淳 (2015),『プレイフル・ラーニング―ワークショップの源流と学びの未来―』三省堂。

村田潔・青木克生『ポストモダン組織論』同文舘出版, 205-232 頁。

森田信博 (1986),「近代遊戯理論の変遷―教育学的視点から―（上）」『秋田大学教育学部紀要』36, 111-124 頁。

森田信博 (1987),「近代遊戯理論の変遷―教育学的視点から―（下）」『秋田大学教育学部紀要』37, 35-52 頁。

山井太 (2014).『スノーピーク「好きなことだけ！」を仕事にする経営』日経 BP。

第 11 章

既存の学習論の限界と
プロジェクトベースドラーニングの有効性
——拡張的学習の視点から——

岡田　天太

はじめに

　本章の目的は，新型コロナウイルス感染症（COVID-19）の影響によって変化が生じたイレギュラーな状況下でのプロジェクトベースドラーニング（Project Based Learning：PBL）[1]において，既存の枠組みを超えた新たな価値の創造へと転換し，学習が拡張されていく拡張的学習論（Engeström 1987；鈴村・髙木 2019）の理論を用いることの妥当性を明らかにすることである。

　現在，COVID-19 が契機となり，大学教育が大きな変化を見せている。特に対面から非対面，特にオンラインコミュニケーションツールを用いた講義運営がなされている。PBL においてもこの傾向は同様であり，オンラインで実施している大学も多く存在する（Suzumura & Takagi 2021）。しかしながら，このオンライン実施に関して理論的な視点から見た効果検証については十分に行われているとは言えず，「活動の実施を優先し，理論的には十分整理されていない形で進められている例が見られる」（山田ほか 2012）という課題がある。

　そのため，本章では，COVID-19 によって非対面の環境下で行われることとなった大学での PBL プログラムにおける学びを Engeström（1987）が提唱する拡張的学習の視点から論じる必要性について論じる。そのため，次節では，人と組織の学習がそもそもどのような変遷をしてきたのかについて，学習論の展開をもとに述べる（第 1 節）。次に，学習論の限界から生じた拡張的学習について，その理論的背景と他の学習論についての理論と比較した優位性について論じる（第 2 節）。次いで，導管メタファーや経験学習といった理論的背景から大学教育

の変化として生じた実践の重視と PBL について，そして，そのような実践的なカリキュラムが非対面で行われる状況を，拡張的学習の視点から見ることの妥当性について述べる（第 3 節）。最後に，本章の限界と今後の発展可能性について論じる（第 4 節）。

第 1 節　学習論の展開

　個人が学習していくプロセスについてはこれまで様々な議論が重ねられてきた。行動に着目した行動主義からはじまり，認知プロセスという視点から研究する認知主義へと移行していく。さらに，認知主義はコンピュータの発達を踏まえて徐々に心理学にとどまらない横断的な学問（認知科学）へと移り変わっていった。本節ではこれらの学習論の展開を論じるとともに，その限界について述べる。

1．行動主義

　行動主義の起こりは Watson（1913）の "Psychology as the Behaviorist Views It" といわれている。この論文において，Watson（1913）は「行動主義者の視点としての心理学は純粋に自然科学の実験的で客観的な分野である」と述べ，その理論的なゴールは行動の予測と支配であるとした。また，行動主義者は動物的な反応は同一のスキームであり，人とけもの（brute）の間に線引きはないと認識していると述べている（Watson 1913）。

　行動主義によって，行動変容のプロセスについて客観的科学的に分析を可能にし，心理学を哲学から実証的なサイエンスへといざなった。

　かくして，心理学は実験室での動物実験をもとに行動の原理を探求することが中心となった（佐伯 2015）。行動主義においては，動物実験を通して証明される「刺激（S: Stimulus）」と「反応（R: Response)」の因果関係（S-R 理論）の法則的認識によって人間の学習過程を合理的に統制する心理学が構想された（佐伯 2013）のである。行動主義によって，行動変容のプロセスについて客観的科学的に分析を可能にし，心理学を哲学から実証的なサイエンスへといざない，歴史的に独立した人文科学としての地位を確立せしめたのである（斎藤 2009）。

　Watson によって萌芽が見られた行動主義だが，人の行動は単純な刺激と反応

の二項関係だけで語ることはできない。なぜなら，人が行動を行う上ではその行動によって何かしらの変化が生じる環境が存在しており，そのような環境との関係性について論じることが必要なのである。このような既存の人の行動のみに着目していた行動主義は限界を迎え，人の行動と外界との相互作用に着目した新行動主義がおこる。

2．新行動主義

　Hull（1943）は，行動理論は有機体（Organism）と環境との相互作用を中心とするとして，刺激と反応との関係における有機体の存在を考慮に入れたS-O-R 理論を論じた。また，Tolman（1932）は単純な生理的反射以外のすべての行動は，環境からのサポートが必要であり S-R 理論ではその視点が不足していると述べ，刺激によって生じる何らかの記号（Sign）に対して反応が生じるという S-S 理論を提唱した。加えて，Skinner（1954, 1965）は良い結果をもたらす反応が生じた際にその行動を強化することで発現確率が高まるとするオペラント条件付けを提唱し，Hull や Tolman, Skinner[2]によって発展してきたこれらの主張はより洗練された科学哲学と方法に基づき，体系的な理論構成を目指しており，物理学的操作主義を採用していることから，新行動主義として位置づけられている（斎藤 2009）。

　しかし，刺激と反応の組み合わせによる学習では説明することができない状況も存在する。佐伯（1975）はレヴィンが行った実験結果[3]を用いて，行動主義的学習観の限界について述べる。強化と反応のみならず「概念」や「仮説」といった人の頭の中に存在する要素を加味しなければ人の学習について説明をすることはできないと述べる。つまり，人が学習する上では人の頭の中で行われる認知の構造について着目する必要がある。

3．認知主義

　行動主義，新行動主義の時代は 1956 年に起きた認知主義革命によって終わりを迎える。認知主義革命の背景には当時発表されたいくつかの研究が存在する。Bruner, Goodnow & Austin（1956）は人がある概念の達成に向けてその決定を行うための規則として「ストラテジー」が重要であると述べた。この研究は，心理学が「行動」にのみ研究の関心を向けていたことから，「頭の中で

やっていること」の研究の可能性を示した点で，まさに画期的な研究であった（佐伯 2014）。Miller（1956）は確固たる判断と短期記憶において，人が受け取り，処理し，思い出すことができる情報量には限りがあるということを指摘した。この研究を通して，人の情報処理には限界があることが示されるとともに，心理学における情報処理の重要性が高まりを見せていることが明らかとなった。また，Newell & Simon（1956）は"The Logic Theory Machine a complex Information Processing System"において，ヒューリスティックな方法を用いて，記号論理学の定理における根拠を発見することができるための情報処理システムの詳細を明らかにした。このように，人の情報処理プロセスについての関心が高まりを見せる中，Neisser（1967）は行動主義に代わる新たな心理学の領域として，認知構造をゲシュタルト心理学者バートレットが掲示したスキーマ（図式）の視点から議論した。そして，この議論をきっかけにコンピュータと人の認知プロセスを分けようとする研究が生まれた中で，Winograd（1972）は，言語についての知識や文構造，文法，主題を組み合わせることによって人が言語を理解するプロセスを，コンピュータにおいて文法や意味論，そして推論といった方法を組み合わせることで実現をした。この論文をきっかけとして，言語や知識に関する研究を行っていた様々な研究者が認知心理学について関心を持つようになり，学問横断的な研究としての「認知科学」が誕生する。認知心理学／認知科学の世界では「学習」という言葉はほとんど使用されず，人工知能研究の高まりによって「知識表現」といった言葉や「知識」の活用による問題解決や情報処理システムといった言葉に置き換えられていくこととなった（佐伯 2014）。

4．認知科学

　Simon & Kaplan（1991）は認知科学の定義として「認知科学というのは，『知能（intelligence）』と『知的システム（intelligent systems）』の研究であり，『計算』とみなし得る知的行為（intelligent behavior）に特別な論及をする。それらには，実験心理学，認知心理学が入るし，（計算機科学の一分野としての）人工知能が入り，さらに，言語学，哲学（特に論理学と認識論），神経科学，及びその他（人類学，経済学，さらに社会心理学はコメントをするために必要）が入ることになる」と述べている。このように認知科学は様々な領域の学問と連関する学際的な研究として位置づけられている。

　認知科学の中で，人間の思考プロセスをコンピュータの情報処理プロセスと基本的には同じようなプロセスであるとみなす立場は，「情報処理的アプローチ」と呼ばれている（佐伯 2013）。この情報処理のプロセスは，人間の頭の中に知識づくりのためのスキーマ（図式）を持ち，ここに既存の知識の断片をつけ加えることで何かしらの「意味」を構成していくという形で説明がされる（佐伯 2004）。

　しかし，人間が意味を求めたり，意味を創り出したりする働きをすべて「スキーマ」で説明しようという企ては，一見，すべてうまく行きそうに見えるが，ここで重大な問題があると佐伯（2004）は主張する。それは，このような考え方では，人間の知的な営みはすべて，「個人のアタマの中」で処理されることだとみなしており，外界の事物を道具として活用したり，他人の助けを求めたり，他人と協力し合って問題を解決したりするという，外界と「相互作用」していることについては，まったく説明も予測もできないということである（佐伯 2004）。人の「学び」を研究する上では頭の中で完結するプロセスとして説明することはできず，その状況に即して考えることが必要なのである。

5．状況論

　人間の認知における外界との相互作用の重要性が高まりを見せる中で，この動向に重要な筋道をつけているのが，認知科学における状況論的アプローチである（佐伯 1992）。

　人の学習における認知プロセスは，機械的な情報処理プロセスを経て知識を獲得するという見方から変化し，人の学習における状況論的アプローチがとられるようになり，そしてそれを記述する観点として人類学が用いられるようになる。Cole & Scribner（1974）は，文化的背景や地域ごとの制約，彼らが起こした文化といったことへ配慮をしたうえで心理学の理論を適応させなければ実験的な自己中心性[4]を用いるリスクが生じると述べた。そして，Cole & Scribner（1974）は文化的要因とコミュニケーション行動との間の複雑な結びつきについての理解を深めるうえで，実験（心理学者の特殊技能）と観察（人類学者の専門）の2つを結びつけた双生児法によって問題に取り組むことを提唱した。これら2つの方法がしばしば関係のないものとして，実際に対立するものとしてではないまでも，無関係の研究法として考えられている向きがあるが，そうではなくてそれら

は互いに補い合い，豊かにし合う研究アプローチであると述べるのである。これらの，状況によって知識は異なるという人類学的視点をさらに発展させた研究として，人類学者の Suchman（1987）による研究があげられる。彼女はトラック諸島の島民とヨーロッパ人の航海の方法が異なるという事例を用いて行為の状況依存性について述べている。この状況に埋め込まれた行為という視点を学習に適応した研究として，Lave と Wenger という二人の研究者が学校以外の様々な「仕事場」で人々がどのように学習しているかについて詳細なフィールドワークを行って調べ，それに基づいて，「人類学的視点からの学習論」を提唱した（佐伯 2004）。ここにおける学習とは，コミュニティへ参加し，メンバーとの相互交流を通じて獲得していく創発的なプロセスとして捉えることである（鈴村・髙木 2020）。実践共同体[5]の考え方は Lave & Wenger の「正統的周辺参加」論において用いられた。学習者は，初めはその共同体において正統性はありながらも，周辺的な参加に始まり，次第にその共同体内に対し中心的な参加をしていく。最終的に中心的な参加をしている状態は十全的参加と呼ばれ，この状態になると学習者は共同体においてアイデンティティを確立することとなり，正統的周辺参加におけるゴールに至る。周辺というのは，徒弟制度の場合には，新参者が新たな共同体に入って任される仕事は，影響力の少ない，失敗しても問題にならないような「周辺的な」仕事からであるという意味である（佐伯 1998）。そして，正統的周辺参加理論において，Lave & Wenger（1991）は学習を実践共同体への参加の度合いの増加とみる。この理論の補強的意味合いを持つ具体例として，Lave & Wenger（1991）はユカタンの産婆の徒弟制度を挙げている。産婆の娘として生まれたマヤ族の少女は，産婆術を特に教わることなく，大人になる頃には産婆として一人前に育つ。はじめは母親ないし祖母が行っている産婆術の観察からはじまり，薬の調達や調合といった，周辺的であるが，長期的には産婆術の習得に繋がる，正統性のある社会的実践への参加を経験する。そして，何年もかけてようやく自分自身が熟練者として十全的な参加をしていくのである。つまり，実践共同体に参加することを通した学習というのは，その共同体やその共同体の外にある環境との関係性等，状況に即して考えられるべきことであり，状況から切り離して考えるべきではないのである。また，紅林（1997）は正統的周辺参加の学習観について「学習とは知識・技術の習得と正当的周辺参加の二層構造であるが，知識や技能の習得は正統的周辺参加による表出であり，学習は単なる認知的

過程ではない」と述べている。

　しかし，これらの状況的学習論については限界が存在している。状況論としての正統的周辺参加は人類学の視点を学習に適応した理論である。そもそも，人類学というのは，調査対象の世界がどのようなものか，そこで人々はどのように活動しているのかを「見る」学問であり，対象世界を「操作しよう」とか「変えよう」と思うことは，本来的には「含まれていない」（佐伯 2014）点である。佐伯（2014）は，「変革」がどのように生じ，どのように変革していくかを，人類学的に分析，考察することはできるが，人々が（あるいは，一人一人の個人が）そのような変革・変容に「参加」しようとする「動機づけ」には一切語らないと述べている。加えて，正統的周辺参加論では「参加」がなければ学習は生まれず，「教育」のように「望ましいこと」を学んでもらいたいときにはどうするのか（佐伯 2014），言い換えると能動的な学びをどのようにして誘発するのかという点については触れられていない。

　加えて，状況的学習論は共同体の再組織化がどのようになされるのかに関する議論に，いまだ課題を残していると言える（平田 2017）。平田（2017）は再組織化が起こる理路についてはあまり説明がなされていないとともに，再組織化が起こるからには，既存の共同体の成員や人工物のネットワークに，何らかの変容が伴うはずであるが，そのような変容についても理路は示されていないと述べている。

第 2 節　拡張的学習の可能性

　学習論の限界を踏まえ，組織において個人が学習し，そして既存のコミュニティを再組織化，変革していくという視点から Engeström の拡張的学習論が注目されている。そこで，本節では既存の学びをさらに拡張させ，発展させていくという視点から拡張的学習について述べる。

1．拡張的学習論の出現

　Engeström によって創出された文化・歴史的活動理論には歴史的背景があり，その理論には発展過程があり，それは 3 世代に区分される（平田 2017）。第一世代は，ヴィゴツキーを中心とするもので，「媒介」というアイデアを生み出し

た（Engeström 1987）。ヴィゴツキー（1982）は，記号（言葉）が道具として使用され媒介することによって概念形成が生じると述べる。すなわち，言葉は人間とものの間，あるいは人間と人間の間に入り込み，人間の活動の目的を実現するための手段としての機能を持つのである（高取 1991）拡張的学習論は人間の活動を「主体」「対象」そしてそれらを媒介する「人工物（アーティファクト）」からなる三つ組みとして捉え，この媒介物として歴史的，文化的につくられてきた言語や物的な道具を用いることから人間の活動が文化的であり社会的なものであることを明らかにしたのである（佐長 2016）。人間の活動に対する先に述べた考え方は，デカルト主義的な個人主義[6]と，文化－歴史的な社会の構造という触れることのできないものの両者の間にあった裂け目が，この分析における基礎単位である「主体」「対象」「人工物（アーティファクト）」の導入によって克服されたという点で画期的であったという（Engeström 1987）。一方で，分析単位がもっぱら個人に焦点化されていたという限界があり，その限界は，レオンチェフの仕事に強く触発された第二世代によって克服されることになった（Engeström 1987）。レオンチェフは集団狩猟の事例を用いて既存の個人における「道具」の媒介的行為の限界を指摘した。動物の集団狩猟における，「勢子」（獲物を狩りだして追い立てる人）の活動は動物の群れを驚かせて追い立て，それを待ち伏せしているほかの狩人のところを向かわせようとするもので，その結果として本人が毛皮や肉を手にすることにはつながらない（レオンチェフ 1967）。レオンチェフ（1967）はこの状況に着目し，勢子の直接的な結果と最終的な成果を結びつけるものは，個人と集団のほかのメンバーとの関係であり，動機と行為の対象との連関は社会の客観的な連関や関係を反映していると指摘する。

　レオンチェフの限界として，Engeström（1987）はヴィゴツキーの媒介された行為のモデルを集団的活動システムのモデルへと明確に拡張することはなかった点であると述べ，ヴィゴツキーとレオンチェフの2つの世代が切り拓いた，媒介された行為のモデルおよびその集団的な観点に加え，集団的活動の多様な要素を踏まえた，新しい「活動システム」モデルを創出したのである（平田 2017）。そしてこのシステムはBatesonの学習理論を背景として，拡張性を有していると考えられるようになる。

　Bateson（1990）は学習がどのタイプの—どの論理レベルにおける—エラーの修正に関わるのかを見ていくことで，学習プロセスを論理的ヒエラルキーの中に

秩序づけることが可能になると述べる。具体的には学習をⅠ〜Ⅲに分けてそれぞれを以下のように分類する。

　「〈学習Ⅰ〉とは反応が一つに定まる定まり方の変化，すなわちはじめの反応に代わる反応が，所定の選択肢群のなかから選び取られる変化だった。
　〈学習Ⅱ〉とは，〈学習Ⅰ〉の進行プロセス上の変化である。選択肢群そのものが修正される変化や，経験の連続体が区切られる，その区切り方の変化がこれにあたる。
　〈学習Ⅲ〉とは，〈学習Ⅱ〉の進行プロセス上の変化である。代替可能な選択肢群がなすシステムそのものが修正される類の変化である。（のちに見ていくように，このレベル変化を強いられる人間とある種の哺乳類は，時として病的な症状をきたす。）」（Bateson 1990）

〈学習Ⅰ〉は教室において正しい答えを学ぶ学習であり（平田 2017），〈学習Ⅱ〉はこの時同時に行われている文脈や構造の獲得である（Engeström 1987）。そして〈学習Ⅱ〉が生み出すダブルバインド[7]状況によって，所与の文脈を捉えなおし，別の文脈を構築していく〈学習Ⅲ〉を導くのである（平田 2017）。
　そしてこのような〈学習Ⅱ〉を通して生じる内的矛盾を契機とした〈学習Ⅲ〉への移行について，Engeström（1987）はヴィゴツキーの最近接発達領域の概念を用いて説明をする。ヴィゴツキーは学齢期における生活的概念と科学的概念の発達の比較研究を通して（ヴィゴツキー 1935, 1982），自主的に解決される問題によって規定される現在の発達水準と，自分よりも知的な仲間と協働することで規定される可能的発達水準があると述べる。これに対して，Engeström（2016）はこうした個人主義的傾向を持つヴィゴツキーの概念を以下のように再定義し，集団的活動のレベルで学習と発達を扱えるようにしたと主張している。

　「最近接領域とは，個人の現在の日常的行為と，社会的活動の歴史的に新しい形態—それは日常的行為のなかに潜在的に埋め込まれているダブルバインドの解決として集団的に生成されうる—とのあいだの距離である」（Engeström 1987）。

　集団的活動システムにおいては，様々なグループや階層の声が衝突し補完し合っており，こうした声のすべてが含みこまれ役立てられねばならないとEngeström（1987）はいう。

　Engeström が提唱する活動システムモデルは，学習が，ある特定の状況や文脈においてのみ生起するだけでなく，その状況・文脈を超えて，新しい状況・文脈へと拡張するダイナミックな活動であることを指摘している（平田 2017）。

2．拡張的学習論における活動システムと拡張プロセス

　拡張的学習の理論は，通常の学習理論が，伝統的に学習を，既成文化の獲得や制度的な制約への適応と捉えているのに対し，そうした狭い概念化を超えていこうとする新しい学習理論である（山住 2014）。そこでは，「拡張（expansion）」という言葉によって，人々が自らの生活や実践活動を自分たち自身でより幅広くコントロールし，転換し，創造していくための学びが照らし出されている（山住 2014）。Engeström & Sannino（2010）はこのような拡張的な学びを通して，学び手は，自分たちの活動について，根本的に新しい，より幅広くて複雑であるような対象と概念を構築し，それを実行することによって新しい実践活動を創造していくと述べている。

　この媒介手段が持つ相互補完的潜在力という視点から，Engeström（1987）は，活動システムと実践共同体について三角形のモデルにて示している（図表11-1）。活動を行う「主体」はその活動を行う「対象」となるものに対して媒介物としての記号といった「道具」を用いている。この実践を表す上部の小さな三角形に加え，その実践を拡張させる要素とその関係性について三角形を用いて表している。人間（主体）が活動を行う上では，個人のみならず同じ「対象」を共有した「共同体」において活動を行い，そしてその「共同体」を介して行われた。

　活動はメンバー内で「分業」が行われることで，対象物へのより効果的な活動が営まれる。そしてこのように活動の「主体」が「共同体」を構成するためには統制するための共有された共通の「ルール」が存在する必要がある。これら6つの要素が持つ相互補完的な関係として存在することで，活動のシステムが構築されているのである。

　加えて，拡張的学習は，対象に向かう活動の新たに拡張された対象やパターンの形成をもたらす（Engeström 2016）。Engeström（2016）はそのプロセスを7

図表 11 - 1　拡張的学習の視点から見た集団的活動システムと実践共同体

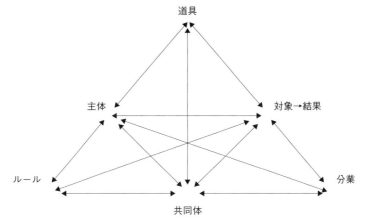

出所：Engeström（2016）を参考に筆者作成。

つの行為に分け，以下のように述べている。

「・第一の行為は，一般に認められた実践や既存の知恵のある側面に疑問を投げかけ，批判し，拒絶していくことである。

・第二の行為は，状況を分析していくことである。分析は，原因や説明メカニズムを発見するために，状況を，精神的，言説的，実践的に転換することを含んでいる。

・第三の行為は，新たに発見された説明可能な関係性について，公けに観察可能で伝達可能な媒体を用いてモデル化することである。

・第四の行為は，モデルの動態とポテンシャルと限界を完全に把握するために，モデルを走らせ，操作し，実験することによって，モデルを検証していくことである。

・第五の行為は，実践的適用，改良，概念的拡大によって，モデルを実行することである。

・第六と第七の行為は，プロセスを内省することと評価すること，そしてプロセスの成果を実践の新しい安定した形態の中に統合していくことである。」

このプロセスを図にしたものが図表 11 - 2 である。既存の枠組みに対する内的

図表 11 - 2　拡張的学習の学習サイクルを通した実践の創発プロセス

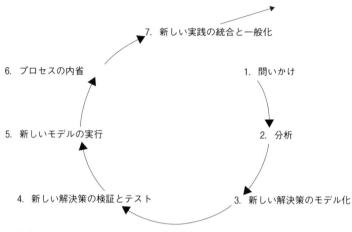

7. 新しい実践の統合と一般化

6. プロセスの内省

1. 問いかけ

5. 新しいモデルの実行

2. 分析

4. 新しい解決策の検証とテスト

3. 新しい解決策のモデル化

出所：Engeström（2016）を参考に筆者修正。

　矛盾の現れと解決を通して，そこから生まれた単純なアイデアがより複雑な対象
へ，新たな実践の形式へと移行していくのである（Engeström 1987）。

3．拡張的学習の実務的有効性

　ここまで述べてきた行動主義から始まった学習論について，先行研究をもとに
してここまでレビューを行ってきた。そして，これらの議論を整理する枠組みと
して松本（2015）の分類を使用する。その理由として，ここまでの佐伯（2004,
2013）や Cole & Scribner（1974），Suchman（1987）による議論にあるように，
行動主義から認知科学までの学習においては知識の状況依存性や，人による道具
の使用や他人との協働といった外界との相互作用について見落とされている。こ
れらの，従来の学習においては見落とされていた点を，説明し補足する概念とし
て実践共同体を位置づけることができると考えるためである。加えて，個人の熟
達を支援する研究が近年広がりを見せている（金井・楠見 2012）中で，経営学
において長らく学習研究の主流は組織学習であり，これらの個人の学習と組織の
学習という両者に対して排他的ではなく，むしろ促進する補完的な存在として実
践共同体を位置づけることができる（松本 2015）ためである。
　松本（2015）は表のそれぞれの学習スタイルについて，1 つ目は実践共同体の
中における学習スタイルとして，「共同体内学習」という言葉で表現する。これ

図表 11-3 学習スタイルの分類

| | | 低次学習・高次学習 | |
		低次	高次
実践共同体からの内的・外的方向性	外的	共同体外学習	複眼的学習
	内的	共同体内学習	循環的学習

出所：松本（2015）を参考に筆者作成。

は正統的周辺参加のような徒弟的な学びであり，共同体を構成している成員間での相互作用によって知識や技能を獲得していくスタイルである。2つ目は共同体に所属しながらも他の共同体やその構成員のような外部の環境との相互作用を通して学習を深めていく「共同体外学習」と呼ばれる形である。ここまで述べたのが低次の学習なのに対して，公式の組織と実践共同体との間での横断によって高次学習を行う「循環型学習」というスタイルを3つ目に提唱する。この学習スタイルを行う実践者は理論と実践的な経験に基づく現場における知識との乖離を指摘し，そのギャップから学習を行うことが必要であると述べる。そして，最後がダブル・ループ学習や Bateson（1972）が提唱した学習Ⅲのようなメタレベルの学習である。これらは組織レベルでの研究であったり，個人レベルを対象にした研究であっても具体的な方法論については論じられていない（松本 2015）。

　これら4つの分類によってここまでに述べた学習論を整理すると，拡張的学習はこれまでに学習論において論じられてこなかった「複眼的学習」に位置づけることができる。すなわち，既存の学習論においては正統的周辺参加のように共同体内での知識獲得や Nonaka & Takeuchi（1995）のような共同体外との相互作用を通じた知識創造，また Argyris & Schön（1978）のような分析視点を組織としてみた学習については論じられてきた。その中で，分析単位を個人として，「共同体における多様で客観的な視点から自己の技能・知識をみて，規範的な知識との比較」（松本 2015）を通した，つまりダブルバインドを契機としたメタ学習の創出という視点で拡張的学習の学習観の新規性を見ることができる。

　加えて，松本（2015）の提唱する複眼的学習においては組織に対して学習を契機とした変革の創出について論じられていない。拡張的学習は個人の学習を通してその学びを集団へと拡張し，その結果として集団における学習を促進し集団を変革していくことができるという点で，拡張的学習の既存理論と比較した優位性を見ることができる。

第3節　環境変化と拡張的学習

　本章では実践的な学びとしてのPBLを記述する理論として導管メタファーと経験学習，そして，経験学習と拡張的学習との連関という視点からイレギュラーな状況における学びを拡張的学習の視点から見ることの可能性について論じる。

1．経営教育における実践的な学びとしてのPBL

　経営学を学ぶ上で，より優れた経営実践を行うためには，理論的知識と共に，実務に関連した実用的知識も必要となる（中村 2009）。そのため，中村（2009）は「経営学教育から習得した知識を活用する経営能力の育成であり，形式知として習得した知識を自身の暗黙知として定着させるために，ケーススタディなどの実践的なカリキュラムを通して，問題解決能力の向上を図る」経営教育の重要性を述べている。

　実際に，日本経済団体連合（2018）が行った「新卒採用に関するアンケート調査結果（n＝597社）」によると，新卒採用において企業が重視する点としてコミュニケーション能力（82・4％），主体性（64.3％），チャレンジ精神（48.9％）が上位3つに存在している。しかし，従来の学習方法ではこれらの能力の習得は難しい（Suzumura, Takagi & Okada 2021）。

　加えて，「新たな未来を築くための大学教育の質的転換に向けて」（中央審議会 2012）においては，「従来のような知識の伝達・注入を中心とした授業から，教員と学生が意思疎通を図りつつ，一緒になって切磋琢磨し，相互に刺激を与えながら知的に成長する場を創り，学生が主体的に問題を発見し解を見出していく能動的学修（アクティブ・ラーニング）への転換が必要である」と述べている（Suzumura, Takagi & Okada 2021）。この実践の重要性という視点から，受動的教育から能動的教育への移行について論じられるとともに，アクティブラーニングの重要性が高まりを見せている[8]。

　その中でも学生のモチベーションを維持したうえで，かつ研究・学習成果を社会に還元することができるPBLは，大学にとって学外企業・機関との共同という役割を果たす意味からも有益であるといわれている（鞆 2018）。

　実務的な視点（ベネッセ教育総合研究所 2011）からの必要性のみならずその

有効性については多くの研究がなされている。南（2011）は実際のビジネスにおいて必要な知識や手法の習得及び実践への応用に効果的だと述べ，前田・八鍬（2011）は，PBL は個別事例における課題解決方法を学習するプロセスを通して，情報活用能力の醸成に効果があるとした。八島・森部（2009）は，学生の就職に繋がっていることから，PBL の有効性を示した。また，井上（2007）は，情報教育において PBL の有効性について検証を行い，「問題解決力」「自己学習」「対人コミュニケーション」「情報リテラシー」の項目において，PBL の学習効果が高いことを証明している。これらの理由から，大学学部教育における経営教育としての PBL の導入は更に加速していくことが予想される。

　このような実践的な学びとしての PBL を記述する理論として本節では導管メタファーと経験学習，そしてその経験学習と拡張的学習との連関について論じる。

2．導管メタファーとその限界

　コミュニケーションという活動を情報伝達とみなす考え方は，ビジネスの現場で支配的なコミュニケーション観となっている（中原 2009）。そのため，ビジネスパーソンが学生に対して実社会の課題を伝達し，その課題に取り組むという PBL のプログラムにおいてはこのような情報の正確な移動は重要な点として挙げられる。このような情報を有形のものとして捉え，情報の送り手と受け手の間にパイプのような流通経路があり，そのパイプに情報をポンと投げ込めば，そのまま受け手に内容が伝わる（中原 2009）という学習観を Reddy（1979）は導管メタファーと呼ぶ。

　Wertsch（1995）によると，その特徴は，① 言語は導管のように働き，ある人から他の人へと身体的に思考を伝達する，② 書いたり話したりするときに人は思考や感情を語にはめこむ，③ 語は思考と感情の器となり，それを他者に運搬することによって伝達が行われる，④ 聞いたり読んだりするときには，人々はその語から思考や感情を引き出す，といった点があげられる。このような意味や目的意識の共通理解よりも，送り手から受け手へのメッセージの正確な移動を重視するコミュニケーション観は，私たちの日常生活にも深く浸透しており，その典型的な例を誰もが経験している近代的な学校教育に見出すことができる（中原 2009）。一方で問題として挙げられるのが情報の一方向性である（Wertsch

1995)。すなわち，受け手は単なる情報の引き出し役でしかなく，コミュニケーションにおいて能動的な役割を果たすのは難しいと述べる（Wertsch 1995）。導管メタファーに対する否定は，先に述べた教育現場にも適用することができる。すなわち，従来の系統的学習と呼ばれる情報の「送り手」としての「教師」と「受け手」としての「生徒」という構図による知識の伝達では学習は一方通行のものとなってしまうのである。

3．経験学習

　導管メタファーの限界を踏まえて，従来の学習方法である講義形式の系統的学習は，大学教育において徐々に変化しており，近年様々な工夫や代替的な教育方法が提案され次第に普及してきた（佐藤 2011）。とりわけ，経営学においては，その理論を通して経営現象を捉え，それに基づく行為や実践を実現できるようになることが意図されている（佐藤 2011）。これらの実践や経験の重視という視点から見た学習として経験学習が存在する。そのルーツは，プラグマティズムの思想を背景に学習に関する議論を行った Dewey にさかのぼることができる（中原 2013）。Dewey（2004）は，教育において学習者個人と社会との両方の目的を達成するための教育は，経験—それはいつでもある個人の実際の生活経験—に基礎づけられなければならないという原理を提唱する。中原（2013）は，経験の内省を通して個体は認知発達をとげるという Dewey の理論を発展させ，実務家に利用可能な循環論に単純化し，その理論の普及に努めたモデルとして Kolb の経験学習モデルを挙げている。Kolb（1984）は，学習の定義として「経験の変化によって創出された知識によるプロセスである。」と述べる。

　経験学習は4つのプロセスからなる。1つ目のプロセスは，「具体的経験」で学習者が環境（他者・人工物等）に働きかけることで起こる相互作用を指す。2つ目のプロセスは「内省的観察」で，「ある個人がいったん実践・事業・仕事現場を離れ，自らの行為・経験・出来事の意味を，俯瞰的な観点，多様な観点から振り返ること，意味づける」ことを指す。そしてこの内省においては，何を振り返るのかの内容と程度が需要である。3つ目は「抽象的概念化」で，「経験を一般化，概念化，抽象化し，他の状況でも応用可能な知識・ルール・スキーマやルーチンを自らつくりあげる」ことを指す。そして最後が「能動的実験」のプロセスである。すなわち，経験を通して構築されたスキーマや理論をアクション

（実践）することで後続する経験や内省を生み出すのである（中原 2013）[9]。

4．経験学習と拡張的学習

　Kolb の経験学習モデルによって実践と学習のプロセスへの着目が高まりをみせるなかで，Engeström（2016）はこのモデルは理論的根拠を欠いており，あくまで学習と知識の分類手段に過ぎないと述べる。そして，学びにおけるプロセス重視の既存の理論においては，「普遍主義」と「学習と教授の分離」という2つの視点から限界が存在しているのに対して，拡張的学習論は，そのような学習における普遍性をベイトソンの学習のプロセスの理論的視点から否定し，学習と教授のギャップによって生じるダブルバインドが学習の契機となるという，理論に基づいた優位性について論じている（Engeström 2016）。

　香川（2011）は拡張的学習について，現場で個々が直面する問題を，個人の問題として捉えず，集合体全体のあり方から起こるものと捉えると述べる。例えば，繰り返される新人の離職問題を，単に個人のストレス耐性や人格に帰属させるのではなく，新人と古参や管理職者とのつながりを支える，道具や場所や問題共有の機会の欠如などを含む，活動システム全体の問題として捉え，それを変えようとする場合などである（香川 2011）。実際に，実務の現場（下山・匠 2011）や医療現場の実践（杉万・谷浦・越村 2005）においては既存の枠組みの中で行われる学習ではなく，現場の実践に研究者が積極的に介入し組織内の問題を可視化し，それを様々な立場の人々が共有し，新しい概念的道具やルールや分業のあり方を共同的に創っていくことで，問題の乗り越え（イノベーション）を図るといったイノベーション研究が積極的に受け入れられつつある（香川 2011）。このことから，拡張的学習は現場における課題を解決する理論としても，実務的な有効性を秘めたものであるといえるだろう。

第4節　考察とおわりに

　ここまでに述べたように，行動主義からはじまった学習論にはそれぞれ限界があり，この限界を踏まえた拡張的学習論の理論的優位性について論じた。拡張的学習論は，従来の学習論と比較した際に既存の枠組みを超えた学習へと発展させるメタ的学習を行うという視点と，その拡張された学習によって組織に変革を生

じさせるという点で既存の学習論と比較した優位性を持つ。また，現場の実践における分析視座として拡張的学習論が用いられていることから，PBLプログラムを拡張的学習の視点から見ることの妥当性を主張した。新型コロナウイルス感染症の影響によって変化が生じている状況におけるPBLにおいて確立された実施手法は存在していない。そのような中で，学習主体者である学生は，既存の学び方に捉われず，変化に向き合いながら自分自身の学びを獲得していく必要がある。そして，そのような学びを拡張的学習の理論を用いることで説明が可能になると考える。加えて，新型コロナウイルス感染症の影響は学びのあり方のみならず，実践の現場において多くの変革の必要性を生じさせている。このため，学習主体者が学びを拡張させた結果として既存の組織に変革を生じさせることができる拡張的学習は，これらの新しい形での学びを記述する理論として適していると考える。

　本章の限界として，理論的な整理をもとにした拡張的学習の可能性を論じた一方で，実際のケースにおける有効性について論じられていないことがあげられる。そのため，鈴村・高木（2020）による対面型PBLの事例やSuzumura, Takagi & Okada（2021）による非対面型PBLの事例などを比較することで，イレギュラーな状況における拡張的学習論の有効性について実際のケースを用いた検証を行っていきたい。

【注】
1）PBLはProblem Based Learning（問題解決型学習）とProject Based Learning（プロジェクト型学習），もしくはその両方を指すこともある（半田2014）。本章では，Project Based Learningの意味でPBLを用いる。
2）佐伯（1988）はこのSkinnerの理論はともかくはじめにR（反応）ありきであり，その反応の発現のあとで特定の事態（強化子の提示）が随伴すれば，その反応の発現確率が高まる，さらには，行動の予測と制御に必要なのは理論ではなく，「どうするとどうなる」というインプットとアウトプットの関係の記述だけであるとしていることから，厳密に言い換えれば，「R–S–R分析」であるという。
3）「A」「B」と書かれた2枚のカードを用いて，「A」のカードを選ぶのが正解であるため選んでもらうよう指示をするが，事前の実験によって作り出した「位置」という概念により正答率が下がることを示した。
4）ここにおける自己中心性とは「聞き手の観点をとる能力の欠如」として述べられている。そのため，実験の結果としては能力の欠如が立証されてはいるが，他の解釈可能性を有している状況を指す。
5）実践共同体とは，Wenger, McDermott & Snyder（2002: 17）の「あるテーマにかんする関心や問題，熱意などを共有し，その分野の知識や技能を，持続的な相互交流を通じて深めていく人々の集団」が代表的なものである（松本2013: 17）。つまり，共通のテーマにおける学習を目的とした団体である。
6）「個人」を究極の実在だと考え，個人なくして社会について考えることはできないという考え方。

方法論的個人主義ともいわれる。

7）Bateson（1990: 374）は，「変換形生成の規則に生じる何らかのもつれについて―そしてそれらのもつれが獲得または育成されていくプロセスについて―論じるものである」と述べている。すなわち，学習Ⅰと学習Ⅱの間で生じる内的な矛盾である。

8）本パラグラフはSuzumura, Takagi & Okada（2021: 1-2）を参考に筆者が加筆したものである。

9）本パラグラフは中原（2013: 6-7）を元に筆者が加筆した。

【参考文献】

Argyris, C., and D. Schon（1978），*Organizational Learning: A Theory of Action Perspective*, Reading, MA: Addison Wesley.

Bateson, G.（1990），*Steps to an Ecology of Mind*, Institute for Intercultural Studies.（佐藤良明訳『精神の生態学』新思索社，2000年。）

Bruner, J. S., J. Goodnow, and G. A. Austin（1967），*A Study of Thinking*, John Wiley & Sons.（岸本弘他訳『思考の研究』明治図書，1974年。）

Cole, M., and S. Scribner（1974），*Culture & Thought: psychological introduction*, John Wiley & Sons.（若井邦夫訳『文化と思考』サイエンス社，1982年。）

Dewey, J.（2004），*Experience & Education*, New York: Mcmillan Company.（市村尚久訳『経験と教育』講談社学術文庫，2021年。）

Engeström, Y.（1987），*Learning by Expanding: An Activity Theoretical Approach to Developmental Research*, Helsinki: Orienta-Konsultit.（山住勝広他訳『拡張による学習―活動理論からのアプローチ―』新曜社，1999年。）

Engeström, Y.（2016），*Studies in Expansive Learning What is Not Yet There*, Cambridge University Press.（山住勝広監訳『拡張的学習の挑戦と可能性―いまだここにないものを学ぶ―』新曜社，2018年。）

Engeström, Y., and A. Sannino（2010），"Studies of Expansive Learning: Foundations, Findings and Future Challenges," *Educational Research Review*, Vol. 5, pp. 1-24.

Hull, C. L.（1943），*Principles of Behavior: An Introduction to Behavior Theory*, New York: Appleton-Century-Croft.（能見義博他訳『行動の原理』誠信書房，1960年。）

Kolb, D. A.（1984），*Experiential Learning: Experience as the Source of Learning and Development*, Prentice Hall.

Lave, J. and E. Wenger（1991），*Situated Learning Legitimate Peripheral Participation*, Cambridge: Cambridge University Press.（佐伯絆訳『状況に埋め込まれた学習』産業図書，1993年。）

Miller, G. A.（1956），"The Magical Number Seven, Plus or Minus Two: Some Limits on Our Capacity for Processing Information," *The Psychological Review*, Vol. 63, No. 2, pp. 81-97.

Neisser, U.（1967），*Cognitive Psychology*, Appleton-Century-Croft.（大羽蓁訳『認知心理学』誠心書房，1981年。）

Newell, A., and H. A. Simon（1956），"The Logic Theory Machine A complex Information Processing System," *IRE Transactions on Information Theory*, Vol. 2, No. 3, pp. 61-79.

Newell, A., and H, A. Simon（1958），"Elements of a Theory of Human Problem Solving," *Journal Article; in Psychological Review*, Vol. 65, No. 3, p. 9.

Nonaka, I., and H. Takeuchi（1995），*The Knowledge-Creating Company: How Japanese Companies Create the Dynamics of Innovation*, New York, USA: Oxford University Press.（梅本勝博訳『知識創造企業』東洋経済新報社，2011年。）

Posner, M. I.（1991），*The Foundation of Conitive Science*, A Bradford Book.（佐伯胖監訳『認知科学の基礎1―概念と方法―』産業図書，1991年。）

Reddy, M. (1979), "The Conduit Metaphor," in A. Ortony (ed.), *Metaphor and Thought*, Cambridge: Cambridge University Press.

Skinner, B. F. (1965), "The Science of Learning and the Art of Teaching," *Biological Sciences*, Vol. 162, No. 989, pp. 427-443.

Skinner, B. F. (1954), "Review Lecture: The Technology of Teaching," *Harverd Educatoinal Review*, Vol. 24, No. 3, pp. 86-97.

Suchman, L. A. (1987), *Plans and Situated actions: The problem of human-machine communication*, Cambridge University Press. (草野ハベル清子・佐藤一嘉・田中春美訳『プランと状況的行為：人間機械コミュニケーションの可能性』産業図書，1999年。)

Suzumura, M., T. Takagi, and O. Okada (2021), "Changes and Possibilities of PBL Education in COVID-19: A Case Study of Business Administration Education in Japanese University," *Proceedings of the 35th Annual British Academy of Management Conference in the Cloud*, pp. 1-14.

Tolman, E. C. (1932), *Purposive behavior in animals and men*, Century/Random House UK. (富田達彦訳『新行動主義心理学』清水弘文堂，1977年。)

Watson, J. B. (1913), "Psychology as the behaviorist viwes it," *Psychological Review*, Vol. 20, No. 2, pp. 158-177.

Wertsch, J. V. (1995), *Voices of the Mind*, Harvard University Press. (田島信元・佐藤公治・茂呂雄二・上村佳世子訳『心の声—媒介された行為への社会文化的アプローチ』福村出版，1995年。)

Winograd, T. (1972), "Understanding Natural Language," *Cognitive Psychology*, Vol. 3, pp. 1-191.

Wenger, E., R. McDermott, and W. M. Snyder (2002), *Cultivating Communities of Practice*, Harvard Business School Press. (櫻井祐子訳『コミュニティ・オブ・プラクティス』翔泳社，2002年。)

井上明 (2007),「PBL情報教育の学習効果の検証」『情報処理学会研究報告情報システムと社会環境』(IS), 123-130頁。

ヴィゴツキー，L. S.著／土井捷三・神谷英司訳 (2003),『「発達の最近接領域」の理論—教授・学習過程における子どもの発達』三学出版。

ヴィゴツキー，L. S.著／柴田義松訳 (2001),『思考と言語』明治図書。

香川秀太 (2011),「状況論の拡大：状況的学習，文脈横断，そして共同体間の「境界」を問う議論へ」『Cognitive Studies』18巻4号, 604-623頁。

紅林伸幸 (1997),「正統的周辺参加理論の教育社会学的一展開—学校化への視角：メタファーとしての《徒弟制》—」『滋賀大学教育学部紀要』47号, 37-52頁。

斎藤繁 (2009),「新行動主義理論とB. F.スキナーの行動工学」『社会福祉学研究』4巻, 55-63頁。

佐伯胖 (1987),「教育心理学をおもしろくするには」『教育心理学年報』26巻, 161-171頁。

佐伯胖 (2004),「子どもの学びと親とのかかわり」『日本科学教育学会年会論文集』28巻, 353-356頁。

佐伯胖 (1992),「コンピュータで学校は変わるか」『教育社会学研究』48巻2号, 38-49頁。

佐伯胖 (1988),「行動主義—認知科学との「和解」は可能か—」『人口知能学会誌』3巻1号, 398-410頁。

佐伯胖・佐々木正人 (1991),『新装版 アクティブ・マインド 人間は動きのなかで考える』東京大学出版会。

佐伯胖・宮崎清孝・佐藤学・石黒広昭 (2013),『新装版 心理学と教育実践の間で』東京大学出版会。

佐伯胖 (2014),「そもそも「学ぶ」とはどういうことか：正統的周辺参加論の前と後」『組織科学』48巻2号, 38-49頁。

佐伯胖・溝口文雄 (2001),「日本の認知科学はどのようにはじまったか」『Cognitive Studies』8巻3号, 198-204頁。

佐伯胖 (1983),「認知科学の諸問題」『科学哲学』16巻, 21-34頁。

佐伯胖 (1988),「認知心理学は以下に発展したか：納得論とメンタルモデル」『哲学』87, 281-304頁。

佐伯胖・刑部育子・苅宿俊文 (2008),『ビデオによるリフレクション入門―実践の多義創発性を拓く―』東京大学出版会。

佐伯胖 (2008),「学びにおけるインターラクション」『情報システム学会誌』4 巻 1 号，21-29 頁。

佐伯胖 (1975),『「学び」の構造』東洋館出版。

佐伯胖・渡部信一 (2010),『「学び」の認知科学辞典』大修館書店。

佐伯胖 (2015),「学びの場が生まれるとは」『The Annual report of Educational Psychology in Japan』54 巻，153-160 頁。

佐伯胖 (1995),『「学ぶ」ということの意味』岩波書店。

佐伯胖 (1998),『マルチメディアと教育』太郎次郎エディタス。

佐伯胖 (1995),『「わかる」ということの意味』岩波書店。

佐藤修 (2011),「大学における PBL 実現の課題」『日本情報経営学会誌』32 巻 1 号，3-8 頁。

佐藤大輔 (2011),「経営学教育における実践力の涵養に向けて」『北海学園大学経営論集』9 巻 2 号，55-64 頁。

佐長健司 (2016),「社会変革へ向かう学習を求めて―正統的周辺参加における拡張による学習―」『佐賀大学教育学部研究論文集』1 巻 1 号，117-131 頁。

下山博志・匠英一 (2011),『プロコンサルタントの人財変革力―ソーシャルメディア時代の組織創りと人財開発の指南書―』同友館。

杉万俊夫・谷浦葉子・越村利恵 (2006),「研修会場と職場が共振する研修プログラムの開発―看護組織の中堅看護師研修における試み―」『実験社会心理学研』45 巻 2 号，136-157 頁。

鈴村美代子・髙木俊雄 (2019),「PBL における企業側の介入が学生の学習拡張性に与える影響」『日本情報経営学会第 78 回全国大会予稿集』65-68 頁。

鈴村美代子・髙木俊雄 (2020),「大学学部教育における PBL プログラムと拡張的学習：徳島県海陽町における地方創生をテーマとした学びを通じて」『日本情報経営学会誌』39 巻 4 号，15-21 頁。

高取憲一郎 (1991),「ヴィゴツキー理論の来し方行く末」『教育心理学年報』30 巻，128-138 頁。

中央審議会 (2008),「学士過程教育の構築に向けて」。

中央審議会 (2012),「新たな未来を築くための大学教育の質的転換に向けて〜生涯学び続け，主体的に考える力を育成する大学へ〜」。

鞆大輔 (2018),「大学教育における産学連携型 PBL 実施手法の研究―初年次教育への導入事例とその評価―」『商経学叢』3 巻 26 号，345-361 頁。

中原淳 (2013),「経験学習の理論的系譜と研究動向」『日本労働研究雑誌』639 巻，4-14 頁。

中原淳・長岡健 (2009),『ダイアローグ　対話する組織』ダイヤモンド社。

中村光一 (2009),「経営教育と経営戦略論 (1) ―戦略的分析から戦略的思考へ―」『経営学教育に求められるもの―経営学部 40 周年の歴史と展望―』444-462 頁。

バフチン，M. M.著／伊東一郎訳 (2019)『小説の言葉』平凡社。

原伸太郎 (2011),「『言いたいことが言える』とはどういうことか『考えるための日本語』初級クラスにおける対話からの考察」『言語文化教育研究』10 巻 1 号，18-36 頁。

半田智久 (2014),「PBTS (Project Based Team Study) とはなにか」『高等教育と学生支援』5 巻，95-125 頁。

平田仁胤 (2017),「エンゲストロームの拡張的学習における言語的基盤」『岡山大学大学院教育学研究科研究集録』164 巻，19-29 頁。

ベネッセ教育総合研究所 (2011),「社会で活躍する人材を育成するために「産」「学」は何をすべきか」『VIEW21』2 巻，6-10 頁。

前田瞬・八鍬幸信 (2011),「情報経営教育における PBL の意義」『日本情報経営学会誌』Vol. 32，No. 1，54-65 頁。

松本雄一 (2013),「実践共同体における学習と熟達化」『日本労働研究雑誌』15-25 頁。

松本雄一 (2015),「実践共同体構築による学習についての事例研究」『組織科学』49 巻，53-65 頁。

松本芳男 (2009),「マネジメントの経営実践論」『講座　経営教育　1 実践経営学』161-173 頁。

南憲一 (2011),「PBL (Problem – Based Learning) としてのビジネスゲームを用いた経営教育」『日本情報経営学会誌』Vol. 32, No. 1, 9-15 頁。

八島雄士・森部昌広 (2009),「実践的経営教育に関する一考察―プロジェクト・ベースド・ラーニングの効果について―」『九州共立大学経済学部紀要』71-82 頁。

山田康彦・上山浩・三輪辰男・近藤真純 (2012),「図工・美術分野における教員養成 PBL 教育シナリオの開発 (3) ―PBL 教育・教員養成型 PBL 教育の課題と図工・美術分野の PBL シナリオ研究の展開可能性―」『三重大学教育学部附属教育実践総合センター紀要』Vol. 32, 17-22 頁。

レオンチェフ, A. N.著／松野豊・西牟田久雄訳 (1967)『子どもの精神発達』明治図書。

第12章
経営戦略のコミュニティ・ベースト・アプローチ

星　和樹

はじめに

　近年の経営戦略研究においては，激しい環境変化に適応するための組織戦略の
あり方について，より一層の注意が向けられている状況にある。例えば，Teece
(2009) は，ダイナミック・ケイパビリティの概念を用いて，「急速な環境変化に
対処するために内部・外部のケイパビリティの統合・構築・再配置を実行する組
織・経営者のケイパビリティ」に関する議論を展開している[1]。また，McGrath
(2013) は，不安定で不確実な環境で勝つためには，経営陣はつかの間の好機を
迅速につかみ，かつ確実に利用する方法を学ぶ必要性があるとし，既存の戦略論
研究で注目されてきた「持続的競争優位」に代わる，新たな組織化を伴う「一時
的競争優位」に基づく戦略フレームワークについて議論を展開している。さら
に，O'Reilly III & Tushman (2016) は，市場と技術の変化に適切に対応するた
めに，継続的な改善やコスト削減が成功の鍵となる成熟事業で競争しながら（＝
「知の深化」），同時に実験やイノベーションが求められる新しい技術やビジネス
モデルを探求する必要性について（＝「知の探索」），「両利き (ambidexterity)」
という概念を用いながら議論を展開している[2]。これらをまとめると，激しい環
境変化に適応するためには，新たな戦略的対応を取らなければならず，またそれ
に伴い組織も変えていかなければならないということが見て取れる。
　しかしながら，このような既存の研究においては，環境変化という文脈におけ
る新たな戦略的対応の決定というものに主たる焦点が当てられているにすぎな
い。つまり，「環境変化→新たな戦略」という流れが主たる議論対象であったと
捉えることができよう。そこで本章では，組織の新たな戦略の創造を導いていく
プロセスについて，組織の変容を通じた新戦略の創造という側面に中心的な焦点

を当て考察することを目的とする。すなわち,「組織の変容→新たな戦略」という流れである。具体的には,組織は多数のコミュニティによって構成され,それらの相互作用や変容を通じた新たな戦略創造プロセスについて探究するのが本章のアプローチの特徴である。

　本章の流れは,以下の通りである。まず,第1節では,組織は多数のコミュニティから構成されるという考え方の下,実践コミュニティの概念やコミュニティの境界という側面について,既存研究に基づきながら検討を行う。次に,第2節では,組織の多様なコミュニティ間をつなぐ「越境的対話」(香川・青山 2015)の概念について概観し検討する。そこでは,コミュニティ間の越境的対話を通じて,新たなコミュニティ間関係の創造およびそれにより生じる主体の変容について明らかにする。そして,第3節では,コミュニティ間の越境的対話を通じたコミュニティ間関係の再構築が,組織としての新たな戦略の創造を導いていくプロセスについて,事例を用いながら考察する。最後に「むすびにかえて」では,本章で論考したことをまとめ,今後の課題を提示する。

第1節　組織を構成するコミュニティ

　それではまず,組織が多数のコミュニティから構成されるという考え方[3]について,ここでは「実践コミュニティ (community of practice)」(Lave & Wenger 1991;Gongla & Rizzuto 2001;Lesser & Storck 2001;Wenger et al. 2002;Thompson 2005;Handley et al. 2006;Pyrko et al. 2017;Roberts 2006;Hughes et al. 2007) の概念に基づきつつ,検討を行っていきたい。

　Wenger et al. (2002) によれば,実践コミュニティとは,あるテーマに関する関心や問題,熱意などを共有し,その分野の知識や技能を,持続的な相互交流を通じて深めていく人々の集団である。この実践コミュニティの一番わかりやすい例は,会社内における同じ部署の人々であろう。しかしながら,青山 (2015) によれば,実際には同じ部署であっても仕事の内容が異なったり,権限が異なったりして,複数のコミュニティができていることは珍しくないという。これには例えば,病院における医師と看護師などがある。また逆に,制度上は違う部署なのだが,協働して仕事にあたることによって,コミュニティが形成されることもある。これには例えば,業界団体におけるワーキンググループなどもある。このよ

うに，実践コミュニティは，社内で職能横断的に形成されるものもあれば，社外や企業間で所属と関係なく形成されるものもあるという考え方の下，香川 (2015)は，そのポイントについて 4 つの側面からまとめている。第一に，実践コミュニティは自発的であり，非公式的であり，即興的な集まりである。ニーズに応じてその都度形成され，メンバーが価値や関心を見出す限り続く。ただ即興的といっても，継続的，定期的に集まり交流することで，関心やテーマに対する理解や人間関係が深まっていくのである[4]。第二に，新たな出会いを生み，仲間をつくる人間形成の場としても機能する。実践コミュニティを通して，それが社内のものなら頻繁な異動があっても，社外なら転職しても，実践コミュニティでのつながりが拠り所となるのである。第三に，必ずしも特定のリーダーがけん引するわけではなく，明確な中心があるとは限らず，むしろ分散的なリーダーシップのかたちをとる。第四に，実践コミュニティは，大きな改革とまではいかなくても，異分野にまたがる小さな問題が起きた時の即興的な調整や，小規模だが容易に実行可能な改善策を編み出す機会としても形成される。

　以上のように，Wenger et al. (2002) によれば，実践コミュニティはどこにでもあるもので，誰もが職場や学校，家庭や趣味などを通じて，いくつかの実践コミュニティに属しているのである。言い換えれば，いくつかのコミュニティに「多重所属」（松本 2015）しているということである[5]。このようなコミュニティの中には，名前のあるものもあれば，名のないものもあるし，見てそうだとわかるものもあれば，ほとんど目につかないものもある。また，コア・メンバーとして参加する実践コミュニティもあれば，時折参加するだけのものもある。さらに，組織にまったく認識されていないきわめて非公式的なものから，組織に公的な地位や機能を与えられ制度化されたものまで幅広く存在するのである。

　そして，このようなそれぞれのコミュニティの境界について，青山 (2015)は，境界は実践に先立って線が引かれているような固定的なものではなく，むしろ実践の中で可視になったり不可視になったりする，可変的なものだと考えるべきだとしている。つまり，香川 (2015) によれば，境界は所与のものなのではなく，言語的，技術的道具や規則や制度，暗黙的な前提や慣習や関心，資格，制度，その他扱う媒体，それらが複雑に絡み合って生じる社会的構成物なのである。例えば，専門用語が飛び交い彼らが共有する暗黙の規範も異なるある分野の研究者同士の会話に，素人は容易に入っていけないというのはイメージしやす

いであろう。このように，境界とは，言語，関心，価値観，思想，感情，ルーチン，制度，しがらみ，利害，経済，規則等が，複雑に絡み合う具体的な現実の活動の中で，また意図せざる偶発性も合わさって生まれていくのである。

　以上見てきたように，組織においては多数のコミュニティが存在しているのである。また特に近年における実際の組織状況からから考えると，組織が大規模化かつ複雑化するほど，多数のコミュニティ[6]が出現し，それぞれが独自の世界を構築しているということも事実としてある (Gergen et al. 2004)。しかしながら，そのような多数のコミュニティの存在を認識するだけではなく，組織全体として機能するためには，それら多数のコミュニティ間の相互作用を考えなければならないだろう。言い換えれば，ある実践コミュニティは他のコミュニティと相互作用をせざるを得ないし，個人の活動も容易に単一のコミュニティの境界を越えてしまうのである（青木 2005）。したがって，ここで考えるべきなのは，組織の内に存在する多数のコミュニティが，お互いにどうつながっていくかを捉えていくということである。

第2節　コミュニティの相互作用と越境的対話

　それでは，このように組織に多数存在するコミュニティの相互作用によって，どのようなことが起こるのだろうか。この点について，ここでは「越境的対話」（青山 2015；香川 2015；香川・青山 2015）の概念を基にしながら考えてみたい。

　越境的対話とは，異なるコミュニティの人々が出会い，交流し，互いの重なりや共有部分を創出する一方で，文化的・歴史的に生じた互いの差異を単純に解消すべき悪者とするのではなく，むしろ変化の重要な原動力として生かす実践である。つまり，越境的対話は，相互に揺さぶり，既存のコミュニティ間の関係を崩し新しい人と人，人とモノのつながり方を模索し，各コミュニティが独自に育ててきた様々な文化的資源を交換し合い，それらの新たな活用方法を探り，新しい知識，価値，経験，コンセプト，システム，イベント等を創造していく試みなのである。

　この越境の過程では，新たな諸資源やコミュニティ間関係の創造だけでなく，主体の変容も同時に起こる。互いにとっての異文化に触れあうことで，個々人のそれまでの振る舞いや「これが当たり前」という思い込みを自覚化・相対化し，

　互いに揺さぶりあい，崩し，硬直した集団文化に変化の余地を生み出すのである。また，人々は，単に機械的，合理的に何かを生産するのではなく，新しい情動も経験する。例えば，興奮，没入，創造の喜びといった情動を相互に生産し交換し変容させる。したがって，越境的対話を通して，自集団や多集団への関わり方，考え方，視点，思いや感情が，つまり主体の振る舞い方が，（時に驚くほど根本的な）変化を遂げるのである。つまり，「越境とは，絶えず衝突や葛藤の中にあるものだと言っても過言ではない」（青山 2015）のである。

　このように越境的対話は，人と人，人とモノ，コミュニティとコミュニティとの間の新しい関係性やコミュニケーションの方法，そして新しい主体性や情動性を創造する過程である。ただ一人の個人の，ある側面のみが，あるいはただひとつのコミュニティが変化するのではなく，「コミュニティ間の全人的な発達」の過程なのである。

　また，前節で議論展開した実践コミュニティの概念を用いれば，越境とは，実践コミュニティと他のコミュニティとの間の境界を越えることであると言える。つまり，「越境において横断されている境界は，組織図の上での境界ではなく，こうした実践の場におけるコミュニティの境界であると考えるべき」（青山 2015）なのである。

　そして，この越境的対話に関する具体的事例として，青山（2015）は，Engeström et al.（1995）の研究を基にして，以下のように説明している。船室を作るプラントで，新しい製造システムを導入したところ，浴室のタイルがうまく貼れないというトラブルが発生した。組み立ての担当者は，タイルに問題があると考えて，パーツ生産の担当者に働きかけたが，うまくいかなかった。そこで，組み立てとパーツ生産の担当者が集まって相談し，製造システムを従来のものに戻して対応してみることになった，という事例である。

　これだけだと，仕事の現場ではどこにでもありそうな，ごく当たり前の話に見える。しかし，考えてみれば，パーツ生産と組み立ての両方のチームが集まって相談する中で，何が可能で何が不可能なのかがはっきりして，解決策が生み出されたはずである。そのプロセスでは，トラブルの原因や互いの工程の詳細についての理解が深まったはずである。

　Engeström は，ここで生じた学びは，いわゆる「熟達」の中で生じる学びとは違うと考えたのである。というのも，熟達とは，何かが上手になったり，速く

できるようになったりすることを指すと考えられるが，ここでは，何かが上手になったり速くなったりしたわけではないからである。むしろ，互いの工程について話し合う中で，今まで気がつかなかったことに気づいたり，自らのやり方を変えていったりしたはずである。それは，何かに熟達するプロセスとは違って，ものの見方が変わるプロセスであり，さらには自分自身のあり方が変わっていくプロセスでもあるだろう。それらは，チームを越えて協働したから可能になったはずである。

　Engeström はこのように考えて，熟達による学びを垂直的学習とするならば，こうした越境による学びを水平的学習として捉えるべきだと論じた。つまり，境界を越えることによって，新しい学びが生じるという可能性に注目したのである。水平的学習のきっかけとなるのは，自分の領域とは異なる人々との出会いであり，そのためには境界を越えた協働が必要になる。これが，越境という概念のもともとの意味なのだ。

　以上，コミュニティの相互作用および越境的対話について，香川（2015）の議論を基にしながらまとめると，越境的対話とは，互いにとって異質な文化に触れあうことで，いったん熟達した経験（実践）の層やそれまでのコミュニティのあり方が揺さぶられ（揺さぶりあい）崩れていく過程，すなわち「熟達や既存の枠組みの動揺と破壊」が大なり小なり起こる過程である。そして，そこから新しい振る舞い方やコミュニティ間の関係性を再構築していく過程なのである[7]。

第3節　コミュニティ間関係の再構築と新戦略創造プロセス

　以上，組織を構成するコミュニティの越境的対話について議論してきたが，それでは新しい振る舞い方やコミュニティ間の関係性の再構築は具体的にどのように進展し，そしてそれが組織全体にいかに影響を及ぼし，新たな戦略の創造をもたらしていくのだろうか。以下では，コミュニティ間関係の再構築による組織の変容を通じた新たな戦略創造プロセスについて，ひとつの事例を取り上げながら考察していきたい。本事例は，組織の階層性に基づく上位層コミュニティと下位層コミュニティの越境的対話によって，新たな戦略が創造された事例である。

1．禁煙補助剤ニコレットの新戦略創造プロセスに関する事例

　ここで取り上げるのは，禁煙補助剤であるニコレットの新戦略創造に関わる Pharmacia 社の事例であり，この事例は Regnér（2003）の研究によって提示されたものである。そもそも，彼の研究の概要としては，スウェーデンの4つの企業の通時的な経験的研究とその体系的な比較を通じ，企業のトップ・マネジメントと，下位部門のマネジャーのそれぞれの異なる戦略実践を明らかにし，そして彼らの相互作用を通じて新しい戦略がいかにして創造されていくかを探究することを目的とした研究である。その内のひとつとして，Pharmacia 社の事例が取り上げられている。

　より詳しい中身として，Regnér は，それら4つの企業の比較研究を通じて，戦略実践に関するトップ・マネジメントによる演繹的モード，そして下位マネジャーによる帰納的モードという区別を明らかにした。具体的には，トップ・マネジメントの演繹的モードとは，業界へのフォーカス，プランニング，分析，公式的な思考，標準的ルーチンの利用といった戦略実践を伴っている。それに対して，下位マネジャーの帰納的モードとは，試行錯誤，非公式的な注目，実験やヒューリスティクスの利用といった，外部に志向された探査型の戦略実践を伴っている。次に，Regnér は，このような異なる組織レベルでのそれぞれの戦略実践を明らかにした後，上述のように確認された下位マネジャーの外部志向探査型の戦略実践が，当該企業の新しい戦略の創造をいかにして引き起こしていくかについて探究する。その中で，下位マネジャーの戦略実践は，様々な外部者からの新奇の知識を，当該企業の新たな戦略的知識に同化・調整・結合することを促進していったのである。すなわち，Regnér は，このような新たな戦略の創造を求める下位マネジャーと，既存の戦略枠組みで考えるトップ・マネジメントとのコンフリクトやその後の相互作用を通じて，それが最終的に当該企業の新たな戦略の創造を生じさせていったことを明らかにしたのである（図表12‐1）。

　それではここから Pharmacia 社の事例について詳しく見ていきたい。同社の事例で特に取り扱う問題は，喫煙停止製品の開発と，その後の OTC（over the counter：処方箋なしの店頭販売）と顧客健康管理の問題である。この戦略問題に関する背景として，元々は，スウェーデン海軍からの要請に基づき（そこでは，潜水艦内での喫煙という問題を持っていた），Leo 社（後に Pharmacia 社の一部となる）の研究者が，喫煙の代替製品に関心を持つようになり，研究を始め

図表 12−1 トップ・マネジメントと下位マネジャーの戦略実践の相違

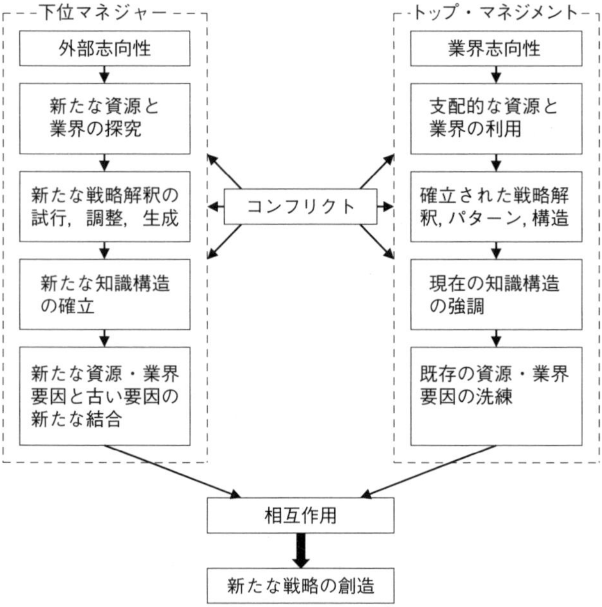

出所：Regnér（2003）を参考に作成。

たものである。しかしながら，Pharmacia 社のトップ・マネジメント，さらには
製薬業界においては，一般に，ニコチンが製薬に属さない習慣性のものであると
考えていたので，当初その問題に関して特に関心を持つことはなかった。しかし
結局は，その目的に打ち込んだグループにより研究は続けられ，その後，彼らは
喫煙停止ブランド（ニコレット：Nicorette）を開発し，それは世界的に最も大
きな顧客健康管理のひとつになったのである。

　以上のことについてより詳しく見ていくと，Pharmacia 社の下位マネジャーや
研究者の戦略実践は，喫煙停止のための新しいテクノロジー，新しい市場，新し
い規制，そしてその後の OTC 市場に向けて外向きに働いていた。そのために，
下位マネジャーは，「カンファレンスに行き，話し，世界中飛び回った」と述べ
ている。その中で下位マネジャーや研究者は，アイディアを発展させ，そして顧
客製品市場や OTC 規制についての知識を探究していった。また彼らは，観察と
経験に基づく理解を展開していったのである。その後に彼らは，新たな知識構造

を確立するために苦心している。ある下位マネジャーは次のように述べている。「私たちは，自分たちのアイディアを他者に納得させるために，一生懸命に説得しなければならなかった。他者が OTC を理解するまでに，その重要性を説明するのに非常に長い期間がかかった」。

それに対して，Pharmacia 社のトップ・マネジメントは，下位マネジャーの戦略実践と比較して完全に異なる特性を示していた。同社のトップ・マネジメントの戦略実践は，公式的産業レポートや文書に向かっていた。また，同社のトップ・マネジメントの戦略実践は，狭義の市場開発に向けられていて，彼らは現行のテクノロジーや市場を築き上げ，これらへの投資や展開を強調していた。また，彼らの経験は，主に今までの戦略への関連（すなわち，処方箋ありの製薬製品）に基づいていたのである。そして同社のトップ・マネジメントにとって，処方箋ありの製薬は高マージンをもたらす一方で，OTC 製品でのマージンは，かなり低いものであると理解されていたのである。しかしながら，このような OTC の製品は，実際は資本回転率が実質的に高いので，しばしばより収益性の高いものになりうる。このことに関して，あるマネジャーは，次のように述べている。「トップ・マネジメントは，マージンに基づく視点に固着していた。私が単に強調したのは，資本回転率の考慮と収益性分析を行なうべきということである。私がこの数字を提示したとき，トップの人々は，みんな驚いていた」。また，同社のトップ・マネジメントは，現行の知識構造を強調する傾向にあった。あるマネジャーは次のように述べている。「これらの顧客志向の製品（喫煙停止と OTC の製品）は，製薬業界では十分に詳しく考慮されていない。それらは低いマージンであり，よりマーケティングの努力も必要である。よって，この業界では風変わりなものであった」。

以上のように，Pharmacia 社における下位マネジャーとトップ・マネジメントでは戦略実践に関する違いがあったが，このことは，下位マネジャーとトップ・マネジメントの考え方の不一致を引き起こし，継続的なコンフリクトを生み出すこととなっていた。さらに，同社では，このような激しいコンフリクトの結果，ニコレット製品に関わる戦略展開を棄却する提案さえもあったという。OTC ユニットの一人のマネジャーは，このコンフリクトに関して次のように述べている。「（私たちにとって）反対は信じられないものであった。私たちは，初めは（同社にとって）のけ者として見られていた」。しかしながら，同社内における

トップ・マネジメントと下位マネジャーによる度重なる相互作用を通じて，トップ・マネジメントが次第に当該戦略問題に対して強い認識を持っていった結果，最終的に Pharmacia 社としての戦略転換を引き起こすこととなった。すなわち，下位マネジャーや研究者の戦略実践は，この戦略問題を企業全体のものへと発展・推進させ，そして特に，いくつかの決定的なイベント（その中でも特に，ニコレット開発マネジャーによる OTC 製品の高い資本回転率から得られる高収益性の提示）は，同社としての戦略転換を引き起こす重大なトリガーとなったのである。

2．事例の考察

　本事例について，コミュニティ間関係の再構築と組織の変容による新たな戦略の創造という観点から考察すると，トップ・マネジメント側の実践コミュニティと，下位マネジャー側の実践コミュニティにおける越境的対話が行われたと捉えることができる。同社の喫煙停止製品開発に関わる下位マネジャーや研究者は，「喫煙停止製品開発とその OTC 化」および「顧客健康管理」に関連した同社の新たな戦略的展開を図ることを目的としていた。それに対して，同社のトップ・マネジメントは，現行の戦略展開を基盤に，「自分たちは処方箋ありの製品をつくる会社である」および「業界の常識への依拠」に関連した思考や行動をとっていたことが窺える。新たな戦略展開を申し出る下位マネジャー側は，トップ・マネジメントとの越境的対話を試みるが，それは継続的なコンフリクト状況を生み出してしまっている。しかしながら，そのようなコンフリクト状況を通じて明らかにされたのは，トップ・マネジメントによる「業界の常識からすれば，我が社は高収益性を追求しなければならない」および「喫煙停止と OTC の製品は収益性が低く，業界の常識には合わない」といった考え方や価値観である。それによって，トップ・マネジメント側から，自分たちの会社は現行通りの戦略展開を行うとの提言が行われたが，しかしながら下位マネジャー側は，トップ・マネジメントの思考や価値観に合うように，OTC 製品の高収益性に関わるデータを提示し再び越境的対話を試みたのである。その結果，この新たな戦略問題に対する強い認識が企業全体のものとして考えらえることとなり，つまり本章の言葉で言えば，トップ・マネジメント側と下位マネジャー側のコミュニティ間関係の再構築がもたらされたと言えよう。そしてそれによって組織全体的な変容が進展され

ることとなり，同社としての新たな戦略の創造につながったのである。

むすびにかえて

　組織は環境変化に合わせ戦略を変更させていかなければならないのは周知の事実であり，近年の経営戦略論研究においてはそれに関する議論展開が主となっていた。しかしながら，そのような組織も自ら動態的な存在であり，特に本章では組織を構成する多数のコミュニティの相互作用という側面に焦点を当て，それによって新たな戦略が創造されるというプロセスについて考察してきた。その意味で，本章は環境─組織の関係性から戦略を探究しようとするマクロ・レベルのアプローチではなく，組織を構成するコミュニティ間関係の再構築から戦略を探究しようとするミクロ・レベルのアプローチ（Chia 2004；Clegg et al. 2004；Ezzamel & Willmott 2004；星 2006, 2013；Jarzabkowski 2005；Johnson et al. 2003；McKiernan & Carter 2004；Rouleau 2005；Salvato 2003；Samra-Fredericks 2003；Whittington 1996, 2004；Wilson & Jarzabkowski 2004）なのである。

　それでは最後に，本研究に関わる課題について考えてみたい。本章で取り上げたコミュニティ間の相互作用に関わる越境的対話は，もちろん負の側面も含んでいる。香川（2015）によれば，越境的対話とは，矛盾との対話であり，それは新しいコミュニティ間の相互関係を創造する試みであると同時にその裏側の，越えると失われるもの（自分化や相手の文化の既存のアイデンティティや利益など）を守ろうとする力から逃れられない生々しい実践であるとしている。つまり，境界をどこまでどう守ってどこまでどう壊すかという葛藤を経験し，それらの間を揺れ動く動態的で不安定な過程なのである。したがって，越境的対話は，実はリスキーで，困難で，非常に面倒な実践でもあり，これらを忘れると，越境的対話とはいかにも，魅力的な取り組みであり，その良い側面ばかりが偏って強調されることになるのである。これらを基にして考えると，越境的対話によるコミュニティ間関係の変容を阻止する力が作用するということであり，それは既存の組織内におけるパワー・リレーションであったり，あるいは組織的な経路依存性が強く働いていたりするのかもしれない。それはつまり，組織としての新たな戦略の創造を妨げてしまうものである。さらには，越境的対話そのものにもしかしたら

問題が含まれているのかもしれないが，これについては個別ケースを詳しく考究して解明しなければならないだろう。こういった新たな戦略の創造を妨げる越境的対話の負の側面の検討については，今後の検討課題としたい。

【謝辞】

本研究は，JSPS 科研費 JP20H01543 の助成を受けたものである。

【注】

1）Teece 自身も著書の中で言及しているように，ダイナミック・ケイパビリティの概念に関しては，Teece et al.(1997) や Eisenhardt & Martin (2000)，Helfat et al.(2007) などの研究が大きな影響を及ぼしている。

2）また，この議論に関連し，Kiss et al.(2020) は，「両利き」の達成に関して CEO の認知的柔軟性の観点から深く考察を行っている。

3）星（2015）は「コミュニティの集合体としての組織」という観点から議論展開を行っている。本章は，基本的に同論文の構成・検討内容に準じ，考察を進めている。

4）このことに関連し，Roberts（2006）は，相互理解を促進するためのメンバー間の信頼関係の重要性について指摘している。

5）松本（2015）は，この実践コミュニティへの多重所属について，個人の学習・熟達の側面から詳しく議論を展開している。

6）Gergen et al.(2004) の議論においては，正確には「言説的なコミュニティ」という言い方をしている。

7）香川（2015）は，この熟達と越境について，以下のようにも説明している。熟達とは，当の文化が当人にとってアタリマエ化していく過程を伴うが，それは同じようにアタリマエ化して行為する周囲との関係性を通してである。しかし，新しいコミュニティに触れると，それまで相互的に達成していたこのアタリマエが，異なる（アタリマエの）行為を行う人々のやり取りの渦中に置かれることで，自明性が崩れ自らの存在が揺さぶられるのである。

【参考文献】

Chia, R. (2004), "Strategy-as-Practice: Reflections on the Research Agenda," *European Management Review*, Vol. 1, pp. 29-34.

Clegg, S., C. Carter, and M. Kornberger (2004), "Get Up, I Feel Like Being a Strategy Machine," *European Management Review*, Vol. 1, pp. 21-28.

Eisenhardt, K. M., and J. A. Martin (2000), "Dynamic Capabilities: What Are They?" *Strategic Management Journal*, Vol. 21, No. 10/11, pp. 1105-1121.

Engeström, Y., R. Engeström, and M. Kärkkäinen (1995), "Polycontextuality and Boundary Crossing in Expert Cognition: Learning and Problem Solving in Complex Work Activities," *Learning and Instruction*, Vol. 5, pp. 319-336.

Ezzamel, M., and H. Willmott (2004), "Rethinking Strategy: Contemporary Perspectives and Debates," *European Management Review*, Vol. 1, pp. 43-48.

Gergen, K. J., M. M. Gergen, and F. J. Barrett (2004), "Dialogue: Life and Death of the Organization," in D. Grant, C. Hardy, C. Oswick, and L. Putnam (eds.), *The Sage Handbook of Organizational Discourse*, Sage.(高橋正泰・清宮徹監訳『組織ディスコース研究』同文舘出版，2012 年。)

Gongla, P. and Rizzuto, C. R. (2001), "Evolving Communities of Practice: IBM Global Services Experience," *IBM Systems Journal*, Vol. 40, No. 4, pp. 842-862.

Handley, K., A. Sturdy, R. Fincharm, and T. Clarck (2006), "Within and Beyond Communities of Practice: Making Sense of Learning Through Participation, Identity and Practice," *Journal of Management Studies*, Vol. 43, No. 3, pp. 641-653.

Helfat, C. E., S. Finkelstein, W. Mitchell, M. A. Peteraf, H. Singh, D. J. Teece, and S. G. Winter (2007), *Dynamic Capabilities: Understanding Strategic Change in Organizations*, Blackwell Publishing. (谷口和弘他訳『ダイナミック・ケイパビリティ：組織の戦略変化』勁草書房，2010 年。)

Hughes, J., N. Jewson, and L. Unwin (eds.) (2007), *Communities of Practice: Critical Perspectives*, Routledge.

Jarzabkowski, P. (2005), *Strategy as Practice*, Sage.

Johnson, G., L. Melin, and R. Whittington (2003), "Micro Strategy and Strategizing: Towards an Activity-Based View," *Journal of Management Studies*, Vol. 40, No. 1, pp. 3-22.

Kiss, A. N., D. Libaers, P. S. Barr, T. Wang, and M. A. Zachary (2020), "CEO Cognitive Flexibility, Information Search, and Organizational Ambidexterity," *Strategic Management Journal*, Vol. 41, No. 12, pp. 2200-2233.

Lave, J. and E. Wenger (1991), *Situated Learning: Legitimate Peripheral Participation*, Cambridge University Press. (佐伯胖訳『状況に埋め込まれた学習：正統的周辺参加』産業図書，1993 年。)

Lesser, E. L. and J. Storck (2001), "Communities of Practice and Organizational Performance," *IBM Systems Journal*, Vol. 40, No. 4, pp. 831-841.

McGrath, R. G. (2013), *The End of Competitive Advantage: How to Keep Your Strategy Moving as Fast as Your Business*, Harvard Business Review Press. (鬼澤忍訳『競争優位の終焉：市場の変化に合わせて，戦略を動かし続ける』日本経済新聞出版社，2014 年。)

McKiernan, P. and Carter, C. (2004), "The Millennium Nexus: Strategic Management at the Cross-roads," *European Management Review*, Vol. 1, pp. 3-13.

O'Reilly III, C. A., and Tushman, M. L. (2016), *Lead and Disrupt: How to Solve the Innovator's Dilemma*, Stanford Business Books. (入山章栄監訳『両利きの経営：「二兎を追う」戦略が未来を切り拓く』東洋経済新報社，2019 年。)

Pyrko, I., V. Dörfler, and C. Eden (2017), "Thinking Together: What Makes Communities of Practice Work?" *Human Relations*, Vol. 70, No. 4, pp. 389-409.

Regnér, P. (2003), "Strategy Creation in the Periphery: Inductive Versus Deductive Strategy Making," *Journal of Management Studies*, Vol. 40, No. 1, pp. 57-82.

Roberts, J. (2006), "Limits to Communities of Practice," *Journal of Management Studies*, Vol. 43, No. 3, pp. 623-639.

Rouleau, L. (2005), "Micro-Practices of Strategic Sensemaking and Sensegiving: How Middle Managers Interpret and Sell Change Every Day," *Journal of Management Studies*, Vol. 42, No. 7, pp. 1413-1441.

Salvato, C. (2003), "The Role of Micro-Strategies in the Engineering of Firm Evolution," *Journal of Management Studies*, Vol. 40, No. 1, pp. 83-108.

Samra-Fredericks, D. (2003), "Strategizing as Lived Experience and Strategists' Everyday Efforts to Shape Strategic Direction," *Journal of Management Studies*, Vol. 40, No. 1, pp. 141-174.

Teece, D. J. (2009), *Dynamic Capabilities & Strategic Management*, Oxford University Press. (谷口和弘他訳『ダイナミック・ケイパビリティ戦略：イノベーションを創発し，成長を加速させる力』ダイヤモンド社，2013 年。)

Teece, D. J., G. Pisano, and A. Shuen (1997), "Dynamic Capabilities and Strategic Management," *Strategic Management Journal*, Vol. 18, No. 7, pp. 509-533.

Thompson, M. (2005), "Structural and Epistemic Parameters in Communities of Practice," *Organizational Science*, Vol. 16, No. 2, pp. 151-164.

Wenger, E., R. McDermott, and W. M. Snyder (2002), *Cultivating Communities of Practice*, Harvard Business School Press.(櫻井祐子訳『コミュニティ・オブ・プラクティス』翔泳社, 2002 年。)

Whittington, R. (1996), "Strategy as Practice," *Long Range Planning*, Vol. 29, No. 5, pp. 731-735.

Whittington, R. (2004), "Strategy after Modernism: Recovering Practice," *European Management Review*, Vol. 1, pp. 62-68.

Wilson, D. C., and P. Jarzabkowski (2004), "Thinking and Acting Stragically: New Challenges for Interrogating Strategy," *European Management Review*, Vol. 1, pp. 14-20.

青木克生 (2005),「実践コミュニティと組織分析：アイデンティティとパワーに注目して」岩内亮一・高橋正泰・村田潔・青木克生『ポストモダン組織論』同文舘出版, 205-232 頁。

青山征彦 (2015),「越境と活動理論のことはじめ」香川秀太・青山征彦編『越境する対話と学び』新曜社, 19-33 頁。

香川秀太 (2015),「『越境的な対話と学び』とは何か：プロセス, 実践方法, 理論」香川秀太・青山征彦編『越境する対話と学び』新曜社, 35-64 頁。

香川秀太・青山征彦 (2015),「異質なコミュニティをまたぐ, つなぐ」香川秀太・青山征彦編『越境する対話と学び』新曜社, 1-15 頁。

星和樹 (2006),「ミクロ戦略論の展開：戦略研究における視点の転換」『経営学研究論集』第 24 号, 125-138 頁。

星和樹 (2013),「組織における戦略転換と意味形成」『経営論集』60 巻第 1 号, 129-143 頁。

星和樹 (2015),「コミュニティの集合体としての組織：越境的対話による組織の変容」『愛産大経営論叢』第 18 号, 31-42 頁。

松本雄一 (2015),「実践共同体構築による学習についての事例研究」『組織科学』49 巻 1 号, 53-65 頁。

第13章

表象と組織研究[1]

髙木 俊雄

はじめに

　本章では，組織[2]におけるディスコースやシンボル等を通じて対象物を表象する行為に着目する。一般的に表象とは，具体的あるいは抽象的な事物を何かで表すことをいう（涌田 2016: 1）。しかしながら，本章で用いる「表象」は，Saussure 以前の言語の考え方のように物事の本質を誤りなく示し真理を示す単なる記号ではなく，何らかの意味を作り出す対象として捉える。すなわち表象は，その表象の「内容」はあらかじめ定義づけられているのではなく，それが立ち現れる際にその関係性に基づき意味が構築されていく。したがって表象という概念が含意するものは，既に意味がもとから存在していてその意味を単に伝達し，反映するということではなく，むしろ，物事というものはその意味を作り出す実践である（Hall 1997；粟谷 2002）。また，表象は物事の意味づけを変化させ，それらの関係を組み換えることが可能である。さらに，表象が価値や規範を注入され正統化されると，様々な主体によって利用され，そのもとで多様な活動が展開されていく（涌田 2016: 3）。このことから本章で用いられる表象とは，「ある特定の対象物を鏡のように反映するものではなく，何らかの意味を作り出す対象」（粟谷 2002: 30）として捉える。

　このことを前提とした上で，本章では，表象が組織研究でどのように展開可能かについて検討を行う。表象を契機とした組織行為へと組織研究が変化していることについて明らかにする。このような展開が組織研究においてなされてきた理由として，(1)行為者の多様な意味世界を読み解くことが可能となる，(2)組織の行為や知識などを，相互作用を伴った通時的プロセスから解釈することが可能となる，ことがあげられる。そのうえで，具体的研究方法として，新制度派組織

論，アクター・ネットワーク理論，正統的周辺参加について述べる。

第1節　組織分析

　これまで，組織研究においては客観的な要素からなる組織理論を構築すべきだとして，変数システムに基づいて組織研究を行い，何らかの線形回帰モデルに落とし込もうとする研究が数多く存在してきた。このような研究においては，変数間の関係を精緻化するため，より詳細な変数を設定し，分析を行っている。例えば，Pennings（1975）は，コンティンジェンシー理論における分析の質を高めるため，より客観的な測定尺度の構築を目指した。また，近年我が国における組織研究の多くも，より詳細な調査を行うための尺度の作成，検証を行っている。

　また，戦略論に視点を向けると，Porter（1980）に見られるようなポジショニング・スクールの研究者や，リソース・ベースド・ビュー（Resource Based View：RBV）の研究動向にその特徴を示すことができよう。例えば，RBV は競争優位の源泉に対し，経営資源の概念を提示し研究を進展させている。RBV は，持続的競争優位性を確保するには経営資源がユニークで他社には模倣困難であるということを挙げている（Barney 2002）。また，ダイナミック・ケイパビリティ（Teece et al. 1997）という概念を提示することにより，変化に対する組織の適応能力について説明を行っている。このような特徴を持つ Porter や RBV の議論が戦略論，とりわけ我が国における戦略論において展開を見せてきた理由として，様々な戦略上の要素を感覚的にも視覚的にも提示することができ，また経営資源を重視した企業経営による高い経営成果を示す実証研究が可能となったためであると考えられる（沼上 2006）。

　しかしながら，これらの研究は次の点で問題があるといえよう。第一に，行為者の視点が軽視されているという点である。例えば RBV の研究においては，組織を取り巻く環境や組織内部の資源を客観的に分析することによって「科学的」に戦略を立案したり分析したりできると考えられている。そこでは戦略の策定と実行に関する合理的概念が前提とされ，普遍性・一般性に基づいた戦略論の構築を目指しているといえる（Clegg et al. 2004；Ezzamel and Willmott 2004；星 2006）。そのため，戦略家が何を行っているのか，また何を行おうとしているのかという点に着目していないということが挙げられる。

　第二に歴史的，社会的文脈に注意が払われていないという点である。そもそも研究は，なぜ当該行為が生じたのか，またはなぜそのような結果が生じたのかという疑問から生じ，行為者はなぜある行為を生じさせたのかを探求するために環境などの社会的文脈へと興味が深化していく。その疑問を解明するためには，行為の背景にある状況を理解する必要があり，そのために研究は常に歴史的，社会的文脈を読み解き，理解しようとするのである。しかしながら，近年の研究が当該主体と文脈との相互作用に注目するのではなく，当該主体を分析するツールの精緻化に比重を置いている状況においては，主体を取り巻く文脈は制約要因ではあっても，主体との相互作用関係に位置づける発想はないと考えられよう。

　しかしながら，なぜこのような研究が進展してきたのであろうか。このことに対するひとつの視点として，社会科学における論理実証主義（logical positivism）という科学方法論が存在しているからといえる[3]。論理実証主義は，社会科学における研究に正統性（legitimacy）を与える根拠となった。このような論理実証主義の特徴は，(1)科学の主な役割は，観察可能な現象の間の関係に関する普遍的法則や原理を構築し，(2)普遍的法則や原理は経験的事実と一致し，(3)科学的探求とは，理論体系の客観的基盤を確立し，(4)理論的命題を経験的・実証的に評価し命題からの演繹をし続けることによって科学は進歩する，といえよう（杉万・深尾 1999）。

　例えば，Durkheim（1938）の「社会事実の客観的なリアリティこそが，社会学の基本的法則である」という言葉は，このことを示す端的な例であろう。研究を支えるディスコースとして論理実証主義は，自然科学において発展した実証的方法論，とりわけ実験室実験の論理を社会科学にもたらすことになった。かくして，社会科学は理論的正統性を保持する強力なバックアップを得ることとなった。Durkheim の公準を採用し，さらに個々人の受け入れられた社会的事実への応答を仮定することによって，自然科学での物理法則が客観的なリアリティを持つと多くの人々に理解されたのと同様に，社会科学においても同様の評価を得られると考えられたのである。このことを組織研究において考えてみると，研究者は組織のフィールドの外に存在しており，それゆえ組織は客観的に観察可能で，しかもその観察から何らかの理論的命題を構築する可能性を有すると考えられている。

第2節　社会構成主義の概念

　このような既存の組織研究に対し，Berger & Luchmann（1966）から始まるとされる社会構成主義（social constructionism）[4]の視点から批判的検討も行われている。社会構成主義は Burr（1995）によると，(1)反本質主義，(2)反実在論，(3)知識の歴史的，文化的被規定性，(4)思考の前提条件としての言語，(5)社会的行為の一形式としての言語，(6)相互行為と社会的実践に目を向けること，(7)過程に目を向けることの7つの特徴を保持している。

　高橋（2003）によると，社会構成主義はポストモダニズムを背景にしているとされる。モダニズムとは，18世紀中頃から始まる啓蒙思想による知的ならびに芸術的運動の具体化としての知的運動の歴史を持つとされ，それはそれ以前の世界，いわゆる暗黒の封建時代とか，神々の世界に対する懐疑的挑戦であった。それに対し，ポストモダニズムは，ニュー・サイエンスや1970年代から始まる建築学や芸術，文芸批判に見出すことができよう。その基本的スタンスは，モダニズムの基本的な諸前提への問題提起とその諸前提の否定である。

　高橋（1998）によるとポストモダニズムとは，「近代の合理主義を見直し，人間と科学技術の在り方を問い直す」ことを提示した考えのことを指す（高橋 1998: 3）。そして，ポストモダニズムの基本的態度は，科学的方法を万能な方法とみなすことへの懐疑的態度である。先にも述べたが，従来の組織論は，実証主義に基づく近代社会科学を支配してきた機能主義的立場であった。機能主義的組織論は，「組織を目的合理性もしくは技術的合理性達成の手段的道具であり，組織現象は客観的にかつ法則的に説明される」とみなしている（Burrell & Morgan 1979；高橋 1992）。

　しかしながら，社会科学におけるポストモダニズムは，合理性や真理，進歩の概念に疑問を抱くことに共通の基盤とその本質を持っている（高橋 2019）。理論や歴史を統一するという概念や正当化が困難な対象を見出すことによって，ポストモダニストは歴史の可逆性，偶発性の重要さ，そして世界の相対性が，社会理論にとって重要な特徴であることを示唆している（Burrell 1989）。ポストモダン的志向の核心は，社会現象のすべてを説明するというグランド・セオリーを求めるものではなく，すべての「説明」は不確かなそして部分的なものとみなすこと

ができる（Alvesson & Berg 1992: 218）。その意味では，全体的視点やグランド・セオリーを基礎とするマルクス主義や批判理論とは区別される。したがって，ポストモダニズムに基づく組織研究のパースペクティブは，組織の秩序を前提とはしていないし，反対に無秩序を重要視しているわけではない。メソドロジーの観点からすれば，ポストモダニズムの考え方は，その現実の知覚に対する存在論的・認識論的態度は解釈学やシンボリック相互作用論との親和性を認めることができるといえる。

　従来のモダニズム，すなわち機能主義に基づく組織論は，技術や経済的問題，制度的側面に焦点を当ててきた。それに対し，ポストモダニズムによる組織の理論は文化の側面，例えば思想，感情の構造，そして審美的な経験，さらには言語にその研究の焦点を当てている。この意味からすれば，ポストモダンとして描かれる新しい時代は，モダニズムに支配された高度に組織化された工業社会と比べて，緩やかに結びつけられた多元的で，豊かなそして可変的な社会を表している（Alvesson & Berg 1992）。このように，ポストモダニズムは，増大する信念の多元性によって特徴づけられる（Jencks 1989: 50）といえよう。そのため，ポストモダニズムでは，実存世界の諸形態の裏に潜む法則や構造を考える構造主義は否定され，したがって，究極的真理が存在し，見える世界は隠れた構造の結果であるという考え方も否定されることを意味している（Burr 1995: 12-14, 訳 18-22：高橋 2003: 236）。

　このようなポストモダニズムの思想に基づく社会構成主義は「実在世界の諸形態の裏に潜む法則や構造」を否定すると考えられる。この社会構成主義とはどのような考え方をするのであろうか。Burr（1995）によると，社会構成主義の立場を特定化する唯一の特徴は存在しないとされているが，いくつかの重要な諸仮定を持つものが社会構成主義として分類できるとされる（Gergen 1985）。それは，(1)自明の知識への批判的スタンス，(2)歴史的および文化的な特殊性，(3)知識は社会的過程によって支えられる，そして(4)知識と社会的行為は相伴うである（Burr 1995）。高橋（2003）は，社会構成主義の特徴を要約すると，①世界は社会過程の所産であるのでその世界のあり方は一定ではなく，それらの内部にある「本質」は存在しないという反本質主義，②知識は実在の直接の知覚であること，つまり客観的事実を否定する反実在論，③あらゆる知識が歴史的および文化的に影響されるのであれば，社会科学によって生み出された知識も

当然含まれるとする知識の歴史的文化的特殊性，④ 我々が生まれ出る世界には
人々が使っている概念枠やカテゴリーがすでに存在しており，人々の考え方は
言語媒介として獲得されるとする思考前提としての言語の重要性，そして ⑤ 世
界は人々の話し合いにより構築されるとする社会的行為の一形態としての言語，
社会構造というより相互作用と社会的慣行への注目と知識や形態がどのように
人々の相互作用の中で生まれるかというプロセスの重視，等をあげることができ
る（Burr 1995: 5-8, 訳8-12）。社会構成主義では，個人よりも人間関係のネット
ワークが強調され，解釈学をはじめとしてシステム論などの諸領域においても
伝統的な科学方法論の絶対的優位性を主張してきた立場に対して異議を唱える
（McNamee & Gergen 1992: 5, 訳22）。それ故に，社会構成主義は社会科学の研
究に対して根底から異なるモデルを提示し，主張することになるのである（高橋
2003: 238）。

第3節　表象を契機とした組織行為

　このような社会構成主義の観点から考えると，既存の法則定立的な研究では十
分に組織現象を語ることはできない。むしろ，社会構成主義の視点から考えられ
ることは，組織の現実の構成，変化，再生産を表象と解釈のパターンとして設定
し，そして組織は表象の掲揚と正統化獲得のネットワークとして存在し，さらに
表象の掲揚と様々な解釈において新たなる行為が発生する姿を捉えることができ
る。これは，先に挙げた社会構成主義の特徴である，世界は社会過程の所産であ
り，また世界の在り方は一定ではないという点からも言えよう。そうすると，表
象は何らかの意味を形成する担体（carriers）であり，さらにその表象は意味の
開放性が存在しているため，それが掲げられることにより，そのフィールドに
存在する組織（行為者）で多様な読み解きと正統性の獲得が生じる（Jepperson
1991；Scott 2008）（図表13 - 1 参照）。
　例えば，Levy & Scully（2007）は，「戦略」が政治的闘争や権力の行使として
の制度化プロセスとして使われているということを観察している。彼らによる
と，戦略とは既存の制度を通じて主体が自らの利害を達成するための権力の行
使として捉える。この論文において示される HIV の治療薬に関するケースでは，
製薬会社の利益を損ねうるジェネリック薬の開発に関して，製薬会社は国際的な

図表 13 - 1　表象を契機とした組織行為

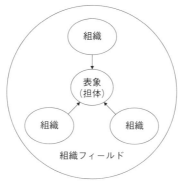

出所：筆者作成。

知的財産の保全（intellectual property rights）のために WTO への働き掛けを
行った。これに対し，対抗する活動家の集団は，イェール大学の学生運動を組織
し，鍵となる特許を有していたイェール大学に特許を解放させる行動をとった
（Levy & Scully 2007: 979-985）[5]。

　このようなことから考えると，研究者は，企業が参照する表象を実践のうちに
捉えなおし，そこで可能となる戦略の多様性について示していくことがまず可能
となろう（松嶋・水越 2008）。また，企業が「戦略」を語ることによりどのよう
な実践を可能とするのか，すなわち企業の正統性を担保するために「戦略」を戦
略的に用いるという視点も可能となろう。さらに，戦略論史を追うことにより，
戦略論自体にどのよう規範が潜んでおり，そしてそれがどのように強化されてき
たのかについても検討することができよう。

　また表象を契機として多様な実践的行為が生じ，その中である行為が正統性
（legitimacy）を獲得する。このことについて Barley（1986）は CT スキャンの
導入と病院の組織構造との関係について述べている。そこでは「CT スキャン」
という表象が医師や放射線技師の関係性を変化させていく姿を示している。その
ため，本章では「表象」が，いかに生成され用いられるかについて明らかにして
いくこととする。表象はシンボルやディスコースなどを含み，また組織現象は
表象を契機として多様なアクターが正統性を獲得するための活動を行い，そして
その結果として何らかの秩序，すなわちコンフィギュレーション（Miller 1981,
1982, 1986；Meyer, Tsui & Hinings 1993）が構築されていく（図表 13 - 2 参照）。

表13-2　表象を契機とした正統性の獲得とその変化

出所：筆者作成。

　Meyer et al. (1993) によると，コンフィギュレーションの基本的な考えは，社会的存在の各部分は全体から意味を持つため，部分を独立した要素としては理解できない。すなわち要素還元主義を否定するところから始まる。そして各部分が全体として相互作用することによりいかに秩序が生じるのかを説明しようとする（高橋 2000）。安定は生じるがそれは瞬間的なものであり，常に非連続な変革を生じさせる。そのため，連続性と非連続性，そして変化が内在しているととらえる（高橋 2000）。もちろんこの Meyer et al. (1993) のコンフィギュレーションの議論は萌芽的であり，十分にその各部分の相互作用について議論がなされていない。しかしながら，この議論から考えると組織とは，確固たる何らかの構造ではなく，表象が契機となり正統性獲得行為が生じ，そして何らかのコンフィギュレーションが生じる。また，何らかのコンフィギュレーションが構成されたとしてもそれは常に次の変化が生じる可能性があるといえる（Mintzberg et al. 1998）。

第4節　研究アプローチ

　このようなコンフィギュレーションと変化に関する観点からのアプローチが近年盛んになっている。そこで本節ではそれらの研究について検討していくこととする。

　まずこのようなアプローチの代表的な研究として，新制度学派組織論と呼ばれる理論群が存在する。新制度派組織論[6]においては，制度（institution）とは明

文化された可視的な制度のみならず，自明視された組織慣習や文化，規範なども含まれる。すなわち制度とは社会的相互作用に正統性を与え，またある程度安定した行動準則や意味の形成パターンのことを指す（Powell & DiMaggio 1991；Scott 2000）。

　Meyer & Rowan（1977）は，組織を取り巻く環境を技術的環境と制度的環境に分類し，制度的環境への対応を重視する。彼らは，組織の公式構造はクローズドな合理性によって形成されるものではなく，社会から正統性を確保するために制度的ルール（institutional rule）への適合を目指した結果として形成されると述べる[7]。制度的ルールとは，「典型（typification）や解釈（interpretations）が交換されることによって社会につくられた類型」（Meyer & Rowan 1977: 341）であり，こうした構造化を規定する制度的ルールを神話と呼び，広く社会に浸透している信念である（東 2004）。すなわち，組織が官僚制を導入する理由は，官僚制が必ずしも機能的であるから選択されるのではなく，官僚制を導入することで組織が機能的になるということが社会一般に広く浸透し「神話」として存在するために，それに適応するために選択されるとしている（東 2004）。

　また DiMaggio & Powell（1983）は，近代社会には多くの組織が存在するにも関わらずなぜその組織構造は類似なものとなるのかを議論のスタートラインとして設定した。彼らは，組織フィールド（organizational field）をこの議論を解くための中心概念に据えた。組織フィールドとは，「主要な供給者，資源・製品の消費者，規制機関，および同様のサービスや製品を生産するその他の組織などの制度の認識された領域を構成する組織の集合体」（DiMaggio & Powell 1983: 148）と定義づけられる。DiMaggio らはこの組織フィールドが形成され，構造化されることで組織は同型化すると述べる。しかしながらこれらの議論は，組織フィールドからの影響力を強調するあまり，個々の組織の独自の行動よりも，組織は環境に適合するという以前と変わらない議論を繰り返すことになった（Hirsch & Lounsbury 1997；上西 2014）。このことに対して，DiMaggio（1988）は，人々の「利害（interest）」や「行為主体（agencies）」を議論することで解決しようとした。つまり，自らの利害を実現するために新たな組織形態や実践を想像し変革していく行為者である「制度的企業家（institutional entrepreneurs）」の行動に焦点を当てるべきであると DiMaggio は述べたのである（松嶋・高橋 2007）[8]。このように，制度を「社会的に構築された（socially constructed)」ものとみなす存在論的仮定は，Selznick（1957）に代表される既存の制度論が社会的文脈と制度との関連を厳密には問わないままに，動機づけの構図を与える独立変数として社会的文脈を用いてきたこととは対照をなす。新制度派組織論では，制度そのものがいかに組織メンバーによって解釈されているのかという認知的次元にその研究の焦点をシフトするという特徴を持っている。

　すなわち，組織フィールドはあらかじめ設定された安定的なものではなく，何をイシューにするかによって出現する。複数の解釈がそこには存在し，行為主体による正統性を獲得する実践が生じることとなる。この行為主体による解釈と正統性獲得行為を分析するために示された概念装置が制度ロジック（institutional logics）である。

　制度ロジックとは，社会的に構成され，歴史的にパターン化された活動，仮定，価値観，信念，規則であり，日々の活動の原型を形成し，認知や行動に影響を与える（Thornton & Ocasio 1999: 804；Friedland & Alford 1991: 243）。制度ロジックの概念は，複数の制度が制度間のもとで相互に矛盾しながら存在することを強調する（Friedland & Alford 1991）。

　Thornton et al.（2012）は，市場，企業，専門家，国家（state），家族（family），宗教，コミュニティが制度ロジックを有するセクターであると論じる。この前提に基づいて，既存研究では主にマクロ単位に着目し，市場における経済合理性を希求する市場ロジックが支配的であり，その制度的環境に晒される組織も市場ロジックを有することが説明されてきた。この前提のもとで，既存研究は経済合理性を要求する市場原理がビジネスで支配的であり，組織は市場原理を持つことも要求されると主張している。例えば，Thornton & Ocasio（1999）や Thornton（2004）は，アメリカの高等教育出版業界を対象に歴史比較分析を行い，学術的価値を重視する専門家としての編集職のロジックから，株価や市場でのインパクトを重視する営利企業のロジックへと変容していったことを，制度ロジックの概念を用いて明らかにした。

　また Lounsbury（2007）は，単に制度ロジックの変化を述べるだけでなく，競合するロジックが併存する環境下での様々なアクターのバリエーションに富んだ行動について述べている。Lounsbury は，アメリカのミューチュアル・ファンド（mutual fund）を事例として，「受託者保護」と「収益重視」の2つのロジックが2つの地域の投資信託会社（ボストンとニューヨーク）でどのように異

なるのかについて明らかにした。

　このように，制度ロジックはひとつの組織に対して常に唯一のロジックが支配的な影響を及ぼしているわけではない。Friedland & Alford（1991）でも述べられているように，制度的秩序は多様であり，様々な制度的秩序が，時には同時に矛盾するようなロジックを組織や個人に要求する。このような多様なロジックの存在に直面する組織が，各ロジックが有する複数のゲームのルールに同時に対応するような状況は「制度的多元性（institutional pluralism）」（Kraatz & Block 2008）や「制度的複雑性（institutional complexity）」（Kraatz & Block 2017）と呼ばれる。こうした複数の制度ロジックが同時に存在する状態を認めることで，ロジックの変化や組織の多様性を生み出すための制度的な源泉についての議論を可能とし（Thornton et al. 2012），また，行為主体の問題や制度のミクロなプロセスについて検討するための理論が提供された。特に複数のロジックが形成され，相互に関連し，影響を与えるメカニズムについての理解を深めることを目標として，多くの研究がなされてきている（Ocasio et al. 2015）。

　この制度ロジック研究に大きく影響を及ぼしたものとして，世界の事物，出来事や知識を様々な異種混交のアクター間に成立するネットワークであるという考えに基づき，そのネットワークの動態を読み解くアクター・ネットワーク理論が存在する（Callon 1980, 1984；Callon & Law 1997；Latour 1999；Lawrence & Suddaby 2006）[9]。アクター・ネットワーク理論は，科学および技術の研究から生まれた研究である。主な研究対象は，実験室での科学的発見や技術的発明が行われてきた過程から始まり，近年では，会計，経済，社会言語学といった様々な領域にまで広がっている。

　アクター・ネットワーク理論の基本的な立場は，世界の事物や出来事，知識といったものを，様々な異種混交のアクター間に成立するネットワークであると見る考えである。つまり，アクター・ネットワーク理論は，研究対象とする出来事や現象を社会的側面と自然的側面に分けて把握するのではなく，また，そこに現れる自然物も人間も異種混交のネットワークとして捉え，そのネットワークの動態を通して読み解こうとするのである。

　Lawrence & Suddaby（2006）は，アクター・ネットワーク理論が制度ロジックに及ぼした影響として以下の 3 つを挙げている。それは，(1)制度を確固たる存在として捉えるのではなく制度が生成される過程において生じる闘争について

明らかにすることができる，⑵アクターが様々な解釈や意味づけに基づくネットワークを構築するプロセスを明らかにすることができる，そして⑶制度の構築，再生産，そして消滅のプロセスにおける権力について明らかにすることが可能である，という点である。

　この最重要となる概念として挙げられるものが翻訳（translation）である。Callonはこの翻訳の概念を用いてネットワーク構築の過程を論じている。当事者の何らかの意図（Callonはこのことをシナリオとしている）に基づき各アクターの役割が当事者の中で決定されていく。そしてそのアクターを取り込み，そのうえで意図に基づき行為を生じさせていく（Callon et al. 1986: xvii）。このことをCallonは翻訳と定義した。もちろん当然のことであるがこの当事者は1名のみではなく，同時に多様な当事者が存在し，それらがそれぞれの意図に基づき活動を行う。そのため，ある当事者のネットワークは構築され，一方で他のネットワークが消滅することもある。そして，Callonによると，各アクターは次のプロセスによってネットワークに取り込まれていくこととなる。

⑴　問題化（problematisation）：ネットワーク構築者が目指すネットワーク構想
⑵　関心づけ（interessement）：アクターの役割，アイデンティティの安定化
⑶　取りこみ（enrolment）：役割の同定とアクターへの付加
⑷　動員（mobilization）：配列されたアクターを動かすこと

　その際，様々なアクターをひとつのネットワークに結びつけるためにネットワーク構築者は，バウンダリー・オブジェクトを設定する。足立（2001）によると，バウンダリー・オブジェクトとは，例えば民間の草花研究者は植物採集に興味があり，建設会社の社長は仕事がほしい，市長は何か文化事業をしたい，植物学者は良い研究室をほしいとする。そのとき，これら異なったアクターが異なった興味を持っているにも関わらず，それらをひとつに結びつけるのが，博物館の建設である，としている。バウンダリー・オブジェクトによってひとつのネットワークに結びついたアクターは，相互作用によってネットワークを生成していくこととなる。

　翻訳のプロセスを経て構築されたアクター・ネットワークは，常にそのネットワークを再構築し続ける。それは，個々のアクターの状況変化およびアクターの相互作用を通じて行われる。このことは，ネットワークが自律的に各アクターに

対し，意味を再付与し，組織化していくことを意味する。そのため，ネットワーク構築時における構築者の意図は，ネットワークの再構築が生ずることにより変化することとなる。そして，この様相は事前に確定することができない。つまり，再構築するネットワークは自己組織化していくということを示している。構築者はその対象に対し，絶対的な地位を常に保持し続けるという特権的な地位が存在するという仮説は棄却され，構築者も一アクターとして行為することになり，またそのネットワークにおいて意味を成さない存在として設定されるということもありえることとなる。

　また，ネットワーク構築者が異なるアクターを結びつけるため探索したバウンダリー・オブジェクトは，ネットワークが再構築されていくと，アクターの相互作用と関わりを必ずしも持たなくなる。そのため，自己組織化するネットワークは自律的にバウンダリー・オブジェクトを探し始め，また，各アクターの意味はその都度，即興的に相互構築されるものとして理解できる。

　では，このようなアクター・ネットワークの観点で組織を論ずると，これまでの議論とはどのように異なる視点が可能となるのであろうか。これまでも，様々なアクターが複雑に絡み合う組織を単純化するのではなく，複雑なまま論じようとする試みは無かったわけではない。しかし，これまでの議論は社会的存在としての組織，人間と自然物，人工物を，あくまでも区分して論じてきた。また，人間・非人間を区分せずに議論した研究も存在するが，どのように組織が生み出されるかについての議論は十分ではなかった。

　だが，アクター・ネットワーク理論は，人間・非人間の区分をせずに同一の俎上で議論をすることを可能にした。すなわち，知識や出来事などの非人間は，単に主体の意思を伝え，パワーを拡大する要素ではなく，意味を介して成立するネットワークにおいて人間と同様のアクターとして作用する存在となる。このことは，人間が世界を成立させ，このコンテクストにモノが存在するという仮説からの脱却を示しているといえよう。なぜなら，アクター・ネットワーク理論においては，アクター自体に本質が存在するのではなく，ネットワークにおける他のアクターとの関係の中で意味を獲得するため，関係性により組織を論ずることが可能となるからである。そしてこのことは，それぞれのアクターを区分せず，同格のアクターとして扱うことにより，技術と市場，主体と客体，ミクロとマクロといった区分ではなく，それらが絡み合うコンテクストがいかに組織化されるの

かを表わす概念として論ずることが可能となる。また，このようにして組織化された組織は，個々のアクターの状況および相互作用を通じて常に再構築され続ける。このように，アクター・ネットワーク理論は，人間・非人間が複雑に絡み合う組織を単純化し，理論化するのではなく，複雑な状況のままこれらのアクターがいかに組織化されるのかを考察するツールとなりえよう。

　例えば，髙木（2005b）は組織論における技術研究において，技術は社会的文脈に影響を与える一方で，社会的文脈からの新たなる解釈の提示により，変化する可能性を内包した相互作用のプロセスの結果であると理解することを示している。そのうえで，既存の技術研究が社会からの影響，または組織からの影響という一側面のみに注目して技術を定義してきたがゆえに決定論的視座に立脚することとなったのではなかろうかという疑問を提示している。

　さらに，当該組織のローカルな行為に対し焦点を当ててアプローチする研究も登場している。これはとりわけ組織学習（organizational learning）を社会的文脈との関係から研究するもので，主に社会学や文化人類学などに影響を受けた研究者が中心となっている。例えば，Wenger et al. (2002) は学習とは外在的に生ずる静的な情報の集まりと捉えるのではなく，実践コミュニティ[10]において身体化される過程であるとしている。つまり，学習者は実践コミュニティにおいて身体知として刷り込まれていくという既存の研究とは異なった視点が進展しているのである。彼らは状況的社会実践（situated social practice）という立場を表明している（Lave 1991）。この状況的社会実践では，組織行為として実現される「活動」と，そのことにより経験される「状況」の相互作用的関係に歴史軸，ないし通時的軸を導入することにより，主体の認知過程の変化を「活動」と「状況」との関係の変化と関連付けて捉えようとしている。すなわち，認知（主体の内部変化）もコミュニケーション（環境を含んだ主体の相互構築）も，社会的・歴史的状況に組み込まれているとみる。

　このような実践をベースとした研究のひとつとして，Lave & Wenger (1991) が提唱した正統的周辺参加（Legitimate Peripheral Participation）の議論が存在する。正統的周辺参加とは，本来は Lave (1991) が徒弟制における学習過程の民族誌的な研究から導き出したものであるが，徒弟制を離れて学習を問い直す一般的議論として提示されており，新参者が共同体の社会文化的実践の十全的参加（full participation）へ向けてアイデンティティを形成していく過程であり，実

践のコミュニティ[11]の一部に加わっていくプロセスと捉えられている（Lave & Wenger 1991)。

この研究の重要な知見は，(1)学習は，教師－生徒に代表されるような構造的な学習プロセスが存在しなくても，状況的社会実践への参加を通じても可能となる，(2)学習は実践のコミュニティにおけるアイデンティティの構築過程の一側面であるということである。様々な教育機関―とりわけ高等教育―で教授する知識は，脱文脈化できるという主張や，知識は個人が保持すると考えられてきた理解と相対する視点として正統的周辺参加は考えられている。そして，正統的周辺参加における学習とは，実践のコミュニティへの参加そのものであり，そのような参加を通じてコミュニティの一員としてアイデンティティを構築していくことと密接不可分なものとされている。

このように，学習を参加とみなす正統的周辺参加に依拠すると，人は何らかの活動と関わることで初めて学ぶことが可能となる，すなわち，社会的実践への参加を通して学習がなされるといえる。新規参加者は実践のコミュニティへ周辺的（peripheral）に参加し，次第に参加の度合いを増大させながら，十全的参加へと移行していく。実践のコミュニティへの周辺的参加という状況は，実践から切り離されたものではなく，部分的に実践共同体に参加しているという状況を指す。その状況下で新規の参加者は社会的実践への参加の過程で知的スキルを獲得していき，それと同時に実践のコミュニティにおける行動，実践としてアイデンティティを構築していくこととなる（Lave & Wenger 1991)。そのため，正統的周辺参加の視点から考察することにより，人間関係を含むより広い社会的共同体における実践を通じて浮かび上がる関係の問題として全人格的に捉えることが可能となる。

また，周辺的参加は，既存のスキルに対する批判力も保持することとなる。新規の参加者を受け入れることにより組織の変革の契機ともなりえる。すなわち，正統的周辺参加において，アイデンティティの変化・形成とは，「実践のコミュニティへの参加プロセスにおいて，だんだんと見えてくる熟練の未来像への同化と差異の中で起こり，それは学びを構造化する諸資源の配置によって支えられる学習のカリキュラムの成立と同時に展開する」（亀井 2006: 15）と考えられる。アイデンティティは学習によって構築されることから，新たな参加者は，実践コミュニティでの自らの行為によって自らのアイデンティティを再構築し，受け入

れ側もまた自らの対応により自らのアイデンティティを再構築することとなる。もとより，Lave & Wenger（1991）が，「正統的な周辺性は『建設的にナイーブな』見通しとか疑問が発達していくために重要である」（Lave & Wenger 1991: 訳104）と明確に述べているように，正統的周辺参加は新参者の一方的な加入のみを論ずるものではなく，新参者の加入により組織自体がどう変化するかをも射程においている。彼らは「すべての人は，変化しつつある共同体の将来に対して，ある程度は『新参者』とみなすことが出来る」（Lave & Wenger 1991: 訳105）とも述べている。

　また，正統的周辺参加による学習は，新規参加者のアイデンティティを再構築させる一方で，同時に組織の変化をも生じさせることともなる。なぜなら，周辺的に参加する新規参加者により，組織内で構築し，暗黙的に成立している意味を新規参加者は学習段階で取り出し，その意味を理解するためである。学習者が進行中の活動にアクセスすることにより，その組織に存在する人々にとって常識であったものを問い直し，新たな気づき，あるいは，常識の再確認に至らせるのである。例えば，Lave & Wenger（1991）は，学習者の活動に伴う疑問，そしてそれに対し古参者が回答し，実際に行動することそれ自体が，組織構造の生産・再生産となると述べている。十全的参加が全人格を巻き込むとしても，正統的周辺参加の持つ批判性を打ち消すものではなく，この絶えることのない問い直しの継続の中に組織と参加者が位置すると言えよう。このことについて，高井・髙木（2007）は，小学校でのインターンシップ受け入れによる組織の変化の調査を基にして述べている。そこでは，インターンシップ学生が様々なクラスに参加することにより，クラス担任としては当然であると思っていたことが，インターンシップ学生にとって常識ではなく，インターンシップ学生の何気ない一言が，既存教員の考え方を再考させ，その結果，既存のデザインされた組織の変容へとつながっていくことを示している。このように新参者がコミュニティに参加することにより，新参者の考えが変容するのみでなく，既存の組織が変容する可能性もまた存在するといえよう。

むすびにかえて

　本章では，表象が組織研究でどのように展開可能かについて検討を行った。本

章では，まず先に示した機能主義に基づく研究として法則定立的研究について示した。その上で，表象を契機とした行為について述べた。このような展開が組織研究においてなされてきた理由は，(1)行為者の多様な意味世界を読み解くことが可能となる，(2)組織の行為や知識などを，相互作用を伴った通時的プロセスから解釈することが可能となる，という点である。

そして，具体的研究アプローチとして，新制度派組織論，アクター・ネットワーク理論，正統的周辺参加について述べた。組織研究における表象とそれを契機とした実践の視点からの研究は，既存研究の限界に対して新たな視点を提供することが本章での論述を通じて理解できたといえよう。

【注】

1) 本章は，髙木俊雄（2022）「表象としての組織」（明治大学博士学位請求論文）をもとに追記修正したものである。

2) 本章で用いる組織とは，Barnard（1938）の定義である「二人以上の人々の意識的に調整された活動や諸力のシステム」（Barnard 1938: 73, 訳75）として捉え，そしてその組織の行動を対象として検討する。

3) 論理実証主義は形而上を否定するが，その一方で何らかの解がそこに存在するという矛盾もはらんでいる（星川 1997）。この点において論理実証主義はキリスト教の影響が含まれているといえる（川又 2003）。

4)「社会構成主義」を用いた研究は数が多く，そしてそれぞれの研究は様々な観点から検討を行っている。例えば，その代表的なものとして Constructionism と Constructivism という単語の違いが存在する。髙橋（2003）によると，Constructionism は考えや概念や記憶は人々の社会的な交流から生じ，言語に媒介され成立・発展するとしている。一方で Constructivism は，閉鎖的な神経系のイメージであり，認識や概念は人々が環境と衝突する際に形付けられ，人間の内的構造に着目している。本章では，Constructionism の観点から検討を行い，このことを社会構成主義とする。

5) この Levy & Scully の記述は，競争的関係において戦略は戦略としては語られないという興味深い事実を見出している。この背後には，通説的な戦略，つまり企業が競合他社に対してどのように競争優位性を得るかという理解が浸透していることが考えられる。そうした理解が現場の人にも浸透するとすれば，これを対外的に示すことは論理的にあり得ない。もし対外的に示すことになれば，その瞬間に自社の競争優位性は失われることになる。しかしながら，そうした属性を利用し「戦略」を意図的に競合他社に示す一方で，それを逆手にとった行動を生じさせることにより，競争優位性を獲得することも可能になる。このとき，研究者は戦略という言葉に隠された権力作用を見出す分析が必要となるだろう。

6) 新制度派組織論は数多くの研究者により研究が重ねられきたがゆえに数多くの視点が存在しており，またその研究者の研究スタンスにより幅広い研究内容となっている。例えば，新制度派組織論を代表する概念である同型化（isomorphism）だけでも Google Schloar 上に 30,000 件以上存在する（2021年9月検索）。さらにその同型化も環境決定による同型化として捉える論文も存在する一方で，組織の主体性から検討を重ねるものも存在する。そのため，本章では，新制度派組織論の一連の研究のうち，コンフィギュレーションとその変化について述べるために組織フィールド，制度ロジック，制度的企業家に主に注目する。

7) このことは，Selznick（1957）の制度の概念から影響を受けているが，しかしながら Selznick の議論は合理性を前提としてそれと一致しない現象を説明するという Merton（1957）の官僚制の逆機能

を引き継いでいる。一方で，新制度派組織論は，近代社会の規範としての合理性と実践におけるその意味を捉えておりこの点で大きく異なっている（井上 2011）。

8）なおこのことは，制度化された主体がいかに制度を変革するのかを問う「埋め込まれたエージェンシーのパラドクス」の議論にもつながっていく（Seo & Creed 2002；Garud, Hardy & Maguire 2007；松嶋・高橋 2007）。

9）アクター・ネットワーク理論の組織論的展開については，高木（2005a, 2005b）を参照のこと。

10）実践コミュニティとは，「共通の専門スキルや，ある事業へのコミットメントによって非公式に結びついた人々の集まり」（Wenger et al. 2002）のことを指す。

11）実践のコミュニティとは，「あるテーマに関する関心や問題，熱意などを共有し，その分野の知識や技能を，持続的な相互交流を通じて深めていく人々の集団」（Wenger et al. 2002: 訳 33）のことを指す。

【参考文献】

Alvesson, M. and P. Berg (1992), *Corporate Culture and Organizational Symbolism: an overview*, Berlin: De Gruyter.

Barley, S. R. (1986), "Technology as an Occasion for Structuring: Evidence from Observations of CT Scanners and the Social Order of Radiology Departments," *Administrative Science Quarterly*, 31 (1), pp. 78-108.

Barney, J. B. (2002), *Gaining and Sustaining Competitive Advantage*, 2nd ed., NJ: Pearson Education. (岡部正大訳『企業戦略論―競争優位の構築と持続―（上・中・下）』ダイヤモンド社，2003 年。)

Barnard, C. (1938), *The Function of the Executives*, Cambridge, MA: Harvard University Press.(山本安次郎，田杉競，飯野春樹訳『経営者の役割（新訳）』ダイヤモンド社，1968 年。)

Berger, P. I. and T. Luckmann (1966), *The Social Construction of Reality: A Treatise in the Sociology of Knowledge*, New York: Doubleday.(山口節郎訳『現実の社会的構成―知識社会学論考』新曜社，2003 年。)

Burr, V. (1995), *An Introduction to Social Constructionism*, Routledge.(田中一彦訳『社会構築主義への招待』川島書店，1997 年。)

Burrell, G. (1989), "Post Modernism: Threat or Opportunity?" in M. C. Jackson et al. (eds.), *Operational Research and the Social Sciences*, New York: Plenum, pp. 59-64.

Burrell, G. and G. Morgan (1979), *Sociological Paradigms and Organizational Analysis: Elements of the Sociology of Corporate Life*, London: Heinemann.(鎌田伸一・金井一頼・野中郁次郎訳『組織理論のパラダイム―機能主義の分析枠組み―』千倉書房，1986 年。)

Callon, M. (1980), "Struggles and Negotiations to Define What is Problematic and What is Not: The Sociology of Translation," *The Social Process of Scientific Investigation*, 4, pp. 197-219.

Callon, M. (1984), "Some Elements of a Sociology of Translation," *The Sociological Review*, 32 (1), pp. 196-233.

Callon, M. and J. Law (1997), "After the Individual in Society: Lessons on Collectivity from Science, Technology and Society," *Canadian Journal of Sociology*, 22 (2), pp. 165-182.(岡田猛・田村均・戸田山和久・三輪和久編著『科学を考える―人工知能からカルチュラル・スタディーズまでの 14 の視点』北大路書房，1999 年。)

Clegg, S., C. Carter, and M. Kornberger (2004), "Get Up, I Feel Like Being a Strategy Machine," *European Management Review*, 1, pp. 21-28.

DiMaggio, P. J. and W. W. Powell (1983), "The Iron Cage Revisited: Institutional Isomorphism and Collective Rationality in Organizational Fields," *American Sociological Review*, 48 (2), pp. 147-160.

Durkheim, E. (1938), *The Rules of Sociological Method*, Free Press.(宮島喬訳『社会学的方法の規準』

岩波文庫，1978 年。)

Ezzamel, M. and H. Willmott, (2004), "Rethinking Strategy: Contemporary Perspectives and Debates," *European Management Review*, 1, pp. 43-48.

Friedland, R. and R. R. Alford (1991), "Bringing Society Back in: Symbols, Practices, and Institutional Contradictions," in W. W. Powell, and P. J. DiMaggio (eds.), *The New Institutionalism in Organizational Analysis*, Chicago, IL: University of Chicago Press, pp. 232-266.

Garud, R., C. Hardy, and S. Maguire (2007), "Institutional Entrepreneurship as Embedded Agency: An Introduction to the Special Issue," *Organization Studies*, 28 (7), pp. 957-969.

Gergen, K. J. (1994), *Realities and Relationships Soundings in Social Construction*, Massachusetts: Harvard University Press.(永田素彦・深尾誠訳『社会構築主義の理論と実践―関係性が現実をつくる―』ナカニシヤ出版，2004 年。)

Hall, S. (1997), "The Work of Representation," in S. Hall (ed.), *Representation: Cultural Representations and Signifying Practices*, London, Sage.

Hirsch, P. M. and M. Lounsbury (1997), "Ending the Family Quarrel: Toward a Reconciliation of "Old" and "New" Institutionalism," *American Sociological Review*, 40 (4), pp. 406-418.

Jencks, C. (1989), *What is Post-Modernism?* London: Academy Editions.

Jepperson, R. (1991), "Institutions, Institutional Effects, and Institutionalism," in W. W. Powell, and P. J. DiMaggio (eds.), *The New Institutionalism in Organizational Analysis*, London: Sage, pp. 143-163.

Kraatz, M. S. and E. S. Block (2008), "Organizational Implications of Institutional Pluralism," in R. Greenwood, C. Oliver, R. Suddaby, and K. Sahlin-Andersson (eds.), *The SAGE Handook of Organizational Institutionalism*, London: Sage, pp. 243-275.

Kraatz, M. S. and E. S. Block (2017), "Institutional Pluralism Revisited," in R. Greenwood, C. Oliver, T. B. Lawrence, and R. E. Meyer (eds.), *The SAGE Handook of Organizational Institutionalism*, London: Sage, pp. 635-662.

Latour, B. (1999), "On Recalling ANT," *Actor Network Theory and After*, NJ, Blackwell Publishers, pp. 15-25.

Lave, J. and E. Wenger (1991), *Situated Learning: Legitimate Peripheral Participation*, UK, Cambridge University Press.(佐伯胖訳『状況に埋め込まれた学習：正統的周辺参加』産業図書，1993 年。)

Levy, Avid and Scully Maureen (2007), "The Institutional Entrepreneur as Modern Prince: The Strategic Face of Power in Contested Fields," *Organization Studies*, 28 (7), pp. 971-991.

Lounsbury, M. (2007), "A Tale of Two Cities: Competing Logics and Practice Variation in the Professionalizing of Mutual Funds," *Acedemy of Management Journal*, 50 (2), pp. 289-307.

McNamee, S. and K. J. Gergen (1992), "Introduction," in S. McNamee, and K. J. Gergen (eds.), *Therapy as Social Construction*, London: Sage.(野口祐二・野村直樹訳『ナラティヴ・セラピー―社会構成主義の実践―』金剛出版，1997 年。)

Merton, R. K. (1949), "Bureaucratic Structure and Personality," *Social Force*, 23, pp. 405-415.

Meyer, J. W. and B. Rowan (1977), "Institutionalized Organizations: Formal Structure as Myth and Ceremony," *American Journal of Sociology*, 83 (2), pp. 340-363.

Meyer, A. D., A. S. Tsui, and C. R. Hinings (1993), "Configurational Approaches to Organizational Analysis," *Academy of Management Journal*, 36 (6), pp. 1175-1195.

Miller, D. (1981), "Toward a New Contingency Approach: The Search for Organizational Gestalts," *Journal of Management Studies*, 18 (1), pp. 1-26.

Miller, D. (1982), "Evolution and Revolution: A Quantum View of Structural Change in Organizations," *Journal of Management Studies*, 19 (2), pp. 132-151.

Miller, D. (1986), "Configurations of Strategy and Structure: Towards a Synthesis," *Strategic*

Management Journal, 7 (3), pp. 233-249.

Mintzberg, H., J. Lampel, and B. Ahlstrand (1998), *Strategy Safari: A Guided Tour through the Wilds of Strategic Management*, New York, The Free Press.(齋藤嘉則監訳『戦略サファリ　戦略マネジメント・ガイドブック』東洋経済新報社，1999 年。)

Pennings, J. M. (1992), "Structural Contingency Theory: A Reappraisal," B. M. Staw, and L. L. Cummings (eds.), *Research in Organizational Behavior*, 14, pp. 267-309.

Porter, M. E. (1980), *Competitive Strategy: Techniques for Analyzing Industries And Competitors*, New York, The Free Press.(土岐坤・中辻萬治・服部照夫訳『新訂　競争戦略』ダイヤモンド社，1995 年。)

Powell, W. W. and P. J. DiMaggio (1991), *The New Institutionalism in Organizational Analysis*, University of Chicago Press.

Scott, W. R. (2008), *Institutions and Organizations*, 3rd ed., London: Sage.

Selznick, P. (1957), *Leadership in Administration*, New York: Harper & Row.(北野利信訳『組織とリーダーシップ』ダイヤモンド社，1963 年。)

Seo, M. G. and W. E. D. Creed (2002), "Institutional Contradictions, Praxis, and Institutional Change: A Dialectical Perspective," *The Academy of Management Review*, 27 (2), pp. 222-247.

Teece, D. J., G. Pisano, and A. Shuen (1998), "Dynamic Capabilities and Strategic Management," *Strategic Management Journal*, 18 (7), pp. 509-533.

Thornton, P. H. (2004), *Markets from Culture: Institutional Logics and Organizational Decisions in Higher Education Publishing*, California: Stanford University Press.

Thornton, P. H. and W. Ocasio, (1999), "Institutional Logics and the Historical Contingency of Power in Organizations: Executive Succession in the Higher Education Publishing Industry, 1958-1990," *American Journal of Sociology*, 105 (3), pp. 801-843.

Thornton, P. H., W. Ocasio, and M. Lounsbury (2012), *The Institutional Logics Perspective: A New Approach to Culture, Structure, and Process*, Oxford: Oxford University Press.

Wenger, E. (1998), *Communities of Practice*, New York: Cambridge University Press.

Wenger, E., R. McDermott, and W. M. Snyder (2002), *Cultivating Communities of Practice*, Harvard Business School Press.(桜井祐子訳『コミュニティ・オブ・プラクティス—ナレッジ社会の新たな知識形態の実践—』翔泳社，2002 年。)

東俊之 (2004)，「制度派組織論の新展開：制度派組織論と組織変革の関係性を中心に」『京都マネジメント・レビュー』6，81-97 頁。

粟谷佳司 (2002)，「表象と文化的アイデンティティ」『同志社社会学研究学会』6，27-41 頁。

井上祐輔 (2011)，「制度化された新制度派組織論」『日本情報経営学会誌』31 (3)，81-93 頁。

上西聡子 (2014)，「合理性の根拠としての制度：新制度派組織論の礎となった業績に関する一考察」『経営学論集』24 (3)，1-14 頁。

川又啓子 (2003)，「科学哲学論争とマーケティング研究」『京都マネジメント・レビュー』京都産業大学マネジメント学会，73-90 頁。

杉万俊夫・深尾誠 (1999)，「実証から実践へ—ガーゲンの社会心理学—」小森康永・野村直樹・野口裕二編『ナラティヴ・セラピーの世界』日本評論社。

高井俊次・髙木俊雄 (2007)，「正統的周辺参加としてのインターンシップ—京都府教員養成サポートプロジェクトを事例として—」日本キャリアデザイン学会編『キャリアデザイン研究』3，31-45 頁。

髙木俊雄 (2005a)，「アクター・ネットワーク理論の組織論的展開可能性—異種混交ネットワークのダイナミズム—」経営学史学会編『経営学史学会年報　第 12 輯　ガバナンスと政策—経営学の理論と実践—』文眞堂。

髙木俊雄 (2005b)，「「意味づけされた技術」の再構築—組織論に基づく技術革新研究の新たなるパースペクティブ—」『経営学研究論集』23，53-66 頁。

高橋正泰（1998），『組織シンボリズム―メタファーの組織論』同文館。

高橋正泰（2000），「組織のコンフィギュレーショナル・アプローチ」『明治大学社会科学研究所紀要』39（1），227-238頁。

高橋正泰（2003），「社会的構成主義と組織論」『経営論集』50（2），235-249頁。

高橋正泰（2019），「CMSと組織研究―グランド・セオリーの復権か―」『明治大学社会科学研究所紀要』57（2），237-261頁。

高橋正泰（2020），「メソドロジーとは何か―メソドロジーの多様化」高橋正泰監修『組織のメソドロジー』学文社，1-7頁。

沼上幹（2006），「アメリカの経営戦略論と日本企業の実証研究―リソース・ベースド・ビューを巡る相互作用」『経営学史学会第14回大会予稿集』経営学史学会第14回大会実行委員会。

星和樹（2006），「戦略論におけるミクロ・パースペクティブ」『経営戦略学会第6回大会報告要旨』経営戦略学会。

星川啓慈（1997），『言語ゲームとしての宗教』勁草書房。

松嶋登・高橋勅徳（2003），「「純粋な技術」の神話―技術系ベンチャーの創業を巡る技術ネットワークのマネジメント」『日本認知科学会「教育環境のデザイン」研究分科会研究報告』9（2）。

松嶋登・水越康介（2008），「制度的戦略のダイナミズム：オンライン証券業界における企業間競争と市場の創発」『組織科学』42（2），4-18頁。

涌田幸宏（2016），「組織研究における表象の意義」内藤勲・涌田幸宏編著『表象の組織論』中央経済社，1-10頁。

索　引

執筆者紹介 (執筆順)

高橋 正泰 (たかはし・まさやす)　元明治大学経営学部教授　　　　　　　　　第 1 章

宇田川 元一 (うだがわ・もとかず)　埼玉大学人文社会科学研究科准教授　　　　第 2 章

木全　晃 (きまた・あきら)　明治大学研究・知財戦略機構客員研究員　　　　　第 3 章

伊藤 真一 (いとう・しんいち)　目白大学経営学部専任講師　　　　　　　　　第 4 章

中村 暁子 (なかむら・ときこ)　北海学園大学経営学部講師　　　　　　　　　第 5 章

竹内 倫和 (たけうち・ともかず)　学習院大学経済学部教授　　　　　　　　　第 6 章

鄭　有希 (ちょん・ゆひ)　早稲田大学社会科学部教授　　　　　　　　　　　第 7 章

谷川 智彦 (たにかわ・ともひこ)　立命館大学経営学部准教授　　　　　　　　第 8 章

鈴村 美代子 (すずむら・みよこ)　成蹊大学経営学部助教　　　　　　　　　　第 9 章

寺本 直城 (てらもと・なおき)　拓殖大学商学部准教授　　　　　　　　　　　第 10 章

岡田 天太 (おかだ・てんた)　明治大学大学院経営学研究科博士前期課程修了　第 11 章

星　和樹 (ほし・かずき)　開志専門職大学事業創造学部准教授　　　　　　　第 12 章

髙木 俊雄 (たかぎ・としお)　昭和女子大学グローバルビジネス学部准教授　　第 13 章

経営組織論のフロンティア

2022 年 10 月 31 日　初版第 1 刷発行　　　　　　　　　　検印省略

編著者　　高　橋　正　泰

発行者　　前　野　　　隆

発行所　株式会社　文　眞　堂
東京都新宿区早稲田鶴巻町 533
電　話 03（3202）8480
F A X 03（3203）2638
http://www.bunshin-do.co.jp/
〒162-0041 振替00120-2-96437

印刷／製本・モリモト印刷
©2022
ISBN978-4-8309-5192-3　C3034